Teubner Studienbücher   Informatik

G. Weck
Prinzipien und Realisierung
von Betriebssystemen

Leitfäden der angewandten Mathematik und Mechanik LAMM

Unter Mitwirkung von
Prof. Dr. E. Becker, Darmstadt †
Prof. Dr. G. Hotz, Saarbrücken
Prof. Dr. P. Kall, Zürich
Prof. Dr. K. Magnus, München
Prof. Dr. E. Meister, Darmstadt

herausgegeben von
Prof. Dr. Dr. h. c. H. Görtler, Freiburg

Band 56

Die Lehrbücher dieser Reihe sind einerseits allen mathematischen Theorien und Methoden von grundsätzlicher Bedeutung für die Anwendung der Mathematik gewidmet; andererseits werden auch die Anwendungsgebiete selbst behandelt. Die Bände der Reihe sollen dem Ingenieur und Naturwissenschaftler die Kenntnis der mathematischen Methoden, dem Mathematiker die Kenntnisse der Anwendungsgebiete seiner Wissenschaft zugänglich machen. Die Werke sind für die angehenden Industrie- und Wirtschaftsmathematiker, Ingenieure und Naturwissenschaftler bestimmt, darüber hinaus aber sollen sie den im praktischen Beruf Tätigen zur Fortbildung im Zuge der fortschreitenden Wissenschaft dienen.

Prinzipien und Realisierung von Betriebssystemen

Von Dr. rer. nat. Gerhard Weck
Infodas GmbH, Köln

2., durchgesehene Auflage

Mit 150 Abbildungen und
zahlreichen Beispielen

 B. G. Teubner Stuttgart 1985

Dr. rer nat. Gerhard Weck

1947 geboren in Trier. Von 1966 bis 1971 Studium der Physik an der Universität des Saarlandes. 1971 Diplom in experimenteller Festkörperphysik. 1971 bis 1972 wiss. Mitarbeiter im Institut für Experimentalphysik der Universität des Saarlandes. 1972 bis 1975 wiss. Mitarbeiter im Digitalelektronischen Praktikum der Universität des Saarlandes. 1975 Promotion über abstrakte Modelle von Datenstrukturen. 1975 bis 1976 wiss. Mitarbeiter in der Forschungsgruppe Graphische Datenverarbeitung der Technischen Hochschule Darmstadt. 1976 bis 1977 Assistant Teacher am Departamento de Engenharia Elètrica der UNICAMP (Universidade Estadual de Campinas) in Campinas, São Paulo, Brasilien. 1977 bis 1980 wiss. Mitarbeiter am Rechenzentrum der Universität des Saarlandes. Seit 1980 wiss. Mitarbeiter der Infodas GmbH, Köln, für die Entwicklung von Datenbank-Software und von Systemkonzepten für sichere Systeme. Im Winter-Semester 1984/85 Lehrauftrag über Betriebssysteme am Fachbereich Informatik der Universität Dortmund.

CIP-Kurztitelaufnahme der Deutschen Bibliothek

Weck, Gerhard:
Prinzipien und Realisierung von Betriebssystemen / von Gerhard Weck. — 2., durchges. Aufl. — Stuttgart : Teubner, 1985.
(Leitfäden der angewandten Mathematik und Mechanik ; Bd. 56) (Teubner-Studienbücher : Informatik)
ISBN 3-519-12358-4

NE: 1. GT

© B. G. Teubner, Stuttgart 1984

Printed in Germany
Gesamtherstellung: Beltz Offsetdruck, Hemsbach/Bergstraße
Umschlaggestaltung: W. Koch, Sindelfingen

- 5 -

Inhalt

Abbildungen

Vorwort

Dieses Buch entstand aus den Skripten zweier Vorlesungen, die ich im Wintersemester 1979/80 und im Sommersemester 1980 im Fachbereich Angewandte Mathematik und Informatik der Universitaet des Saarlandes gehalten habe. Die zunaechst sehr knappe und an vielen Stellen eher skizzenhafte Darstellungsform dieser Skripten wurde fuer dieses Buch voellig ueberarbeitet und besser lesbar gemacht. Um jedoch die Uebersichtlichkeit der urspruenglichen Skripten zu bewahren, wurde ueberall dort, wo es dem Verstaendnis foerderlich erschien, eine tabellarische oder graphische Darstellung solcher Sachverhalte gewaehlt, die sich anders nur durch lange und umstaendliche verbale Beschreibungen haette realisieren lassen.

Das Buch wendet sich vornehmlich an Informatik-Studenten des mittleren Studienabschnitts, etwa vom 3. bis zum 7. Semester. An Kenntnissen wird Erfahrung mit einer beliebigen hoeheren Programmiersprache und einige Gewoehnung an algorithmische Denkweise vorausgesetzt. Kenntnisse ueber Rechner-Architektur sind zwar fuer das Verstaendnis nuetzlich, aber nicht unbedingt erforderlich, dagegen ist ein gewisses Grundwissen ueber Analysis und Statistik sehr von Vorteil. Algorithmen sind in informeller Art in einer ALGOL-aehnlichen Schreibweise dargestellt; auf die Verwendung von System-Programmiersprachen wurde bewusst verzichtet, da heute noch keine dieser Sprachen so weit verbreitet ist, dass man sie als allgemein bekannt voraussetzen koennte. Ebenso erschien es nicht zweckmaessig, hier eine eigene umfangreiche Beschreibungsmethode zu entwickeln oder erst eine Einfuehrung in eine der bekannteren System-Programmiersprachen (etwa BCPL, Ada oder BLISS) zu geben, da dies zu weit vom eigentlichen Inhalt des Buches weggefuehrt haette.

Ziel dieses Buches ist es, den Aufbau von Betriebssystemen und die zugrundeliegenden Prinzipien vestaendlich zu machen sowie einen Einstieg in die Literatur dieses Gebietes zu ermoeglichen. Aus diesem Grund habe ich versucht, sowohl die theoretischen Grundlagen und Prinzipien von Betriebssystemen als auch deren Umsetzung in die Praxis darzustellen. Der dabei eingeschlagene Weg liegt zwischen dem einer reinen Beschreibung der zugrunde-liegenden Theorien, bei der leicht der Bezug zur Praxis verloren geht, und dem einer reinen Fallstudie, die gerne in die Gefahr geraet, die verwendeten Konzepte hinter unwesentlichen Details der Realisierung zu verbergen. Diese Wahl der Vorgehensweise hatte zur Folge, dass die Angabe umfangreicher Beweise unterbleiben musste, da sie den Umfang des Buches zu stark erhoeht und den Zusammenhang zwischen theoretischem Prinzip und Realisierung oder Auswirkung in der Praxis zerrissen haette. Stattdessen wurde versucht, den theoretischen Ergebnissen anhand von Fallstudien aus realisierten bzw. zur Realisierung vorgeschlagenen Betriebssytemen gegenueberzustellen, welchen Einfluss diese Ergebnisse auf die Praxis haben. Viele dieser Beispiele wurden einem neueren Betriebssystem entnommen, ueber das relativ leicht ausfuehrliche Dokumentation zur Vertiefung erhaeltlich ist. Die Gueltigkeit der in diesen Beispielen angestellten Betrachtungen ist jedoch nicht

auf dieses System beschraenkt, sondern erstreckt sich auf die
meisten modernen Betriebssyteme, wenn auch zum Teil mit Abwei-
chungen in einzelnen Details.

An dieser Stelle ist auch eine Bemerkung ueber die reichlich
freizuegige Verwendung englischer Begriffe in diesem Buch gemacht:
Es schien mir in vielen Faellen wenig sinnvoll, deutsche
Uebersetzungen dieser Begriffe zu verwenden, da die Terminologie
auf dem Gebiet der Betriebssysteme sich im Deutschen noch weniger
stabilisiert und vereinheitlicht hat als im Englischen; zu vielen
der englischen Begriffe existiert sogar noch keine allgemein
akzeptierte deutsche Uebersetzung. Um den Leser nicht unnoetig
mit einer eigenen Terminologie zu belasten, die den Einstieg in
die - ueberwiegend amerikanische - Original-Literatur erschweren
wuerde, habe ich daher die Begriffe von dort in vielen Faellen
ungeaendert uebernommen. Auch die Beispiele und Skizzen zur
Verdeutlichung thecretischer Grundlagen oder praktischer
Ergebnisse wurden nur dort inhaltlich geaendert, wo eine Anpassung
der Terminologie unbedingt erforderlich war; ansonsten wurden die
Darstellungen der Original-Literatur moeglichst ungeaendert uebernommen, um dem Leser die Einarbeitung in diese Literatur zu
erleichtern. Dies gilt insbesondere fuer die Kapitel 3 bis 5, die
sich sehr stark auf die ausgezeichneten Darstellungen in [10] und
[19] stuetzen. Zur Vertiefung des hier gebotenen Stoffes
empfehlen sich insbesondere diese beiden Werke sowie die Beschaef-
tigung mit dem Aufbau eines modernen Timesharing-Systems, am
besten anhand praktischer Erfahrung.

Herrn Prof. Dr. G. Hotz danke ich fuer die Anregung, das
urspruengliche Manuskript zu einem Buch umzuarbeiten, und fuer die
kritische Durchsicht des Manuskripts. Zu danken habe ich
insbesondere Frau Dr. B. Wiesner, die den vorliegenden Text
durchgearbeitet und mit zahlreichen Anmerkungen und Verbesserungs-
vorschlaegen erheblich zur Lesbarkeit und Korrektheit beigetragen
hat. Schliesslich danke ich der Infodas GmbH, die mir in gross-
zuegiger Weise die technischen Mittel zur Erstellung der druck-
fertigen Vorlage zur Verfuegung gestellt hat.

Zum Abschluss noch eine Bemerkung ueber den formalen Aufbau
dieses Buches: Der Text wurde mit einem Textverarbeitungssystem
erfasst und formatiert, bei dem der verfuegbare Zeichensatz durch
die Verwendung des ASCII-Codes auf 95 druckbare Zeichen
eingeschraenkt ist. Wegen des technischen Charakters des Buches
erschienen Sonderzeichen unverzichtbar, so dass zu ihren Gunsten
auf Umlaute verzichtet wurde, fuer die es ja im Deutschen eine
Ersatzdarstellung gibt.

Koeln, im Maerz 1982

                                                    G. Weck

Die vorliegende zweite Auflage ist gegenueber der ersten Auflage
inhaltlich ungeaendert; es erfolgte lediglich eine Korrektur der
Druckfehler, die inzwischen bekannt geworden waren.

Koeln, im Maerz 1985

                                                    G. Weck

- 14 -

Literatur

[1]   Preliminary Ada Reference Manual; ACM SIGPLAN Notices,
      Vol. 14, No 6, Part A (June 1979)

[2]   Rationale for the Design of the Ada Programming Language;
      ACM SIGPLAN Notices, Vol. 14, No 6, Part B (June 1979)

[3]   American National Standards Institute, Inc: American
      National Standard Programming Language FORTRAN; ANSI
      X3.9-1978, 1978

[4]   H. Anderson: An Empirical Investigation into Foreground-
      Background Scheduling for an Interactive Computing
      System; IBM Research Report RC-3941, 1972

[5]   M. R. Barbacci, G. E. Barnes, R. G. Cattell, D. P.
      Siewiorek: The ISPS Computer Description Language;
      Carnegie Mellon University, Department of Computer
      Science, Pittsburgh, Technical Report, 1977

[6]   C. G. Bell, J. C. Mudge, J. E. McNamara: Computer
      Engineering; Digital Press, 1978

[7]   D. G. Bobrow, J. D. Burchfiel, D. L. Murphy, R. S.
      Tomlinson: TENEX, a Paged Time Sharing System for the
      PDP-10; Comm. ACM, Vol. 15, No 3 (March 1972)

[8]   P. Brinch Hansen: Operating Systems Principles;
      Prentice Hall, 1973

[9]   P. Brinch Hansen: Distributed Processes: A Concurrent
      Programming Concept; Comm. ACM, Vol. 21, No 11 (November
      1978)

[10] E. G. Coffman, P. J. Denning: Operating Systems Theory;
      Prentice Hall, 1973

[11] E. G. Coffman, M. J. Elphick, A. Shoshani: System
      Deadlocks; ACM Comp. Surv., Vol. 3, No 2 (June 1971)

[12] F. J. Corbato, V. A. Vyssotsky: Introduction and
      Overview of the Multics System; Proc. AFIPS 1965 FJCC 27

[13] P. J. Denning: Virtual Memory; ACM Comp. Surv., Vol. 2,
      No 3 (Sept 1970)

[14] P. J. Denning: The Working Set Model for Program
      Behavior; Comm. ACM, Vol. 11, No 5 (May 1968)

[15] P. J. Denning, St. C. Schwartz: Properties of the
      Working-Set Model; Comm. ACM, Vol. 15, No 3 (March 1972)

[16] L. P. Deutsch, B. W. Lampson: Doc. 30.10.10, Project GENIE; April 1965

[17] E. W. Dijkstra: The Structure of the 'THE' Multiprogramming System; Comm. ACM, Vol. 11, No 5 (May 1968)

[18] R. J. Feiertag, P. G. Neumann: The Foundations of a Provably Secure Operating System; Proc 1979 NCC

[19] P. Freeman: Software Systems Principles - A Survey; SRA, 1975

[20] A. N. Habermann: Introduction to Operating System Design; SRA, 1976

[21] C. A. R. Hoare: Monitors: An Operating System Structuring Concept; Comm. ACM, Vol. 17, No 10 (October 1974)

[22] C. A. R. Hoare: Communicating Sequential Processes; Comm. ACM, Vol. 21, No 8 (August 1978)

[23] P. A. Karger: An Overview of Computer Security Issues; Digital Equipment Corporation, Technical Report DEC/TR-10 CSA-8/79-7, 1979

[24] H. Katzan jr.: Computer Systems Organization and Programming; SRA, 1976

[25] B. W. Lampson, H. E. Sturgis: Reflections on an Operating System Design; Comm. ACM, Vol. 19, No 5 (May 1976)

[26] H. M. Levy, R. H. Eckhouse jr.: Computer Programming and Architecture - The VAX-11; Digital Press, 1980

[27] A. Lister: The Problem of Nested Monitor Calls; ACM Op. Syst. Rev., Vol. 11, No 3 (1977)

[28] S. E. Madnick, J. W. Alsop II: A Modular Approach to File System Design; Proc. AFIPS 1969 SJCC 34

[29] R. R. Muntz: Scheduling and Resource Allocation in Computer Systems; enthalten in [19]

[30] J. Nehmer: Implementierungstechniken fuer Monitore; Bericht Nr. 17/80, Fachbereich Informatik der Universitaet Kaiserslautern, 1980

[31] PDP-11: Bus Handbook; Digital Equipment Corporation, Document No EB 17525, 1979

[32] D. M. Ritchie, K. Thompson: The UNIX Time-Sharing System; Comm. ACM, Vol. 17, No 7 (July 1974) / Bell Syst. Tech. Journ., Vol. 57, No 6, Part 2 (July-August 1978)

[33] H. S. Stone (ed.): Introduction to Computer Architecture; 2nd ed., SRA, 1980

[34] K. Thompson: UNIX Implementation; Bell Syst. Tech. Journ., Vol. 57, No 6, Part 2 (July-August 1978)

[35] VAX: Architecture Handbook; Digital Equipment Corporation, Document No EB 19580, 1981

[36] VAX: Hardware Handbook; Digital Equipment Corporation, Document No EB 17281, 1981

[37] VAX: Software Handbook; Digital Equipment Corporation, Document No EB 20585, 1982

[38] VAX-11: Record Management Services Reference Manual; Digital Equipment Corporation, Document No AA-D031C-TE, 1980

[39] VAX-11/780: System Maintenance Guide; Digital Equipment Corporation, Document No EK-11780-PG-001, 1978

[40] VAX-11/780: Technical Summary; Digital Equipment Corporation, Document No EA 15963, 1978

[41] VAX/VMS: Guide to Writing a Device Driver; Digital Equipment Corporation, Document No AA-H499B-TE, 1980

[42] VAX/VMS: Internals and Data Structures; Digital Equipment Corporation, Document No AA-K785A-TE, 1981

[43] VAX/VMS: Real-Time User's Guide; Digital Equipment Corporation, Document No AA-H784A-TE, 1980

[44] VAX/VMS: System Manager's Guide; Digital Equipment Corporation, Document No AA-D027B-TE, 1980

[45] VAX/VMS: Virtual Memory; Digital Equipment Corporation, Personal Communication, 1979

[46] G. Wiederhold: Database Design; McGraw-Hill, 1977

Abbildungs-Nachweis

Die folgenden Abbildungen wurden mit freundlicher Genehmigung des Digital Press Verlages bzw. der Digital Equipment Corporation verschiedenen der im Literaturverzeichnis angebenen Veroeffentlichungen entnommen; sie unterliegen dem Copyright der Original-Veroeffentlichungen:

[6]   Fig. 6-11

[26] Fig. 5-33, 6-16, 6-17

[31] Fig. 6-9

[35] Fig. 5-36, 5-37, 8-4

[36] Fig. 5-38, 6-10, 8-3

[37] Fig. 2-6, 2-10, 2-11, 4-49, 4-50, 6-18 .. 6-21

[38] Fig. 7-2 .. 7-7

[39] Fig. 5-39

[40] Fig. 2-3 .. 2-5, 5-34, 5-35, 6-3, 6-4

[41] Fig. 6-22 .. 6-24

[42] Fig. 2-12, 8-2, 8-5, 8-6

KAPITEL 1

EINFUEHRENDE DISKUSSIONEN

1.1 AUFGABEN EINES BETRIEBSSYSTEMS

1.1.1 Allgemeine Einfuehrung

Unter einem Betriebssystem versteht man eine Ansammlung von Steuerungsprogrammen und Hilfsroutinen, die die Benutzung eines Rechners und der daran angeschlossenen Geraete fuer den Menschen vereinfachen. Man kann sich vorstellen, dass ein solches Betriebssystem zwischen den Benutzer bzw. sein Programm und die Hardware tritt, die die spezifizierten Aufgaben tatsaechlich ausfuehrt. Dem Benutzer wird - durch die Software des Betriebssystems - ein Rechner vorgespiegelt, der zu wesentlich komplexeren Operationen in der Lage ist, als es die reine Hardware waere. Dadurch wird fuer ihn die Aufgabe, ein bestimmtes Programm zu schreiben oder auch nur ein existierendes Programm zur Ausfuehrung zu bringen, erheblich vereinfacht. Dazu kommt noch, dass Betriebssysteme ueblicherweise nicht nur die Ausfuehrung der Benutzerprogramme ermoeglichen, sondern auch die Benutzung der verfuegbaren Betriebsmittel, wie etwa Hauptspeicher, Schnelldrucker und so weiter koordinieren, Fehler in Benutzer- programmen feststellen, Rechenzeitabrechnung durchfuehren, Information vor unberechtigtem Zugriff schuetzen, geeignete Massnahmen bei Hardware-Fehlern automatisch einleiten und vieles andere noch.

Die heute verfuegbaren Betriebssysteme unterscheiden sich sehr stark in Bezug auf die von ihnen unterstuetzte Hardware, die Komplexitaet und die Art der von ihnen zu erledigenden Aufgaben, ihre Anpassbarkeit an spezielle Anforderungen und die Verfuegbarkeit von Programmiersprachen. So gibt es einerseits Systeme, die ein Benutzerprogramm nach dem anderen durchrechnen, waehrend andere in der Lage sind, gleichzeitig eine Vielzahl von Programmen zu bearbeiten oder gleichzeitig eine grosse Anzahl von Benutzern interaktiv ueber Terminals zu bedienen. Weiterhin gibt es Systeme, die Realzeit-Anforderungen genuegen, das heisst, Anwendungen bedienen, die eine bestimmte Reaktion des Rechners auf ein aeusseres Signal in einer vorgegebenen Zeitspanne erfordern. Wieder andere Systeme muessen in der Lage sein, bestimmte, fest vorgegebene Aufgaben an einer extrem hohen Anzahl von Terminals mit vertretbaren Reaktionszeiten auszufuehren.

Bei dieser Komplexitaet der Aufgaben und Einsatz- moeglichkeiten von Betriebssystemen ist es kein Wunder, dass der Entwurf und die Konstruktion eines Betriebssystems ein schwieriges Unterfangen ist, zu dem genaue Kenntnisse sowohl der zugrundeliegenden Hardware-Architektur als auch der Struktur und der Anforderungen der zu erledigenden Aufgaben erforderlich sind. Im Laufe der Zeit wurden jedoch eine Reihe von Erfahrungen beim Entwurf und auch beim Betrieb von Betriebssystemen gesammelt, die zur Entwicklung grundlegender Ideen und Konzepte fuehrten. Mithilfe dieser Konzepte laesst sich die Komplexitaet des Betriebssystem-Entwurfs auf ueberschaubare Groessenordnungen reduzieren. Es ist Ziel dieses Buches, die wichtigsten dieser Konzepte darzustellen und, zumindest in Beispielen, anzugeben, wie man diese allgemeinen Ideen in eine reale Implementierung umsetzen kann.

Wir koennen das bisher Gesagte in folgender Definition zusammenfassen:

Definition: Ein Betriebssystem ist eine Menge von Programmen, die die Ausfuehrung von Benutzer-Programmen auf einem Rechner und den Gebrauch der vorhandenen Betriebsmittel steuern.

Schlagwortartig koennen wir die Aufgaben eines Betriebssystems und die durch seine Verwendung erwachsenden Vorteile so charakterisieren:

- Parallelbetrieb mehrerer Benutzer-Programme moeglich ("Multi-Programmierung")

- Realisierung zeitlicher Unabhaengigkeit oder definierter zeitlicher Abhaengigkeiten zwischen verschiedenen Benutzer-Programmen ("Synchronisation")

- Verfuegbarkeit allgemein verwendbarer Programm- und Text-Bibliotheken

- gemeinsames, fertiges Ein-/Ausgabe-System fuer alle Benutzer

- Schutz der Benutzer gegen Fehler anderer Benutzer

- gemeinsame, logische Verwaltung der Speicher-Peripherie

- Praesentation eines logischen ("virtuellen") Rechners mit benutzernahen Schnittstellen auf hoher logischer Ebene

Ehe wir uns nun ein einfaches Betriebssystem als einleitendes Beispiel ansehen, muessen wir noch kurz die Begriffe festlegen, die wir im Folgenden benoetigen, wenn wir uns auf die zugrunde-liegende Hardware beziehen.

1.1.2 Hardware-Grundlagen und Terminologie

Wir koennen die Hardware eines Rechners ganz allgemein aufteilen in folgende Hauptkomponenten:

- einen oder mehrere (Zentral-)Prozessoren **Pc** (Rechnerkerne)

- einen Hauptspeicher **Mp**, der aus gleich grossen Elementen (Speicherworte oder Bytes) aufgebaut ist

- Ein-/Ausgabe-Geraeten **T** der verschiedensten Arten

- Ein-/Ausgabe-Prozessoren **Pio** (Kanalwerke, Spezialprozessoren, Geraete-Controller)

- Peripherie-Speicher **Ms**

Anmerkung

In der hier gewaehlten Terminologie, die auch als **PMS**-Notation bekannt ist, werden Prozessoren generell mit **P**, Speicher mit **M** (von "Memory") bezeichnet. Zur Unterscheidung koennen an diese Symbole weitere Buchstaben angehaengt werden, etwa p zur Bezeichnung eines Hauptspeichers (von "primaer") oder **s** fuer Sekundaer-Speicher.

Der Hauptspeicher fuehrt im wesentlichen nur zwei Operationen aus:

LOAD adr: stellt das durch adr spezifizierte Element dem (einem) Prozessor zur Verfuegung; hierbei kann bei den meisten Rechnern spezifiziert werden, welcher Teil des Prozessors **Pc** die Information erhaelt.

STORE adr: uebertraegt Information aus einem Prozessor in das durch adr spezifizierte Element von **Mp**; auch hier kann bei den meisten Maschinen ein Teil von **Pc** als Quelle genannt werden.

adr wird als Speicheradresse bezeichnet.

Der Zentralprozessor (oder kurz Prozessor) **Pc** enthaelt eine nicht allzu grosse Anzahl schneller Register, die durch Namen (oft kleine ganze Zahlen) bezeichnet werden. Zwei spezielle dieser Register sind:

- der Programmzaehler PC ("Program Counter")

- das Befehlsregister IR ("Instruction Register")

Der Prozessor **Pc** betrachtet das gerade auszufuehrende Programm als eine zusammenhaengende Menge von Hauptspeicher-Elementen (Zellen). Das Register PC zeigt auf eine dieser Zellen; das Programm wird ausgefuehrt, indem der Zeiger von **Pc** durch diese Menge bewegt wird und die einzelnen so angesprochenen Befehle ausgefuehrt werden. Man bezeichnet dies als den "Fetch-Execute"-Zyklus des Prozessors, der unter Verwendung der bisher

eingefuehrten Symbole etwa folgendermassen als "Programm"
geschrieben werden koennte:

```
repeat
    IR := Mp[PC]
    PC +:= 1
    <EXECUTE <Befehl in IR> >
until Pc halt
```

Ein-/Ausgabe-Geraete und -Prozessoren arbeiten ueblicherweise
nicht voellig autonom; ihre Operationen werden durch die
Uebertragung spezieller Geraete-Befehle in ein Register des
Geraets oder E/A-Prozessors ausgeloest. Diese Geraete-Befehle und
ihre Parameter spezifizieren:

- die Art der auszufuehrenden Operation

- die Adresse in Mp, ab der Information zu uebertragen ist

- die Menge der zu uebertragenden Information

- die Art der Rueckmeldung

- eventuelle Folgebefehle

Die Steuerung des Datenverkehrs ueber diese E/A-Geraete
geschieht ueber hardware-maessig gesetzte Bits, die oft als BUSY-
und READY-Flag bezeichnet werden. Ein moegliches Protokoll fuer
die Verwendung dieser Flags ist das folgende:

> Rechner setzt BUSY

> Geraet startet

> Geraet loescht BUSY

> Geraet ist fertig

> Geraet setzt READY

> Rechner erfaehrt READY

> Rechner loescht READY

Wird etwa vom Rechner durch einen Programmierfehler das BUSY-Flag
nicht gesetzt oder das READY-Flag nicht geloescht oder falsch
abgefragt, so kann dies zum Lahmlegen des betreffenden Geraetes
fuehren. Es ist klar, dass in einem Mehrbenutzer-Betrieb der
einzelne Benutzer daran gehindert werden muss, in das E/A-System
des Rechners auf dieser hardware-nahen Ebene einzugreifen, da hier
die Folgen einer Fehlbedienung viel zu schwerwiegend waeren. Das
Betriebssystem hat hier noch die zusaetzliche Aufgabe, die
einzelnen Benutzer nicht nur vor der Komplexitaet, sondern auch
vor den Folgen einer Fehl-Bedienung des E/A-Systems abzuschirmen.

1.2 AUFBAU EINES EINFACHEN BETRIEBSSYSTEMS

1.2.1 Konstruktion

Um die Probleme zu charakterisieren, die sich beim Entwurf eines Betriebssystems stellen, wollen wir fuer einen sehr einfachen, hypothetischen Rechner versuchen, ein Betriebssystem zu entwickeln und dessen Leistungsfaehigkeit abzuschaetzen. (Dieses Beispiel ist [20] entnommen.)

Wir nehmen dabei an, dass dieser Rechner aus einem Zentralprozessor **Pc**, einem Hauptspeicher **Mp**, sowie einem Kartenleser CR und einem Zeilendrucker LP in folgender Weise aufgebaut ist:

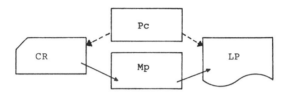

Fig. 1-1 Beispiel eines einfachen Rechners

Diese Maschine soll eine Folge von Programmen vom Kartenleser einlesen, soll diese Programme uebersetzen, laden, ausfuehren und die Ergebnisse auf dem Schnelldrucker ausgeben. Man koennte die Operationen dieser Maschine etwa durch folgendes Programm beschreiben:

```
repeat
    read card deck
    compile
    load
    execute
    print results
until machine halt
```

Da die Hardware unseres Rechners nicht in der Lage ist, dieses "Steuerprogramm", so wie es hier geschrieben ist, direkt auszufuehren, muessen die einzelnen Schritte durch Aufrufe geeigneter Prozeduren realisiert werden. Dabei werden die beiden Schritte "compile" und "load" von Hilfsprogrammen durchgefuehrt, die nach gaengiger Betrachtungsweise nicht als Komponenten des Betriebssystems selbst angesehen werden. Diese auch als Utilities bezeichneten Hilfsprogramme werden meist als Elemente eines sogenannten Programmiersystems aufgefasst, das zwar normalerweise mit einem Betriebssystem zusammen geliefert wird, nicht jedoch als Teil dieses Betriebssystems, sondern als unabhaengige Programm-Bibliothek. Aus diesem Grund sollen uns diese beiden Schritte hier nicht weiter interessieren. Auch der Schritt "execute" kann fuer den Moment aus unseren Betrachtungen ausgeklammert werden, da es sich hier nur um die Ausfuehrung der eingelesenen Programme handelt. Als Elemente des Betriebssystems muessen also zunaechst

nur die beiden Ein-/Ausgabe-Prozeduren CR_Control und LP_Control
zur Realisierung der beiden Schritte "read card deck" und "print
results" geschrieben werden.

Dabei ist zum Verstaendnis dieses Beispiels keine
detaillierte Kenntnis der Hardware des Kartenlesers oder des
Zeilendruckers erforderlich. Wir koennen von dem folgenden, stark
vereinfachten Modell dieser Geraete ausgehen, das fuer unsere
Zwecke jedoch voellig ausreichend ist:

- Der Kartenleser wird durch einen Start-Knopf in Betrieb
  gesetzt; er meldet seine Bereitschaft dem Rechner durch
  ein Signal "CR_READY". Um Karten einzulesen, muss der
  Leser bereit sein und ein geeignetes Lese-Kommando
  gegeben werden. Solange bis eine Lochkarte fertig eingelesen ist, zeigt der Leser die Tatsache, dass er eine
  Operation durchfuehrt, durch ein Signal "CR_BUSY" an, das
  er beim Abschluss der Operation, wenn also der Karten-
  inhalt zur Verarbeitung bereitsteht, loescht.

- Der Drucker arbeitet in analoger Weise: Durch ein
  geeignetes Drucke-Kommando wird eine Druck-Operation
  eingeleitet, deren Ende das Geraet durch ein Signal
  "LP_READY" anzeigt.

Zum Lesen der naechsten Karte bzw. zum Drucken der naechsten Zeile
muessen die Geraete durch weitere Kommandos erneut gestartet
werden.

Wir koennen nun die Prozeduren zur Bedienung der beiden
Geraete angeben. In informeller Notation, die hier fuer unsere
Zwecke ausreicht, lassen sich diese Prozeduren folgendermassen
schreiben:

        CR_Control: select starting address **sadr**;
                    initialize input address **iadr** := **sadr**;
                    initialize card count **cc** := 0;
                    <u>wait</u> until CR_READY;
                    <u>repeat</u> select input address **iadr**;
                    command read card (**iadr**);
                    increment card count **cc** +:= 1;
                    <u>wait</u> while CR_BUSY
                    <u>until</u> CR_IDLE

Diese Routine liest n Lochkarten in den Hauptspeicher ab
Adresse **sadr**; die Anzahl der gelesenen Karten steht nachher in
cc. Der Schnelldrucker wird analog durch folgende Prozedur
bedient:

        LP_Control: initialize output address **oadr** := **sadr**;
                    <u>repeat</u> select output address **oadr**;
                    <u>wait</u> until LP_READY;
                    command print line **oadr**;
                    decrement line count **lc** -:= 1
                    <u>until</u> **lc** = 0

Beide E/A-Routinen enthalten Wartebefehle (<u>wait</u>), um den
Geschwindigkeitsunterschied zwischen der Elektronik des Zentralprozessors und der wesentlich langsameren Mechanik der E/A-Geraete

auszugleichen. Diese Wartebefehle erlauben es den verschiedenen Hardware-Komponenten, mit ihren jeweiligen Geschwindigkeiten asynchron zueinander zu arbeiten und die Kontrolle zwischen Prozessor und E/A-Geraet wechseln zu lassen, wenn eine dieser Komponenten mit ihrem Teil der Arbeit fertig ist. Man hat hier also ein einfaches Verfahren zur Synchronisation zwischen den einzelnen Hardware-Komponenten.

Ehe wir versuchen, die hier nur grob angedeuteten Steuer-Programme so zu verfeinern, dass sie die Basis einer echten Implementierung werden koennten, wollen wir die Leistungs-faehigkeit unseres einfachen Betriebssystems abschaetzen.

1.2.2 Leistungsabschaetzung

Als Mass fuer die Leistungsfaehigkeit unseres Betriebssystems wollen wir die Auslastung des Zentralprozessors und des Hauptspeichers durch die Verarbeitung der eingegebenen Programme unter der Kontrolle useres Betriebssystems waehlen. Wenn der Prozessor zu weniger als 100 % ausgelastet ist, das heisst, wenn die Zeit zur Verarbeitung eines Programms groesser ist als die Zeit, die es den Prozessor belegt, so ist dieser Zeitunterschied im wesentlichen auf die Wartezeiten durch die wait-Befehle zurueckzufuehren. Ziel unserer Leistungsabschaetzung ist zunaechst die Klaerung der Frage, ob dieser Effizienz-Verlust zu vernachlaessigen ist.

Wir machen zunaechst die folgenden realistischen Annahmen ueber die Eigenschaften der zugrundegelegten Hardware:

```
   4 Bytes pro Maschinenwort
  80 Bytes pro Lochkarte
 120 Bytes pro Druckzeile
   1 Mikrosekunde Zugriffszeit in Mp
1200 Lochkarten pro Minute im Leser
1200 Druckzeilen pro Minute
   3 Speicherzugriffe zur E/A eines Wortes
```

Die letzte dieser Zahlen geht von der Annahme aus, dass zur E/A eines Maschinenwortes dieses Wort selbst geladen bzw. gespeichert werden muss und dass der Bytezaehler dekrementiert und auf 0 getestet werden muss. Die Anzahl der Speicherzugriffe pro Sekunde, die der Kartenleser in der Lage ist zu veranlassen, berechnet sich aus diesen Werten als

$$(1200/60) * (80/4) * 3 = 20 * 20 * 3 = 1200$$

je Sekunde. Analog ergeben sich 1800 Zugriffe je Sekunde fuer den Drucker. Da bei einer Speicherzykluszeit von einer Mikrosekunde jedoch eine Million Zugriffe pro Sekunde moeglich sind, betraegt die Auslastung des Hauptspeichers nur 0,12 % fuer den Leser und 0,18 % fuer den Drucker!

Aus diesem Grund verbringen die E/A-Routinen die meiste Zeit in den wait-Befehlen: Schaetzt man die Anzahl der Maschinen-befehle, die zur Ausfuehrung der einzelnen Zeilen der Schleife im Programm LP_Control erfolgen muessen, so erhaelt man etwa folgende

Werte:

```
select oadr:      5
command print:    5
decrement lc:     2
test lc = 0 :     2
```

Da zur Ausfuehrung eines Maschinenbefehls im Schnitt zwei bis drei Speicherzugriffe erforderlich sind, dauert ein Maschinenbefehl etwa 2.5 bis 3 und ein Schleifendurchlauf etwa 40 Mikrosekunden. Die naechste Zeile kann jedoch bei der gegebenen Geschwindigkeit des Druckers erst nach 60/1200 Sekunden, also 1/20 Sekunde oder 50000 Mikrosekunden ausgegeben werden. Die Auslastung des Prozessors ergibt sich somit fuer die Druckroutine zu 0,08 %. Fuer den Kartenleser ist die Verschwendung an Rechenzeit sogar noch groesser.

Um ein Bild von der Gesamtauslastung des Rechners zu erhalten, genuegt es nicht, nur die Auslastung waehrend der Ein- und Ausgabe-Phasen zu bestimmen, sondern wir muessen noch zusaetzlich beruecksichtigen, dass diese Phasen sich mit reinen Rechenzeiten abwechseln, in denen zum Beispiel eines der eingelesenen Programme uebersetzt oder ausgefuehrt wird. Wir wollen daher die Verweilzeit eines solchen Programms im Rechner bestimmen, wobei wir folgende Annahmen ueber Groesse und Eigenschaften sowohl eines durchschnittlichen Programms als auch des verwendeten Programmiersystems machen:

```
    Umfang des Programms:
        Programmlaenge              200 Zeilen
        jeder Befehl                400-mal ausgefuehrt
        Laenge der Druckausgabe     100 Zeilen
    bei der Ausfuehrung:
        je Quellzeile                 5 Maschinenbefehle
    zur Erzeugung des lauffaehigen Programms:
        je Maschinenbefehl          500 Befehle im Compiler
                                  + 100 Befehle im Lader
```

Hieraus ergibt sich die folgende Zeit (in Millisekunden) fuer einen Programmlauf:

Eingabe 200 Karten:	200 * 1/20 * 1000	= 10000
Uebersetzen:	200 * 5 * 500 * 0.003	= 1500
Laden:	200 * 5 * 100 * 0.003	= 300
Ausfuehrung:	200 * 5 * 400 * 0.003	= 1200
Drucken des Programms:	200 * 1/20 * 1000	= 10000
Drucken der Ergebnisse:	100 * 1/20 * 1000	= 5000
Gesamt:		28000

Die gesamte Verweilzeit des Programms betraegt somit 28 Sekunden; davon entfallen auf die Schritte Uebersetzen, Laden und Ausfuehren 3 Sekunden, waehrend die restlichen 25 Sekunden fuer Ein- und Ausgabe-Vorgaenge verbraucht werden, bei denen nach dem vorher Gesagten der Zentralprozessor nur zu etwa 1/1000 ausgelastet ist.

Dieses Beispiel macht in eindrucksvoller Weise klar, wie notwendig es zur Erhoehung der Effizienz eines Rechners ist, die fuer E/A-Vorgaenge benoetigte Zeit im Zentralprozessor irgendwie sinnvoll zu nutzen, da, wie wir oben gesehen haben, der Prozessor bei E/A-Vorgaengen zu weniger als 0,1 % ausgelastet ist, also waehrend dieser Zeit nichts zu tun hat. In welcher Weise dies geschehen kann, soll im naechsten Abschnitt betrachtet werden.

1.3 INTERRUPTS UND PROZESSE

1.3.1 Umschalten des Prozessors

Die Leerlaufzeit des Prozessors waehrend der E/A-Vorgaenge kann dadurch sinnvoll genutzt werden, dass man die E/A-Aktivitaeten eines Benutzers parallel zu Rechenaktivitaten anderer Benutzer ablaufen laesst. Dies ist prinzipiell moeglich, da waehrend der Wartezeiten des Zentralprozessors dieser nicht zur Abwicklung des angestossenen E/A-Vorgangs gebraucht wird. Hierbei stellt sich jedoch das Problem, dass die angeschlossenen E/A-Geraete nicht voellig autonom arbeiten, sondern zu ihrem Betrieb die zugehoerigen Kontroll-Programme im Zentralprozessor benoetigen. Es ist daher erforderlich, dass **Pc**:

- ein Benutzerprogramm rechnet, solange kein Geraet READY meldet;

- das entsprechende Geraete-Kontroll-Programm rechnet, sobald ein Geraet READY meldet.

Daraus ergibt sich, dass der Prozessor auf irgendeine Weise zwischen den Benutzer- und den Kontroll-Programmen umgeschaltet werden muss.

Hierzu springen wir jeweils nach einer geeigneten Anzahl von Befehlen aus dem normalen Fetch-Execute-Zyklus in eine Sonder-behandlung fuer eventuell ausstehende E/A-Vorgaenge, indem wir den Fetch-Execute-Zyklus unseres Rechners unter Verwendung einer Zaehlvariablen AK in folgender Weise abaendern:

```
repeat if AK > 0
            then IR := Mp[PC]; PC +:= 1
            else IR := Mp[0]
       fi;
       AK -:=1;
       <EXECUTE <IR> >
until Pc halt
```

Wenn die Zaehlvariable AK vom Programm auf einen Wert n > 0 gesetzt wird, so wird nach Ausfuehrung von n Befehlen ein Sprung auf die Adresse 0 erzwungen. Hier kann jetzt ein Programm starten, das zunaechst den alten Wert von PC und alle weiteren Status-Informationen des unterbrochenen Programms rettet. Anschliessend koennen die E/A-Geraete ueberprueft und gegebenenfalls bedient werden. Abschliessend kann AK wieder auf n gesetzt und das unterbrochene Programm mit Hilfe der geretteten Information fortgesetzt werden:

```
Interrupt_Control:
      begin
      save status of interrupted program;
      if CR_READY then call CR_Control fi;
      if LP_READY and lc > 0 then call LP_Control fi;
      reset AK;
      restore status and continue interrupted program
      end

CR_Control:
      begin
      iadr := next (iadr);
      command read card (iadr);
      cc +:= 1
      end

LP_Control:
      begin
      oadr := next (oadr);
      command print line (oadr);
      lc -:= 1
      end
```

Man bezeichnet diese Art der Prozessor-Steuerung als Programm-Unterbrechung durch Timer-Interrupt. Hier entstehen zwei Probleme:

- Das gerade laufende Programm wird auch dann unterbrochen, wenn kein Geraet READY meldet, so dass die Unterbrechung grundlos ist ("Overhead").

- Wenn ein Geraet READY meldet, koennen im unguenstigsten Fall n Takte vergehen, bis es bedient wird. Dies kann zur Folge haben, dass manche E/A-Geraete nicht mit voller Geschwindigkeit laufen koennen.

Diese Nachteile lassen sich vermeiden, wenn man Pc mit einem Bitvektor ("Interrupt-Vektor") versieht, dessen m-tes Bit von der Hardware des m-ten E/A-Geraetes gesetzt wird, wenn dieses Geraet READY meldet. Der Fetch-Execute-Zyklus ist dann folgendermassen abzuaendern:

```
repeat if interrupt vector = 0
          then IR := Mp[PC];   PC +:= 1
          else IR := Mp[0]
       fi;
       <EXECUTE <IR> >
until Pc halt
```

Auch die Interrupt-Routine sieht geringfuegig anders aus ("Geraete-Interrupt"):

```
Interrupt_Control:
      begin
         save status of interrupted program;
         m := index of bit that caused interrupt;
         turn off bit m of interrupt vector;
         call control program m;
         restore status and continue interrupted program
      end
```

Die beiden Typen von Interrupt-Systemen werden oft auch zusammen verwendet; ebenso ist es im Prinzip moeglich, mit jedem dieser Systeme das andere zu simulieren [20].

1.3.2 Prozesse

Wenn man einen Rechner mit Interrupt-System hat, ist die Reihenfolge, in der der Zentralprozessor Maschinenbefehle ausfuehrt, nicht mehr direkt mit der Logik der ablaufenden Programme verknuepft, da mehrere Programme gleichzeitig angefangen, aber noch nicht beendet sein koennen, und da die Abarbeitung beliebig zwischen diesen Programmen wechseln kann. Andererseits sind die einzelnen Kontroll-Programme ziemlich in sich abgeschlossene Gebilde, die untereinander und mit den Benutzer-Programmen nur an wenigen und genau definierten Stellen in Wechselwirkung treten.

Aus diesen Gruenden empfiehlt sich zum Verstaendnis der Ablaeufe im Betriebssystem eine neue Betrachtungsweise: Wir gehen nicht mehr von den Aktionen des Prozessors aus, der im Laufe der Zeit wechselnde Programme bearbeitet. Stattdessen fassen wir die einzelnen Programme als die konstanten logischen Einheiten auf und betrachten den Prozessor als ein zeitweilig fuer diese Programme verfuegbares Betriebsmittel, das von einem Programm zu einem anderen weitergereicht wird. Waehrend die erste Betrachtungsweise als "Arbeiter-orientiert" bezeichnet werden koennte, beschreibt die zweite dieselben Vorgaenge in einer "Aufgaben-orientierten" Weise.

Es zeigt sich, dass die "Aufgaben-bezogene" Betrachtungsweise fuer das Verstaendnis zu einfacheren Strukturen fuehrt als eine, die den Prozessor als festes Objekt betrachtet, dem auszufuehrende Programme praesentiert werden. Die neue Darstellungsform der Ablaeufe im Rechner erfordert jedoch eine Erweiterung der intuitiven Vorstellung eines Programm-Laufes, da hier ein Programm zwar begonnen und noch nicht beendet sein kann, ohne dass der Zentralprozessor es im Augenblick bearbeitet. Zur Praezisierung des Begriffs des "in Ausfuehrung befindlichen Programms" benoetigen wir daher die beiden folgenden Definitionen [10,19,20]:

Definition: Ein Programm ist ein statisches Textstueck, das eine Folge von Aktionen spezifiziert, die von einem oder mehreren Prozessoren auszufuehren sind.

Definition: Ein Prozess ist eine durch ein Programm spezifizierte Folge von Aktionen, deren erste begonnen, deren letzte aber noch nicht abgeschlossen ist.

Ein Prozess (in vielen Betriebssystemen auch als "Task" bezeichnet) ist durch die beiden folgenden Eigenschaften zu charakterisieren:

- er wird von einem Programm gesteuert;

- er benoetigt zu seiner Ausfuehrung (wenigstens) einen Prozessor.

Anmerkung

Als Prozessoren koennen in diesem Kontext auch Geraete oder sogar Software-Systeme ("virtuelle Prozessoren") auftreten.

Praezisere Definitionen der beiden Begriffe "Programm" und "Prozess" sind zwar moeglich, in unserem Kontext aber nicht sinnvoll, da sie die Anwendbarkeit dieser Begriffe auf existierende Betriebssyteme zu stark einengen wuerden. Eine Beschreibung des Aufbaus von Prozessen wird im naechsten Kapitel gegeben.

In vielen Faellen sind die einzelnen Aktionen eines Prozesses zeitlich in irgendeiner Reihenfolge angeordnet ("sequentieller Prozess"); dies ist durch die Definition jedoch durchaus nicht gefordert, so dass es bei Verwendung geeigneter Prozessoren ohne weiteres moeglich ist, parallele Abfolgen von Aktivitaeten zuzulassen ("paralleler Prozess").

Ehe die Realisierung des Prozess-Konzeptes im naechsten Kapitel genauer betrachtet wird, sollen zum Abschluss dieser einfuehrenden Diskussionen noch die verschiedenen in der Praxis ueblichen Typen von Betriebssystemen kurz charkterisiert werden.

1.4 TYPEN VON BETRIEBSSYSTEMEN

Ein Betriebssystem, das dieselben Funktionen ausfuehrt wie das bisher besprochene einfache Betriebssystem, jedoch durch Interrupt-Steuerung und Zwischenpufferung der Lochkarten und Druckseiten auf einem schnellen Hintergrundspeicher (Magnetplatte) hoeheren Durchsatz durch weitgehende Ueberlappung von Rechen- und E/A-Zeit erreicht, unterliegt immer noch folgenden Einschraenkungen:

- Die einzelnen Programme werden in derselben Reihenfolge gestartet, in der sie eingelesen wurden.

- Erst bei Beendigung eines Programmlaufes wird die Bearbeitung des naechsten Kartenstapels begonnen.

- Die Bearbeitung eines Kartenstapels (einlesen, uebersetzen, laden, ausfuehren, drucken) stellt logisch eine unteilbare Einheit ("Job") in diesem Betriebssystem dar; das Betriebssystem fuehrt nur Abfolgen solcher Einheiten aus.

Ein System der hier beschriebenen Art wird als Batch-System bezeichnet; es stellt die einfachste Form eines Betriebssystems dar. Durch die Zwischenpufferung der Ein- und Ausgabe auf Hintergundspeicher ("Spooling") ist es moeglich, eine Sortierung der Kartenstapel vor ihrer Bearbeitung im Rechner vorzunehmen, also die erste der oben genannten Einschraenkungen fallen zu lassen. Bei Vorhandensein mehrerer Prozessoren (auch verschiedenen Typs und mit speziellen Aufgaben) oder unter Verwendung des Interrupt-Systems zur Unterbrechung eines Benutzer-Programms durch ein anderes kann man auch die zweite dieser Einschraenkungen fallen lassen. Es ist dann moeglich, dass zu einem gegebenen Zeitpunkt mehrere Jobs gleichzeitig ausgefuehrt werden. Man spricht in diesem Falle von Multi-Programmierung, bezeichnet das Betriebssystem jedoch weiterhin als Batch-System, solange die dritte Einschraenkung weiterhin besteht. Hier werden also Jobs als Ganzes, so wie sie eingelesen wurden, bearbeitet; eine nur teilweise Bearbeitung oder die Moeglichkeit eines Eingriffs des Benutzers, wenn ein Job erst einmal gestartet wurde, besteht hier nicht.

Demgegenueber stehen die sogenannten Timesharing-Systeme, deren Grundidee es ist, den Rechner gleichzeitig von einer Menge von Benutzern ueber Terminals (Bildschirme, Fernschreiber) als eine Art komfortable Tischrechenmaschine verwenden zu lassen. Diese Benutzer haben direkten Zugriff auf ihre Programme und Daten, die auf Magnetplattenspeicher verfuegbar gehalten werden; sie kommunizieren direkt mit dem Betriebssystem, das seine Betriebsmittel jedem Benutzer fuer kurze Zeitabschnitte zuteilt ("multiplext"), so dass jeder von ihnen den Eindruck hat, der Rechner stehe ihm allein zur Verfuegung.

Hier hat das Betriebssystem (unter anderem) folgende Aufgaben:

- Aufsammeln der eingelesenen Zeichen und Zusammenfuegen zu Kommandos

- Laden und Entladen der Benutzer-Prozesse von/auf Hintergrundspeicher

- Ausgeben von Information auf den Bildschirm/Fernschreiber:

    o als Echo der eingegebenen Zeichen

    o als echte Ausgabe

- Verwaltung der Benutzerdaten auf dem Hintergrundspeicher
(hier von besonderer Bedeutung)

Eine dritte Gruppe von Betriebssystemen stellen die Realzeit-Systeme der Prozessdatenverarbeitung dar, deren Aufgabe es ist, mit fest vorgegebenen Algorithmen innerhalb bestimmter, zu garantierender Zeiten auf aeussere Signale zu reagieren. Hier befindet sich oft die Menge aller Prozesse konstant an festen Stellen im Hauptspeicher, und das Betriebssytem schaltet nur mittels des Interrupt-Mechanismus zwischen diesen Prozessen hin und her.

Eine Sonderstellung nehmen hier die sogenannten Transaktions-Systeme ein, die etwa zur Steuerung eines Netzes von Bank-Terminals oder fuer Flugreservierungs-Systeme verwendet werden. Diese Systeme sind durch folgende Parameter zu charakterisieren:

- hohe Anzahl von Terminals

- Uebertragung von oft fest formatierten Informationsmengen in einem Blockmodus

- oft nur ein einziges, aber sehr umfangreiches Anwendungs-programm im Rechner, das alle Terminals bedient

- durchzufuehrende Operationen im allgemeinen relativ starr vom Anwendungsprogramm vorgegeben, oft nur von maessigem Umfang

Systeme dieser Art sind im allgemeinen Spezialsysteme, die sehr stark von den zu unterstuetzenden Anwendungen bestimmt werden; sie sind sowohl von ihren Anforderungen als auch ihren Leistungsmerkmalen her zwischen den anderen Typen von Betriebssystemen anzusiedeln.

Systeme aller der hier beschriebenen Arten koennen unter Verwendung des Prozess-Konzepts aufgebaut und beschrieben werden. Sie bestehen dann aus einer Menge von Prozessen, die ueber definierte Schnittstellen miteinander in Wechselwirkung treten. Falls es in einem so aufgebauten System erlaubt ist, dass zu einem Zeitpunkt mehrere Benutzerprozesse gleichzeitig existieren, so ist in diesem System Multi-Programmierung realisiert. Dies ist somit eine Eigenschaft von Betriebssystemen, die sich bei Verwendung des Prozess-Konzepts in natuerlicher Weise ergibt.

Eine Reihe verschiedener Aspekte sind beim Entwurf eines Betriebssystems zu beachten, die hier nur schlagwortartig aufgezaehlt werden sollen, um einen Eindruck von der Komplexitaet dieser Aufgabe zu vermitteln [10,19,20]:

- **Verzoegerungen:** Anhalten von Prozessen, die versuchen, auf nicht verfuegbare Daten oder Geraete zuzugreifen

- **Wartezeiten:** Auswahl eines aus einer Menge von Prozessen, die Anforderungen stellen, die nicht gleichzeitig erfuellbar sind

- **Overhead** (interner Verwaltungsaufwand): Ueberwachung der
  Rechte und Eigenschaften von Benutzer-Programmen zur
  Steuerung und Optimierung des Systemverhaltens

- Anwachsen der **Laufzeiten** (durch Prozess-Umschaltung und
  Ein-/Auslagerung von Programmen) moeglichst gering halten

- **Schutz** der Benutzer vor Fehlverhalten anderer Benutzer
  und vor Deadlocks (Verklemmungen, s. Abschnitt 3.3)

- **Zugriffsschutz** und **Zugriffskoordination** fuer gemeinsame
  oder oeffentliche Daten

- **Modularitaet** des Systemaufbaus mit dem Ziel einer
  leichten Aenderbarkeit zur Erweiterung des
  Funktionsumfangs und zur Anpassung an bestimmte Betriebs-
  situationen (Tuning)

- **Orthogonalitaet** des Systemaufbaus: jede Funktion ist nur
  an einer einzigen Stelle im Gesamtsystem zu realisieren
  und von dort allen Systemteilen zugaenglich zu machen,
  die sie benoetigen.

Aus diesen Aspekten ergeben sich eine Reihe technischer
Charakteristika von Betriebssystemen, die in der folgenden Liste
[19] aufgezaehlt sind (man beachte die Bezuege zu der
vorangehenden Liste!):

- Parallelverarbeitung

- gleichzeitige Benutzung von Betriebsmitteln

- gleichzeitige Benutzung von Information

- enge Wechselwirkung mit der Hardware

- vielfache Schnittstellen zur Aussenwelt

- langfristige Informationsspeicherung

- Informationsspeicherung auf mehreren Ebenen

- Undeterminiertheit

- Modularitaet

- "gemultiplexte" Arbeitweise

Der Aufbau eines solchen Systems soll nun in den folgenden
Abschnitten beschrieben werden, zusammen mit den zugrundeliegenden
Konzepten und deren Umsetzung in die Praxis. Dabei sollen die
hier genannten Begriffe praezisiert und verstaendlich gemacht
werden, und ihr Bezug zum Gesamtkomplex "Betriebssystem-Entwurf"
soll verdeutlicht werden.

KAPITEL 2

DAS PROZESS-KONZEPT

2.1 ZERLEGUNG EINES BETRIEBSSYSTEMS IN PROZESSE

Ein Betriebssystem, in dem der Prozessor durch Interrupts von einem Programm auf ein anderes umgeschaltet werden kann, wobei diese Programme im allgemeinen keine Kontrolle ueber dieses Umschalten haben, kann nicht als ein einziges, sequentiell rechnendes Programm beschrieben werden. Hierfuer sind mehrere Gruende verantwortlich:

- Zu jedem Zeitpunkt befinden sich mehrere Programme irgendwo zwischen ihrem Anfang und Ende.

- Es gibt Programme, die die parallele Ausfuehrung mehrerer Funktionen verursachen (z.B. gepufferte Ein-/Ausgabe).

- Zwischen parallel ablaufenden Programmteilen koennen zeitlich definierte Wechselwirkungen bestehen (Synchronisationsproblem).

Ein Betriebssystem enthaelt also zu jedem Zeitpunkt eine Vielzahl parallel ablaufender Kontrollstroeme, von denen jeder einem Prozess entspricht. Man erhaelt daher fuer den Aufbau eines Betriebssystems die einfachste und klarste Struktur, wenn man jeder seiner funktionellen Einheiten umkehrbar eindeutig einen Prozess entsprechen laesst. Das Problem der Strukturierung des Betriebssystems ist damit auf die Identifikation sinnvoller funktioneller Einheiten zurueckgefuehrt. Insbesondere erhebt sich hier die Frage, ob und in welchem Umfang man die Programme der einzelnen Benutzer als solche funktionellen Einheiten betrachten soll.

Beispiel: Das Betriebssystem BS3 des Rechners TR440 ist aus folgenden Prozessen aufgebaut:

- Benutzerprozesse ("Abwickler" ABW)

- Steuerung von Rechnerkopplungen ("Rechnervermittler" RV)

- Botschaftsdienst ("Sendungsvermittler" SV)

- Betrieb langsamer Ein-/Ausgabe-Geraete ("Papiervermittler" PAV)

- Betrieb schnellen Peripherie-Speichers ("Hintergrund-vermittler" HGV)

- Betrieb von Front-End-Prozessoren ("Satellitenvermittler" SAV)

- Statistikprozess (STAT)

- Scheduler ("Kontrollfunktion" KFK)

- Lader (fuer den Systemaufbau)

- zentrale Protokollfuehrung ("Zentral-Protokoll-Akteur" ZPA)

- Erstellung von Dumps ("Dumpvermittler" DUV)

- Kommunikation mit dem Bedienungspersonal ("Operateur-vermittler" OPV)

Beim Umschalten des Prozessors von einem Prozess auf einen anderen kann es vorkommen, dass zum Zeitpunkt dieses Umschaltens keiner der Benutzer- oder System-Prozesse in der Lage ist, eine Aktion auszufuehren, da jeder dieser Prozesse auf irgendeine Aktivitaet eines anderen Prozesses oder eines Geraetes wartet. Es ist in diesem Falle aber auch nicht moeglich, den Prozessor durch einen Halt-Befehl stillzulegen, da er sich dann ueblicherweise ohne aeussere Einwirkung nicht mehr starten laesst. Um diese Schwierigkeit zu vermeiden, sieht man daher im allgemeinen fuer jeden Prozessor einen Prozess vor, der immer rechnen kann. Dieser Prozess ("Null-Prozess") braucht keine ernsthafte Arbeit zu leisten; es ist voellig hinreichend, wenn er nichts anderes als eine leere unendliche Schleife ausfuehrt.

Beispiel: Die TR440 kennt fuer jeden Prozessor zwei solcher Null-Prozesse:

- die Warteschleife WSL fuer den Normalfall

- die Notschleife NSL fuer die Blockierung des Prozessors bei Systemfehlern

Die einzelnen Prozesse des Betriebssystems werden ueblicherweise von einem besonderen, zentralen Teil des Betriebssystems (TR440: "Systemkern" SYK) angesteuert und koordiniert. Dieser zentrale Teil ist kein Prozess, da er auf einer niedrigeren logischen Ebene arbeitet. Wenn ausser der eigentlichen Prozess-Koordination alle anderen Aufgaben des Betriebssystems von Prozessen wahrgenommen werden, kann dieser Betriebssystem-Kern jedoch sehr klein gehalten werden.

Ein solches Betriebssystem laesst sich etwa folgendermassen veranschaulichen:

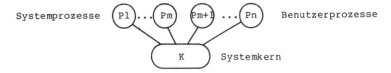

Fig. 2-1 Prozesstruktur eines Betriebssystems

Ein derart strukturiertes System ist erheblich einfacher
aufgebaut und durch seine Zerlegung in Moduln leichter zu
schreiben und zu warten als ein zusammenhaengendes
unstrukturiertes System. Aus diesem Grund weisen praktisch alle
modernen Betriebssysteme eine solche oder aehnliche Struktur auf.
Wir wollen deshalb im Folgenden immer von einem Betriebssystem
ausgehen, bei dem die Gesamtheit der ablaufenden Software in der
oben beschriebenen Weise in einzelne Prozesse untergliedert ist.

Nachdem wir nun, mehr oder weniger intuitiv, festgestellt
haben, was ein Prozess im Gegensatz zu einem Programm ist und wozu
dieses Konzept nuetzlich ist, muessen wir uns ansehen, wie ein
solcher Prozess im Rechner aufgebaut ist.

2.2 AUFBAU UND DARSTELLUNG VON PROZESSEN

2.2.1 Aufbau

Um den physikalischen Aufbau eines Prozesses beschreiben zu
koennen, ist es zunaechst erforderlich, die physikalische
Realisierung eines Programmes zu betrachten:

Ein Programm besteht aus einer Menge von Prozeduren und
Daten, die vom Linker (Montierer) zu einem (nicht notwendigerweise
zusammenhaengenden) Bereich von Binaerelementen (Maschinenworten
oder Bytes) zusammengebunden werden. Man bezeichnet diese Menge
von Binaerelementen als das Image (Speicherabbild) des Programms.

Durch einen bestimmten Teil des Betriebssystems, den
sogenannten Image Activator oder Abwickler, kann ein Image zur
Ausfuehrung gebracht werden. Dazu werden zunaechst Datenstrukturen aufgebaut, die dem Betriebssystem den Zusammenhang
zwischen dem Adressraum des Images und dem physikalischen
Adressraum definieren. Dies geschieht in vielen Betriebssystemen
dadurch, dass eine vorgefertigte Datenstruktur, die ein leeres
Image beschreibt, mit den Parametern des aktuellen Images
ausgefuellt wird. Man bezeichnet den Prozess, der diesem leeren
Image entspricht, als shell process; er dient als Maske zur
schnellen Erzeugung eines echten Prozesses.

Anschliessend kann ein weiterer Systemteil, der Dispatcher,
der ueblicherweise dem Systemkern angehoert, das so vorbereitete
Image zur Ausfuehrung bringen: es wird dann zum Prozess.

Insgesamt hat man also folgenden Ablauf:

Fig. 2-2 Vom Programm zum Prozess

Hier ist anzumerken, dass der Dispatcher nichts anderes macht, als dem lauffaehigen Image das erste Mal den Prozessor zuzuteilen; das lauffaehige Objekt unterscheidet sich von einem echten Prozess also nur dadurch, dass ihm noch nie der Prozessor zugeteilt wurde. Die Unterscheidung zwischen lauffaehigem Image und Prozess ist also relativ kuenstlich und nur durch die Definition des Begriffs "Prozess" bedingt.

In vielen Betriebssystemen wird beim Wechsel eines Programms desselben Benutzers nicht der gesamte Prozess dieses Benutzers geloescht und neu erzeugt. Stattdessen werden nur das Image innerhalb des Prozesses sowie die darauf bezogenen Daten der oben-genannten Datenstruktur ausgetauscht, so dass es moeglich ist, in demselben Prozess nacheinander mehrere Programme ablaufen zu lassen.

Ein Prozess ist somit:

- die Basis-Einheit, die vom Betriebssystem als Empfaenger von Betriebsmitteln betrachtet wird;

- aufgebaut aus einem Image und einer Datenstruktur.

Man bezeichnet die den Prozess beschreibende Datenstruktur als seinen Kontext oder Prozess-Kontroll-Block, kurz PCB. Dieser Kontext befindet sich, je nach dem Zustand eines Prozesses, entweder voellig im Hauptspeicher des Rechners oder auf Speicher und Prozessor verteilt. Man unterscheidet daher zwei Teile des Prozess-Kontextes:

- den Hardware-Kontext (auch Hardware-Prozess-Kontroll-Block, Hardware-PCB genannt); er besteht aus:

o bei einem Prozess, dem der Prozessor zugeteilt ist:

dem Inhalt aller image-spezifischen Register des Prozessors

o bei einem Prozess in irgendeinem anderen Zustand:

einer Datenstruktur, die die Inhalte aller dieser Register enthaelt:

+ nach der letzten Maschineninstruktion, bei der dem Prozess ein Prozessor zugeteilt war

+ vor der ersten Maschineninstruktion, die der
Prozess ausfuehren wird, wenn ihm wieder ein
Prozessor zugeteilt werden wird

- den Software-Kontext (auch Software-Prozess-Kontroll-
Block, Software-PCB genannt), der eine im Betriebssystem
gehaltene Datenstruktur ist, die den Prozess beschreibt,
und im Hauptspeicher resident gehalten wird; sie
enthaelt Status- und Kontroll-Informationen wie zum
Beispiel die folgenden:

o den aktuellen Zustand des Prozesses (z. B. "rechnend", "wartend auf E/A", usw.)

o Peripheriespeicher-Adresse, falls auf den Hintergrund
ausgelagert ("swapped out")

o die Prozess-Identifikation

o die Adresse des sogenannten Prozess-Kopfes (s. u.);
dieser enthaelt unter anderem den Hardware-PCB

o die Prozess-Prioritaet

Bei umfangreicheren Betriebssystemen reicht die bis jetzt
genannte Information zur Beschreibung eines Prozesses nicht aus;
es werden weitere, zum Teil relativ umfangreiche Informationen zur
Beschreibung benoetigt, die in einer weiteren Datenstruktur
gehalten werden. Diese wird als erweiterter Software-Kontext oder
als Prozesskopf (process header) bezeichnet. Wegen ihres Umfangs
wird diese Datenstruktur dann nur fuer Hauptspeicher-residente
Programme im Hauptspeicher gehalten; fuer auf Peripherie-Speicher
ausgelagerte Programme wird sie mit diesen zusammen ausgelagert.
(Dies ist der Hauptgrund fuer die Unterteilung in Software-PCB und
Prozesskopf.) Zu der im Prozesskopf abgespeicherten Verwaltungsinformation koennen zum Beispiel die folgenden Daten gehoeren:

- eine Liste der Berechtigungen des Prozesses ("privilege
mask")

- der Hardware-Kontext

- Information ueber Bedarf und erlaubte Zugriffsmengen auf
Betriebsmittel ("accounting"/"quota")

- Beschreibung des "working set" (s. Abschnitt 5.4)

- Beschreibung der einzelnen Teile des Image-Adressraums
("process section table")

- Seiten-Tabellen (s. Abschnitt 5.2)

Beispiel: Aufbau des Hardware-PCB unter dem System VAX/VMS [40]:

Kernel mode stack pointer
Executive mode stack pointer
Supervisor mode stack pointer
User mode stack pointer
Register 0
Register 1
Register 2
Register 3
Register 4
Register 5
Register 6
Register 7
Register 8
Register 9
Register 10
Register 11
Register 12
Register 13
Register 14
Register 15
Processor Status Longword
Program Region Base Register
Program Region Length Register
Control Region Base Register
Control Region Length Register

31 27 26 24 23 22 21   0

*Enable performance monitor
**Asynchronous System Trap pending

Fig. 2-3 Hardware-Kontext der VAX-11   © Digital Equipment Corporation

Eines der hier angegebenen Felder, das sogenannte Prozessor-Status-Langwort (PSL, bei anderen Maschinen oft als Prozessor-Status-Wort bezeichnet), stellt seinerseits wieder eine Datenstruktur dar, die die folgenden Informationen enthaelt:

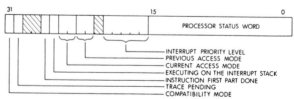

INTERRUPT PRIORITY LEVEL
PREVIOUS ACCESS MODE
CURRENT ACCESS MODE
EXECUTING ON THE INTERRUPT STACK
INSTRUCTION FIRST PART DONE
TRACE PENDING
COMPATIBILITY MODE

© Digital Equipment Corporation

Fig. 2-4 Prozessor-Status-Langwort der VAX-11

Die Bits <31:16> sind privilegiert und koennen nur unter
Beruecksichtigung der dazu noetigen Zugriffsrechte gelesen oder
veraendert werden; speziell hat dies zur Folge, dass sich kein
Prozess groessere Zugriffsrechte geben kann als er schon hat. Die
Bits <15:0> dagegen, das Prozessor-Status-Wort (Vorsicht:
Verwechslungsgefahr mit der vorhin genannten Terminologie!), sind
unprivilegiert, so dass ein Prozess sie beliebig veraendern kann.
Sie enthalten die folgenden Informationen:

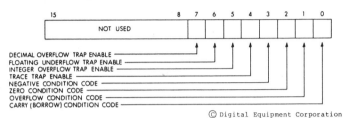

© Digital Equipment Corporation

Fig. 2-5 Prozessor-Status-Wort der VAX-11

Schliesslich sei noch ein Prozesskopf im System VAX/VMS
dargestellt; er ist in diesem System eine der zentralen Datenstrukturen der Hauptspeicher-Verwaltung; diese werden zusammen
mit der Organisation des physikalischen Adressraums und seiner
Zuordnung zu den Image-Adressraeumen im Abschnitt 5.5.1
ausfuehrlich besprochen.

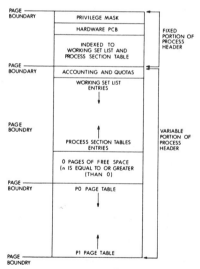

Fig. 2-6 Prozesskopf unter VAX/VMS   © Digital Equipment Corporation

2.2.2 Darstellung

Die exakteste Darstellung eines Prozesses ist die als Programm in der Maschinensprache des Prozessors, auf dem dieser Prozess laufen soll. Diese Form der Darstellung hat jedoch einige schwerwiegende Nachteile, denn sie ist:

- schwierig zu lesen

- oft schwierig zu interpretieren

- fuer die meisten Zwecke zu detailreich

- zu umfangreich

- zu speziell

Daher werden Prozesse oft als Programme in hoeheren Programmiersprachen geschrieben (oder zumindest in dieser Form beschrieben) und durch zusaetzliche verbale Dokumentation erlaeutert.

Anmerkung: Es gibt einige neuere Programmiersprachen (z. B. Concurrent Pascal, Ada, Modula), die den Begriff "Prozess" oder "Task" kennen. Die dadurch bezeichneten Sprachobjekte stellen jedoch nur sequentielle Abfolgen von Operationen innerhalb eines Programms dar. Sie entsprechen daher nicht dem Begriff des Prozesses als Element eines Betriebssystems, da sie

- keine parallelen Ablaeufe zulassen,

- keine Beziehung zu einem Maschinen-Kontext enthalten,

- keine verwaltbaren Objekte innerhalb eines Betriebssystems zu sein brauchen.

Nur in dem Fall, dass ein Betriebssystem so in einer dieser Sprachen geschrieben wurde, dass explizit das Sprachobjekt "Prozess" mit dem Verwaltungsobjekt "Prozess" identifiziert ist, fallen (fuer dieses System) die beiden Prozess-Begriffe zusammen.

Fuer viele Zwecke sind vereinfachte Darstellungen von Prozessen ausreichend. Die gebraeuchlichsten dieser Darstellungsformen sind die folgenden [20]:

- als Zustandstabelle zusammen mit einem Uebergangsgraphen

Beispiel: Ein Schnelldrucker kann in drei verschiedenen Zustaenden sein: IDLE, wenn das Geraet abgeschaltet ist; BUSY, wenn ein Druckbefehl auszufuehren ist; READY, wenn eingeschaltet, aber kein Druckbefehl vorliegt. Die einzelnen Zustaende ergeben sich daher in folgender Weise, wenn man mit "Start" die Stellung des Einschalters und mit "Befehl" das Vorliegen eines Druckauftrags bezeichnet:

LP	Start	Befehl	Zustand
0	0	0	IDLE
1	0	1	IDLE
2	1	0	READY
3	1	1	BUSY

Fig. 2-7 Zustandstabelle eines Schnelldruckers

Die Uebergaenge zwischen den einzelnen Zustaenden dieser Tabelle sind durch den folgenden Uebergangsgraphen gegeben:

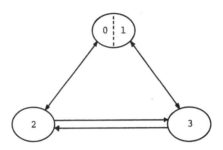

Fig. 2-8 Uebergangsgraph des Schnelldruckers

- als abstraktes Programm p, eventuell mit zusaetzlicher Status-Information s: (p,s)

- als Programm in einer hoeheren Programmiersprache, wobei hier jedoch einige der Nachteile einer Darstellung in Maschinensprache erhalten bleiben

- als endlicher Automat, dargestellt durch eine Zustandsuebergangstabelle. Diese letzte Darstellungsform ist jedoch nur dann sinnvoll, wenn die Anzahl der moeglichen Aktionen des Prozesses klein ist, da die Darstellung sonst zu unuebersichtlich wird.

Beispiel: Ein sequentieller Binaeraddierer fuer Bitstrings kann etwa durch die folgende Zustandsuebergangstabelle, die fuer alle moeglichen Eingangswerte den ausgegebenen Wert und den resultierenden Folgezustand angibt, beschrieben werden:

Eingangswerte	Ausgangswert/Zustand: S0	S1
00	0 / S0	1 / S0
01	1 / S0	0 / S1
10	1 / S0	0 / S1
11	0 / S1	1 / S1
Ende	Halt	Ueberlauf

Fig. 2-9 Zustandsuebergangstabelle eines Binaeraddierers

2.3 VERWALTUNG DER PROZESSE

2.3.1 Prozess-Zustaende

Ein Prozess kann dann in seinen Aktionen fortfahren, wenn ihm ein Prozessor zugeteilt ist: Man sagt dann, er sei "rechnend". Prozesse, die nicht rechnend sind, koennen dies aus verschiedenen Gruenden nicht sein:

- Ihnen ist kein Prozessor zugeteilt.

- Sie warten darauf, dass ein bestimmter Prozessor (z. B. ein E/A-Prozessor) oder ein anderer Prozess eine bestimmte Aktion beendet.

- Sie warten auf ein Betriebsmittel, das im Augenblick nicht verfuegbar ist.

- Sie befinden sich nicht oder nur teilweise im Hauptspeicher.

- Kombinationen hiervon.

Die einen Prozess bildenden Datenstrukturen befinden sich an verschiedenen physikalischen und logischen Stellen im Rechner, je nachdem ob der Prozess rechnend ist oder nicht. Falls der Prozess nicht rechnend ist, kann der Grund, weshalb er in seinen Aktionen nicht fortfahren kann, ebenfalls die Position seiner Datenstrukturen im Rechner beeinflussen oder umgekehrt von dieser Position bestimmt sein. Man drueckt diesen Sachverhalt dadurch aus, das man sagt, der Prozess befinde sich in verschiedenen Zustaenden:

- **rechnend:** Hardware-Kontext in den Maschinen-Registern, Software-Kontext, Prozesskopf und Image im Hauptspeicher

- **wartend** und **ausfuehrbar:** Hardware-Kontext im Prozesskopf im Hauptspeicher, Software-Kontext in einer Warteschlange, Image im Hauptspeicher

- **ausgelagert:** Software-Kontext in einer Warteschlange im Hauptspeicher, alles andere auf Peripherie-Speicher

Dabei umfasst der Zustand "wartend" alle die Prozesse, die nicht rechnen koennen, ehe sie sich mit einem anderen Prozess synchronisiert haben bzw. ehe ein bestimmtes Betriebsmittel verfuegbar wird, waehrend der Zustand "ausfuehrbar" alle Prozesse umfasst, die rechnen koennen, sobald ihnen nur ein Prozessor zugeteilt wird. Die Darstellung beider Prozesstypen ist innerhalb des Systems voellig gleich, lediglich ihre Software-Kontexte gehoeren anderen Warteschlangen an. Man bezeichnet die Zustaende "rechnend", "wartend" und "ausfuehrbar" zusammenfassend als "residente" Zustaende, im Gegensatz zu den "ausgelagerten" Zustaenden, bei denen sich wesentliche Teile des Prozesses auf dem Hintergrund-Speicher befinden.

Der Zustand "wartend" kann, je nach dem Grund des Wartens, in Unterzustaende unterteilt werden, zu denen je eine Warteschlange gehoert. Ausserdem laesst sich die Verwaltung der Prozesse vereinfachen, wenn man die ausgelagerten Prozesse dahingehend unterscheidet, ob sie nach einem Transport in den Hauptspeicher wartend oder ausfuehrbar wuerden. In vielen Betriebssystemen wird der Zustand "wartend" sogar noch erheblich weiter in Unterzustaende aufgeteilt, um eine bessere Kontrolle ueber das Gesamtsystem aller Prozesse zu ermoeglichen.

Beispiel: Im Betriebssystem VAX/VMS werden die folgenden Prozess-Zustaende unterschieden [44]:

- **COLLIDED PAGE WAIT (CPG):** wartend auf eine Seite, die gerade auf den Hintergund geschrieben oder von dort eingelesen wird (s. Abschnitt 5.2.4)

- **MUTEX AND MISC. RESOURCE WAIT (MWT):** wartend auf ein dynamisch vergebenes Betriebsmittel

- **COMMON EVENT FLAG WAIT (CEF):** wartend auf Synchronisation mit einem anderen Prozess

- **PAGE FAULT WAIT (PFW):** wartend auf Uebertragung einer Seite in den Adressraum eines Images (s. Abschnitt 5.2.4)

- **LOCAL EVENT FLAG WAIT (LEF):** wartend auf Synchronisation mit dem E/A-System und aehnliches

- **LOCAL EVENT FLAG WAIT (OUT OF BALANCE SET) (LFO/LEFO):** wie LEF, jedoch auf den Hintergund ausgelagert

- **HIBERNATE WAIT (HIB):** wartend auf explizites Wecken durch einen anderen Prozess oder eine bestimmte Uhrzeit

- **HIBERNATE WAIT (OUT OF BALANCE SET) (HBO/HIBO):** wie HIB, jedoch auf den Hintergund ausgelagert

- **SUSPENDED WAIT (SSP/SUSP):** wartend auf Wiederstart durch einen anderen Prozess

- **SUSPENDED WAIT (OUT OF BALANCE SET) (SPO/SUSPO):** wie SSP, jedoch auf den Hintergund ausgelagert

- **FREE PAGE WAIT (FPG):** wartend auf eine freie Hauptspeicher-Seite

- **COMPUTE (COM):** ausfuehrbar, wird rechnend, sobald der Prozessor zugeteilt wird

- **COMPUTE (OUT OF BALANCE SET) (CMO/COMO):** ausgelagert ausfuehrbar; um rechnend zu werden, muss dieser Prozess:

  1. in den Hauptspeicher gebracht werden
  2. den Prozessor zugeteilt erhalten

- **CURRENT PROCESS (CUR):** rechnend

Man sieht an diesem Beispiel die sehr starke Aufspaltung des Zustandes "wartend", die dem Betriebssystem eine sehr spezifische Kontrolle der Zustandsuebergaenge der Prozesse gestattet. Gleichzeitig vermittelt dieses Beispiel einen ersten Eindruck von der Komplexitaet der Beziehungen der einzelnen Prozesse untereinander und von der entsprechenden Komplexitaet der Auswahl-Entscheidung des naechsten Prozesses, der den Prozessor zugeteilt erhalten soll.

Da ein Transport eines ausgelagerten, nicht ausfuehrbaren Prozesses in den Hauptspeicher nicht sinnvoll ist (Warum?), ergibt sich folgendes Zustandsuebergangsdiagramm fuer die Prozesse in einem Betriebssystem:

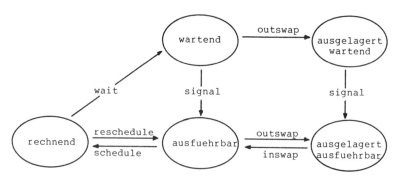

Fig. 2-10 Zustandsuebergangsdiagramm der Prozesse

Ein Wechsel des Zustandes von "wartend" nach "ausfuehrbar" wird durch einfaches Umhaengen des Software-Kontextes von einer Warteschlange in eine andere realisiert. Bei einem Wechsel zwischen einem der residenten und einem der ausgelagerten Zustaende muessen zusaetzlich der Prozesskopf und das Image (oder zumindest ein Teil davon) aus dem Hauptspeicher auf die Peripherie uebertragen werden bzw. umgekehrt. Von besonderem Interesse ist der Zustandswechsel zwischen "rechnend" einerseits und "wartend" bzw. "ausfuehrbar" andererseits, der im allgemeinen einen Wechsel des vom Prozessor bearbeiteten Prozesses beinhaltet und als Prozesswechsel oder context switch bezeichnet wird.

2.3.2 Prozesswechsel

Ein Prozess kann den Zustand "rechnend" auf zwei Arten verlassen:

- durch freiwillige Abgabe des Prozessors, um auf irgendeine Bedingung zu warten: Wechsel in den Zustand "wartend"

- durch einen Interrupt, der einen Prozesswechsel erzwingt:
  Wechsel in den Zustand "ausfuehrbar"

In beiden Faellen muessen die Hardware-Register mit dem zugehoerigen Hardware-Kontext ausgetauscht werden; im ersten Fall muss zusaetzlich sein Software-Kontext von einer Warteschlange in eine andere umgehaengt werden. Der Systemteil, der diese Aufgaben uebernimmt, heisst Dispatcher; er fuehrt im Einzelnen die folgenden Operationen aus:

- Uebertragen der Hardware-Register in den Hardware-Kontext des Prozesses, der den Zustand "rechnend" verlaesst

- Setzen des Prozess-Zustandes im Software-Kontext auf den richtigen Wert, je nach dem Ereignis, das den Prozesswechsel verursacht hat

- Einhaengen des Software-Kontextes in die zu diesem Prozess-Zustand gehoerende Warteschlange

- Aushaengen des ersten Software-Kontextes aus der Warteschlange der lauffaehigen Prozesse (mit der hoechsten Prioritaet, falls Prozesse nach Prioritaeten unterschieden werden)

- Bestimmen der aktuellen Adresse des zugehoerigen Prozesskopfes

- Uebertragen des Hardware-Kontextes aus diesem Prozesskopf in die Hardware-Register der Maschine; dabei Uebergang des Prozessors in den zugehoerigen Zugriffsmodus (s. Abschnitt 8.2.2.2) (normalerweise in den sogenannten "USER-Modus")

Dieser Prozesswechsel kann auf verschiedene Arten beschleunigt werden:

- durch Bereitstellen von Maschinenbefehlen, die den ganzen Hardware-Kontext auf einmal transportieren (TR440, VAX-11)

- durch Bereitstellen mehrerer Saetze von Prozessor-Registern, so dass zum Wechsel des Hardware-Kontextes nur ein Umschalten auf einen anderen Registersatz erforderlich ist, was zum Beispiel durch einen Wechsel des Prozessor-Status-Wortes geschehen kann (ND-100, MODCOMP CLASSIC)

- durch geeigneten Aufbau der Datenstrukturen der Prozess-Verwaltung (VAX-11)

- durch Bereitstellen von Maschinenbefehlen zum schnellen Durchsuchen dieser Datenstrukturen (VAX-11)

Beispiel: [26,37,42] Im System VAX/VMS werden Prozesse nach Prioritaeten unterschieden, und die ausfuehrbaren Prozesse jeweils einer Prioritaet liegen in einer Warteschlange. Ein spezielles Maschinenwort, das sogenannte "Compute Queue Status Longword", enthaelt fuer jede nicht leere Warteschlange ein auf 1 gesetztes Bit:

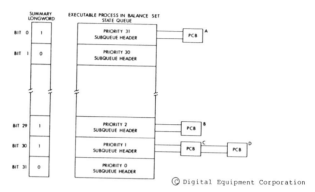

© Digital Equipment Corporation

Fig. 2-11 Warteschlangen ausfuehrbarer Prozesse

Durch Bereitstellung eines Bit-Such-Befehls und eines Dequeue-Befehls als Maschinen-Befehle ist es bei dieser Datenstruktur mit nur zwei Befehlen moeglich, den naechsten zu rechnenden Prozess auszuwaehlen und seinen Software-Kontext zu lokalisieren. Damit ist es moeglich, den Dispatcher sehr einfach und kurz zu implementieren. Interessehalber sei hier ein Listing dieses Systemteils angegeben:

```
0000    41        .SBTTL  SCH$RESCHED RESCHEDULING INTERRUPT HANDLER
0000    42 ;++
0000    43 ; SCH$RESCHED - RESCHEDULING INTERRUPT HANDLER
0000    44 ;
0000    45 ; THIS ROUTINE IS ENTERED VIA THE IPL 3 RESCHEDULING INTERRUPT.
0000    46 ; THE VECTOR FOR THIS INTERRUPT IS CODED TO CAUSE EXECUTION
0000    47 ; ON THE KERNEL STACK.
0000    48 ;
0000    49 ; ENVIRONMENT:
0000    50 ;       IPL=3 MODE=KERNEL IS=0
0000    51 ; INPUT:
0000    52 ;       00(SP)=PC AT RESCHEDULE INTERRUPT
0000    53 ;       04(SP)=PSL AT INTERRUPT.
0000    54 ;--
0000    55        .ALIGN  LONG
0000    56 SCH$RESCHED::                            ;RESCHEDULE INTERRUPT HANDLER
0000    57        SETIPL  #IPL$_SYNCH              ;SYNCHRONIZE SCHEDULER WITH EVENT REPORTING
0003    58        SVPCTX                           ;SAVE CONTEXT OF PROCESS
0004    59        MOVL    W^SCH$GL_CURPCB,R1       ;GET ADDRESS OF CURRENT PCB
0009    60        MOVZBL  PCB$B_PRI(R1),R2         ;CURRENT PRIORITY
000D    61        BBSS    R2,W^SCH$GL_COMQS,10$    ;MARK QUEUE NON-EMPTY
0013    62 10$:   MOVW    #SCH$C_COM,PCB$W_STATE(R1) ;SET STATE TO RES COMPUTE
0017    63        MOVAQ   W^SCH$AQ_COMT[R2],R3     ;COMPUTE ADDRESS OF QUEUE
001D    64        INSQUE  (R1),@(R3)+              ;INSERT AT TAIL OF QUEUE
0020    65
```

Fig. 2-12 VAX/VMS Dispatcher   © Digital Equipment Corporation

```
0020    66  ;+
0020    67  ; SCH$SCHED - SCHEDULE NEW PROCESS FOR EXECUTION
0020    68  ;
0020    69  ; THIS ROUTINE SELECTS THE HIGHEST PRIORITY EXECUTABLE PROCESS
0020    70  ; AND PLACES IT IN EXECUTION.
0020    71  ;-
0020    72  SCH$SCHED::                                    ;SCHEDULE FOR EXECUTION
0020    73         SETIPL   #IPL$_SYNCH                    ;SYNCHRONIZE SCHEDULER WITH EVENT REPORTING
0023    74         FFS      #0,#32,W^SCH$GL_COMQS,R2       ;FIND FIRST FULL STATE
002A    75         BEQL     SCH$IDLE                       ;NO EXECUTABLE PROCESS??
002C    76         MOVAQ    W^SCH$AQ_COMH[R2],R3           ;COMPUTE QUEUE HEAD ADDRESS
0032    77         REMQUE   @(R3)+,R4                      ;GET HEAD OF QUEUE
0035    78         BVS      QEMPTY                         ;BR IF QUEUE WAS EMPTY (BUG CHECK)
0037    79         BNEQ     20$                            ;QUEUE NOT EMPTY

0039    80         BBCC     R2,W^SCH$GL_COMQS,20$          ;SET QUEUE EMPTY
003F    81  20$:                                          ;
003F    82         CMPB     #DYN$C_PCB,PCB$B_TYPE(R4)      ;MUST BE A PROCESS CONTROL BLOCK
0043    83         BNEQ     QEMPTY                         ;OTHERWISE FATAL ERROR
0045    84         MOVW     #SCH$C_CUR,PCB$W_STATE(R4)     ;SET STATE TO CURRENT
0049    85         MOVL     R4,W^SCH$GL_CURPCB             ;NOTE CURRENT PCB LOC
004E    86         CMPB     PCB$B_PRIB(R4),PCB$B_PRI(R4)   ;CHECK FOR BASE
0053    87                                                ;PRIORITY=CURRENT
0053    88         BEQL     30$                            ;YES, DONT FLOAT PRIORITY
0055    89         BBC      #4,PCB$B_PRI(R4),30$           ;DONT FLOAT REAL TIME PRIORITY
005A    90         INCB     PCB$B_PRI(R4)                  ;MOVE TOWARD BASE PRIO
005D    91  30$:   MOVB     PCB$B_PRI(R4),W^SCH$GB_PRI     ;SET GLOBAL PRIORITY
0063    92         MTPR     PCB$L_PHYPCB(R4),#PR$_PCBB     ;SET PCB BASE PHYS ADDR
0067    93         LDPCTX                                 ;RESTORE CONTEXT
0068    94         REI                                    ;NORMAL RETURN
0069    95
0069    96  SCH$IDLE:                                      ;NO ACTIVE, EXECUTABLE PROCESS
0069    97         SETIPL   #IPL$_SCHED                    ;DROP IPL TO SCHEDULING LEVEL

006C    98         MOVB     #32,W^SCH$GB_PRI               ;SET PRIORITY TO -1(32) TO SIGNAL IDLE
0071    99         BRB      SCH$SCHED                      ;AND TRY AGAIN
0073   100
0073   101  QEMPTY: BUG_CHECK QUEUEMPTY,FATAL              ;SCHEDULING QUEUE EMPTY
0077   102
0077   103         .END
```

© Digital Equipment Corporation

Fig. 2-12 (Forts.) VAX/VMS Dispatcher

Anmerkung

Speziell fuer Timesharing- und Realzeit-Systeme ist es wichtig, Prozesswechsel sehr schnell durchfuehren zu koennen, da hierdurch die Reaktionsfaehigkeit des Systems sehr stark beeinflusst wird. Schnelle Prozessrechner erreichen heute Zeiten im Bereich von einigen Mikrosekunden.

KAPITEL 3

PROZESS-STEUERUNG

3.1 KRITISCHE ABSCHNITTE

3.1.1 Gegenseitige Ausschliessung

Die gemeinsame Benutzung von Daten durch mehrere Prozesse ist notwendig, damit diese Prozesse ueberhaupt Informationen austauschen koennen. Da fuer viele Rechnertypen ein einzelner Speicherzugriff die groesste unteilbare Aktion ist, kann die Koordination des Zugriffs auf gemeinsame Daten nur relativ schwierig realisiert werden:

- Zur Zugriffskoordination sind Programmstuecke erforderlich, die zwar kurz sind, aber dennoch Folgen mehrerer Aktionen.

- Da im Prinzip jederzeit ein Interrupt einen Prozesswechsel erzwingen kann, ist nicht zu gewaehrleisten, dass der gesamte Koordinations-Algorithmus ungeteilt ablaeuft.

- Wenn der Koordinations-Algorithmus unterbrochen wird, kann der naechste rechnende Prozess ein anderer sein, der ebenfalls auf die gemeinsamen Daten zugreifen will und daher seinen Koordinations-Algorithmus startet.

Daraus folgt, dass der Koordinations-Algorithmus so aufgebaut sein muss, dass er auch noch bei parallelem Ablauf in mehreren Prozessen funktioniert.

Beispiel [20]: Mehrere Prozesse in einem Rechner sollen dynamisch mit Speicherbloecken fester, gleicher Groesse versorgt werden. Diese Bloecke werden durch einen Stack mit Verweisen auf die verfuegbaren Bloecke verwaltet. Anfordern von Speicher geschieht durch einen Aufruf **getspace**, Freigabe durch einen Aufruf **release(adr)**. Dadurch ist eine Koordination des Zugriffs auf die Speicherbloecke gewaehrleistet, solange **getspace** und **release** als unteilbare Aktionen betrachtet werden. Diese Koordination geht verloren, wenn nur kleinere Aktionen unteilbar sind:

```
getspace:
     begin getspace := Stack[top];
           top -:= 1
     end
```

release(adr):
    <u>begin</u> **top** +:= 1;
        Stack[top] := adr
    <u>end</u>

(Dabei wird die Moeglichkeit des Stack-Unter-/Ueberlaufs hier ignoriert).

Wenn zwei Prozesse gleichzeitig **getspace** und **release** ausfuehren und dabei im geeigneten Augenblick Prozesswechsel vorkommen, ist die folgende Abarbeitung der Einzelschritte moeglich (mit top = h0 fuer t = <u>t0</u>):

<u>t0</u>: **top** +:= 1   ===> top = h0 + 1

<u>t1</u>: **getspace** := Stack[top]   ===> getspace = Stack[h0+1]

<u>t2</u>: **top** -:= 1   ===> top = h0

<u>t3</u>: Stack[top] := adr   ===> Stack[h0] = adr

Ergebnis:

- Ein undefinierter Wert von jenseits des Stacks wird **getspace** uebergeben. ---> **Fehler!**

- Die Adresse des freigegebenen Blocks wird ueber eine gueltige Adresse geschrieben. ---> **Fehler!**

Diese Schwierigkeiten lassen sich vermeiden, wenn gewaehrleistet ist, dass die Operationen von **getspace** und **release** nicht miteinander vermischt werden. Dies fuehrt zu der folgenden

Definition: Eine <u>kritische</u> <u>Sektion</u> (<u>kritischer</u> <u>Abschnitt</u>, "critical section") eines Programms ist eine Menge von Instruktionen, in der das Ergebnis ihrer Ausfuehrung auf unvorhersehbare Weise variieren kann, wenn Variablen, auf die in diesem Abschnitt zugegriffen wird und die auch fuer andere, parallel verlaufende Prozesse verfuegbar sind, waehrend dieser Ausfuehrung veraendert werden.

Kritische Abschnitte eines Prozesses sind somit durch Parallelzugriff auf gemeinsame Daten mehrerer Prozesse bestimmt; es spielt dabei keine Rolle, ob diese Prozesse auf demselben Rechner laufen oder nicht. Es kann durchaus sein, dass es in einem System mehrere Gruppen von Prozessen gibt, die in Bezug auf verschiedene Daten zueinander kritische Abschnitte enthalten; diese kritischen Abschnitte bilden zueinander fremde Mengen, so dass sie verschiedene Aequivalenzklassen von Prozessen definieren. Eine moegliche Formulierung kritischer Abschnitte waere etwa [20]:

    <u>when</u> <classname> <u>do</u> <critical section> <u>od</u>

Die Koordination des Speicherzugriffs muesste also unter expliziter Bezugnahme auf einen kritischen Abschnitt sp folgendermassen formuliert werden:

getspace:
    when sp do getspace := Stack[top]; top -:= 1 od

release(adr):
    when sp do top +:= 1; Stack[top] := adr od

Durch diese Notation wird angezeigt, dass zu einem Zeitpunkt nur jeweils ein kritischer Abschnitt aktiv sein kann.

3.1.2 Probleme der Koordination kritischer Abschnitte

Durch die Moeglichkeit, dass jederzeit ein Prozesswechsel erfolgen kann, wissen wir nichts ueber die relative Geschwindigkeit der einzelnen Prozesse. Damit sich ein Betriebssystem definiert verhaelt, darf daher das Ergebnis keines Prozesses von seiner eigenen Geschwindigkeit oder der eines anderen Prozesses abhaengen, denn anderenfalls kann dieses Ergebnis vom Ausgang eines "Wettrennens" zwischen diesen beiden Prozessen abhaengig werden ("race conditions") und damit je nach aktueller Belastung des Rechners verschieden sein.

Damit ein System die Aktionen seiner einzelnen Prozesse reproduzierbar koordiniert und sich nicht selbst blockiert, muessen die folgenden Forderungen erfuellt sein:

- Parallele Prozesse mit kritischen Abschnitten derselben Klasse muessen daran gehindert werden, ihre kritischen Abschnitte gleichzeitig auszufuehren.

- Ein Prozess, der ausserhalb eines kritischen Abschnittes angehalten wird, darf die Fortfuehrung anderer, unabhaengiger Prozesse nicht behindern.

- Prozesse duerfen nicht unbegrenzt auf Betriebsmittel oder Signale zu warten gezwungen sein.

Die Prozess-Steuerung muss daher folgende Aufgaben loesen:

- Gegenseitige Ausschliessung kritischer Abschnitte: Nicht mehr als ein Prozess darf sich zu einem Zeitpunkt in einem kritischen Abschnitt einer Klasse befinden.

- Synchronisation: Es muss sichergestellt sein, dass unter bestimmten Bedingungen ein Prozess nicht ueber einen gegebenen Punkt hinaus fortfahren kann, ohne dass er ein Signal erhaelt, das er selbst nicht erzeugen kann.

- Vermeidung von Deadlocks: Es muss verhindert werden, dass sich eine Menge von Prozessen im System bildet, von denen keiner fortfahren kann, ohne dass ein anderer aus dieser Menge fortgefahren ist.

- Kommunikation: Es muss moeglich sein, dass Prozesse bei Bedarf Nachrichten miteinander austauschen koennen; die Laenge dieser Nachrichten sollte (innerhalb vernuenftiger Grenzen) frei waehlbar sein.

Es ist zwar im Prinzip moeglich, dass sich Prozesse ueber die Verwaltung ihrer kritischen Abschnitte direkt abstimmen, doch ist dies nicht empfehlenswert:

- Die Einhaltung der obengenannten Forderungen haengt davon ab, dass alle Prozesse alle Synchronisationen richtig behandeln.

- Der Aufwand fuer die Synchronisation zweier Prozesse ist sehr hoch, wenn dies durch die Prozesse selbst geschehen soll.

Beides fuehrt zu erheblichem Aufwand fuer die Programmierung der Prozesse und zu hoher Fehleranfaelligkeit des Systems.

3.1.3 Synchronisation

Im Folgenden sollen einige Loesungsversuche fuer das Problem der Synchronisation zweier Prozesse durch diese Prozesse selbst angegeben werden, um die Schwierigkeit dieser Aufgabe zu demonstrieren [19]:

Loesung 1:

```
begin integer turn;
      turn := 1;
      parbegin
         P1: begin L1: if turn = 2 then goto L1;
                       < critical section 1 >;
                       turn := 2;
                       .....
                       goto L1;
             end
         P2: begin L2: if turn = 1 then goto L2;
                       < critical section 2 >;
                       turn := 1;
                       .....
                       goto L2;
             end
      parend
end
```

Diese Loesung erzwingt den Durchlauf der kritischen Abschnitte in der Reihenfolge P1, P2, P1, ... Ein Prozess, der ein zweites Mal durch seinen kritischen Abschnitt laufen will, ist solange blockiert, bis der andere den seinigen wieder durchlaufen hat, da die Umschaltvariable turn erst jeweils nach Durchlaufen des kritischen Abschnittes des anderen Prozesses zurueckgesetzt wird. Blockieren des zweiten Prozesses ausserhalb seines kritischen Abschnittes blockiert also auch den ersten Prozess in dieser Situation: Diese Loesung erfuellt also nicht die Anforderungen korrekter Synchronisation.

Um die beiden Prozesse so zu entkoppeln, dass jeder von ihnen seinen kritischen Abschnitt beliebig oft durchlaufen kann, ohne dass der andere dazu den seinigen zwischendurch durchlaufen

muesste, ersetzen wir die eine "Umschaltvariable" **turn** durch ein
Paar von ("Flag"-)Variablen C1 und C2, die jeweils einem der
Prozesse zugeordnet sind:

Loesung 2:

```
begin integer C1,C2;
      C1 := 1; C2 := 1;
      parbegin
         P1: begin L1: if C2 = 0 then goto L1;
                       C1 := 0;
                       < critical section 1 >;
                       C1 := 1;
                       .....
                       goto L1;
             end
         P2: begin L2: if C1 = 0 then goto L2;
                       C2 := 0;
                       < critical section 2 >;
                       C2 := 1;
                       .....
                       goto L2;
             end
      parend
end
```

Diese Loesung fuehrt nicht zu einer korrekten Synchronisation,
wenn beide Prozesse gleichzeitig die Abfrage durchlaufen, da sie
dann beide weitermachen.

Um dies zu verhindern, schuetzen wir das Setzen der Flag-
Variablen dadurch, dass jeder Prozess zuerst sein eigenes Flag
setzt, ehe er das des anderen Prozesses ueberprueft:

Loesung 3:

```
begin integer C1,C2;
      C1 := 1; C2 := 1;
      parbegin
         P1: begin A1: C1 := 0;
                   L1: if C2 = 0 then goto L1;
                       < critical section 1 >;
                       C1 := 1;
                       .....
                       goto A1;
             end
         P2: begin A2: C2 := 0;
                   L2: if C1 = 0 then goto L2;
                       < critical section 2 >;
                       C2 := 1;
                       .....
                       goto A2;
             end
      parend
end
```

Diese dritte Loesung kann zum Deadlock der beiden Prozesse
fuehren, wenn jeder der Prozesse darauf wartet, dass der andere
sein Flag loescht. Der Grund hierfuer ist, dass jeder der

Prozesse sein Flag schon gesetzt hat, waehrend er wartet, obwohl
er noch gar nicht in seinem kritischen Abschnitt ist.

Dieses Problem koennen wir dadurch loesen, dass wir beim
Warten eines Prozesses sein Flag wieder loeschen:

Loesung 4:

```
begin integer C1,C2;
        C1 := 1; C2 := 1;
        parbegin
            P1: begin L1: C1 := 0;
                          if C2 = 0 then
                          begin C1 := 1; goto L1 end;
                          < critical section 1 >;
                          C1 := 1;
                          .....
                          goto L1;
                end
            P2: begin L2: C2 := 0;
                          if C1 = 0 then
                          begin C2 := 1; goto L2 end;
                          < critical section 2 >;
                          C2 := 1;
                          .....
                          goto L2;
                end
        parend
end
```

Hier kann es stattdessen geschehen, dass die beiden Prozesse
zusammen in eine unendliche Schleife geraten, wobei jeder dem
anderen den Vortritt lassen will.

Eine richtige Loesung dieses Problems lautet [19]:

Loesung 5:

```
begin integer C1,C2,turn;
        C1 := 1; C2 := 1; turn := 1;
        parbegin
            P1: begin A1: C1 := 0;
                      L1:   if C2 = 0 then
                            begin if turn = 1 then goto L1;
                                  C1 := 1;
                      B1:         if turn = 2 then goto B1;
                                  goto A1;
                            end;
                            < critical section 1 >;
                            turn := 2; C1 := 1;
                            .....
                            goto A1;
                end
```

```
P2: begin  A2:  C2 := 0;
           L2:  if C1 = 0 then
                begin if turn = 2 then goto L2;
                      C2 := 1;
           B2:        if turn = 1 then goto B2;
                      goto A2;
                end;
                < critical section 2 >;
                turn := 1; C2 := 1;
                .....
                goto A2;
           end
     parend
end
```

Diese Loesung wurde laut Dijkstra von dem hollaendischen
Mathematiker Th. J. Dekker gefunden. Das Beispiel zeigt, dass die
direkte Synchronisation zweier Prozesse eine durchaus nicht
triviale Aufgabe ist. Der Beweis, dass die angegebene Loesung
korrekt ist, erfordert einigen Aufwand.

Es ist somit zweckmaessig, durch Einfuehrung allgemeiner
Synchronisationsverfahren den Aufwand und die Fehleranfaelligkeit
direkter Synchronisation zu vermeiden.

3.2 SYNCHRONISATIONSVERFAHREN

3.2.1 Aktives Warten ("busy waiting")

Die einfachste Methode, einen Prozess an einer Stelle
anzuhalten, ist eine unendliche Schleife, die durchlaufen wird,
bis eine bestimmte Variable ihren Wert aendert bzw. einen
bestimmten Wert annimmt:

            repeat until V = 0;

Die Implementierung besteht ueblicherweise aus einer Abfrage und
einem geeigneten Ruecksprung:

            M: if V ≠ 0 then goto M fi;

Diese Form der Synchronisierung wurde fuer das Anhalten der beiden
Prozesse vor ihrem kritischen Abschnitt in den vorangegangenen
Beispielen verwendet.

Vorteil: einfache Implementierung

Nachteile:

- Der Prozessor ist waehrend des Wartens belegt.

- Die abzufragende Variable muss (daher) von einem anderen
  Prozessor gesetzt werden.

- Prozesswechsel in einem Prozessor ist hiermit nicht zu
  realisieren.

- 55 -

Die aktive Form des Wartens wird daher im wesentlichen nur
fuer E/A-Geraete (Controller) verwendet, deren Wartezeit im
Prinzip nichts kostet.

3.2.2 Blockierung der Interrupts

Eine ebenfalls relativ einfache Methode einer Prozess-
Synchronisierung ist der Schutz kritischer Abschnitte durch
Abschalten des Interrupt-Mechanismus, waehrend diese Abschnitte
durchlaufen werden. Hierzu stehen auf vielen Prozessoren
spezielle (privilegierte) Befehle zur Verfuegung.

Beispiel: TR440: **BSS**; 8080: **EI/DI**; PDP-8: **DBEI/DBDI**

Vorteil: einfache Implementierung, falls der Prozessor diese
Befehle vorsieht

Nachteile:

- Bei abgeschalteten Interrupts kann keine Reaktion auf
externe Ereignisse erfolgen:

  o Moeglichkeit des Verlierens von Interrupts

  o eventuell langsame Reaktion des Systems

  o anfaellig fuer Systemzusammenbrueche durch Programmierfehler

- Prozesswechsel ist hiermit nicht direkt zu realisieren.

Synchronisation durch Abschalten der Interrupts wird daher im
allgemeinen nur fuer Spezialzwecke eingesetzt:

- in dedizierten Systemen, bei denen die Blockierung einer
Reaktion kalkulierbar/in bestimmten Faellen akzeptierbar
ist

- in einfachen Systemen geringer Leistung

- an beschraenkten Stellen eines Betriebssystem-Kerns, an
denen die Auswirkungen der Interrupt-Blockierung
ueberschaubar und akzeptierbar sind

3.2.3 Spezielle Zugriffsoperationen (LOCK, UNLOCK)

Die kleinsten, nicht durch Interrupts teilbaren Aktionen in
einem Rechner sind ueblicherweise einzelne Speicherzugriffe der
Art

LOAD A,x bzw. **STORE A,x**

Aktionen dieser Art brauchen nicht als kritische Abschnitte programmiert zu werden. Laengere (Folgen von) Aktionen koennen als kritische Abschnitte geschrieben werden, wenn sie durch geeignete Klammerung mit solchen Aktionen geschuetzt werden, die die gegenseitige Ausschliessung der kritischen Abschnitte garantieren:

```
LOCK (key[s]);
    | } kritischer Abschnitt zu Datenmenge s
UNLOCK (key[s]);
```

Der kritische Abschnitt kann dabei nur betreten werden, wenn key[s] einen bestimmten Wert, z.B. 1, hat. Eine moegliche Implementierung von UNLOCK ist daher:

```
UNLOCK (key[s]):  key[s] := 1;
```

Da es sich hier nur um einen einzelnen Speicherzugriff handelt, ist eine Kollision hier nicht moeglich. Die Implementierung von LOCK ist dagegen schwieriger, wie das folgende Beispiel zeigt:

```
LOCK (key[s]): begin local V;
                   repeat V := key[s] until V = 1;
                   key[s] := 0
              end
```

Dieser Ansatz loest das Problem aus zwei Gruenden nicht:

- Die Abfrage von key[s] und das Umbesetzen des Wertes sind zwei verschiedene Operationen, stellen in sich also schon wieder einen kritischen Abschnitt dar.

- LOCK blockiert Prozesse durch aktives Warten mit allen dazugehoerigen Nachteilen.

Falls der Prozessor ueber einen nicht unterbrechbaren Befehl wie

test and set x

verfuegt, laesst sich das erste der beiden Probleme folgendermassen loesen:

```
LOCK (key[s]): begin local V;
                   repeat V := test and set key[s]
                          until V = 1;
              end
```

Das Problem des aktiven Wartens ist mit diesen Operationen nicht geloest; ausserdem ist nicht zu garantieren, dass jeder Prozess, der den LOCK-Befehl gibt, irgendwann auch Zugriff erhaelt ("Verhungern", "starvation"). Die Loesung ueber LOCK/UNLOCK-Operationen ist nur dann moeglich, wenn es wenigstens einen nicht unterbrechbaren Maschinenbefehl gibt, der einen Speicherwert liest oder abfragt und neu besetzt.

<u>Beispiel:</u> TR440: BC; IBM/370, Siemens 7.xxx: **TS**

        Bei allen bisher beschriebenen Synchronisationsverfahren
koennen Fehler in ihrer Bedienung zum Blockieren eines Prozessors
und damit zum Zusammenbruch des gesamten Rechners/Betriebssystems
fuehren.   Die korrekte Abwicklung der Synchronisation ist immer
noch in die Verantwortung aller beteiligten Prozesse gelegt.

3.2.4 Semaphore

        Die von LOCK und UNLOCK nicht behobenen Schwierigkeiten
koennen durch eine Umkonstruktion dieser Funktionen in zwei
Operationen P(sem) und V(sem) auf einem einzelnen Argument **sem**
umgangen werden [17,19]:

        P(sem): <u>begin</u> <u>if</u> **sem** = 1 <u>then</u> **sem** :=0
                      <u>else</u> block calling process;
                            switch to another process
                   <u>fi</u>
              <u>end</u>

        V(sem): <u>begin</u> <u>if</u> there exists a process waiting for **sem**
                      <u>then</u> i := select waiting process;
                            wakeup (process [i])
                      <u>else</u> **sem** := 1
                   <u>fi</u>
              <u>end</u>

        Man bezeichnet die Argumente solcher Synchronisations-
funktionen (**sem** in unserem Falle) als <u>Semaphore</u>.

        P und V selbst muessen als kritische Abschnitte programmiert
werden,   da sie jeweils mehrere Aktionen umfassen.   Wesentlich ist
hierbei jedoch:

   - dass es sich um kurze Programmstuecke mit definiertem
      Inhalt handelt, die etwa durch Abschalten der Interrupts
      geschuetzt werden koennen;

   - dass die Synchronisation <u>nicht</u> von den beteiligten
      Prozessen selbst, sondern <u>von</u> einer zentralen Instanz
      (der Prozessverwaltung) vorgenommen wird; diese Instanz
      wird explizit von den beteiligten Prozessen aufgerufen
      und entscheidet ueber deren weiteren Verbleib im
      Prozessor.

        Die Operationen P und V, die von E. W. Dijkstra erfunden
wurden [17], ermoeglichen den Prozesswechsel und vermeiden das
Blockieren von Prozessoren durch busy waiting; sie bedingen
gleichzeitig die Unterscheidung zwischen den Prozess-Zustaenden
"rechnend", "ausfuehrbar" und "wartend".   Ein kritischer Abschnitt
laesst sich mit den P- und V-Operationen folgendermassen
schreiben:

```
P(sem);

    | } kritischer Abschnitt

V(sem);
```

Dabei ist fuer jede zu schuetzende Datenmenge ein eigener Semaphor vorzusehen.

Auch die Arbeit mit Semaphoren kann einige Probleme bereiten:

- Der Aufruf von P und V kann durch Programmierfehler uebersprungen werden, so dass die gegenseitige Ausschliessung nicht gewaehrleistet ist bzw. einzelne Prozesse auf ewig blockiert werden.

- Es ist nicht moeglich, innerhalb desselben Prozesses mit anderen Aktionen fortzufahren, wenn eine P-Operation erfolglos war.

- Man kann nicht auf einen beliebigen einer Menge von Semaphoren warten.

- Man kann eventuell durch Programmierfehler Semaphore ueberschreiben.

3.2.5 Ereignisse ("events")

Bei der Zugriffskoordination fuer Betriebsmittel, von denen mehrere gleichwertige Einheiten vorhanden sind, kann die Steuerung durch binaere Semaphore dadurch erweitert werden, dass man als Semaphor eine Variable verwendet, die die Anzahl der verfuegbaren Einheiten des Betriebsmittels zaehlt [19]. Die Operationen P und V werden in diesem Fall auch als WAIT und SIGNAL bezeichnet:

```
WAIT(s):  begin s -:= 1;
                if s < 0
                    then block calling process;
                         switch to another process
                fi
          end

SIGNAL(s): begin s +:= 1;
                 if s < 0
                     then i := select waiting process;
                          wakeup (process [i])
                 fi
           end
```

Anmerkung

Die Terminologie ist in diesem Punkt sehr uneinheitlich; man findet die Definitionen von P und WAIT und von

V und SIGNAL oft auch gegeneinander
vertauscht.

Die Argumente von WAIT und SIGNAL werden oft als Ereignisse
("events") bezeichnet; sie sind jedoch Semaphore und nicht mit
Interrupts als Ereignissen zu verwechseln.

Das Problem der Prozess-Synchronisation laesst sich mit
Ereignissen folgendermassen formulieren [19]:

```
begin semaphore mutex;
      INIT(mutex,1);
      parbegin
         P1: begin L1: WAIT (mutex);
                       < critical section 1 >;
                       SIGNAL (mutex);
                       .....
                       goto L1;
             end
         P2: begin L2: WAIT (mutex);
                       < critical section 2 >;
                       SIGNAL (mutex);
                       .....
                       goto L2;
             end
      parend
end
```

Es ist offensichtlich, dass diese Loesung erheblich einfacher und
uebersichtlicher ist als die direkte Synchronisierung, doch bietet
auch sie keinen Schutz gegen Fehlbedienung des Semaphors.

3.2.6 Prozess-Teilung ("fork")

Eine besondere Form der Prozess-Synchronisierung wurde im
Timesharing-System GENIE [16] entwickelt und durch ihre Verwendung
im System UNIX [32] bekannt. Hier erzeugt ein Prozess, der eine
asynchrone Operation anstossen will, durch eine sogenannte
FORK-Operation

processid = fork()

ein identisches Abbild seiner selbst, das als sein Nachkomme
("child") bezeichnet wird. Die beiden dann existierenden Prozesse
sind identisch bis auf den einen Unterschied, dass im erzeugenden
Prozess als **processid** die Prozess-Identifikation des erzeugten
Prozesses (die immer $\neq$ 0 ist) zurueckgegeben wird, waehrend im
erzeugten Prozess immer der Wert 0 zurueckgegeben wird. Auf diese
Weise koennen die beiden Prozesse dann entscheiden, welcher der
erzeugende und welcher der erzeugte ist. Der erzeugende Prozess
kann sich dann mit dem erzeugten Prozess durch einen Aufruf

processid = wait(status)

synchronisieren; dieser Aufruf bewirkt ein Anhalten des

erzeugenden Prozesses bis zu dem Zeitpunkt, an dem einer seiner
Nachkommen sich beendet hat.   In diesem Fall wird als **processid**
die Prozess-Identifikation des beendeten Prozesses zusammen mit
einiger Status-Information ueber diesen Prozess uebergeben.

Diese Form der Prozess-Synchronisation hat einige Besonderheiten, die sie von der Synchronisation ueber Semaphore
unterscheidet [34]:

- Mit Ereignissen der Art, die hier zur Synchronisation
  verwendet wird, ist keine Speicherbelegung verbunden;
  Ereignisse existieren allein durch ihren Gebrauch. Wenn
  etwa ein Prozess auf die Beendigung eines seiner
  Nachkommen wartet, so wartet er auf ein Ereignis, das
  durch seine eigene Prozess-Tabelle definiert ist.
  Beendigung des Nachkommen signalisiert dann gerade das
  hierdurch definierte Ereignis.

- Signalisieren eines Ereignisses, auf das kein Prozess
  wartet, ist eine Operation ohne irgendwelche
  Auswirkungen.

- Signalisieren eines Ereignisses, auf das mehrere Prozesse
  warten, weckt diese alle auf.

- Es ist mit diesem Mechanismus nicht moeglich,
  quantitative Informationen zu uebermitteln, etwa die
  Menge des durch ein bestimmtes Ereignis verfuegbar
  gemachten Speicherplatzes.

- Weil Ereignisse der hier beschriebenen Art nicht mit
  einer Speicherbelegung verbunden sind, haben sie kein
  Gedaechtnis: Wenn ein Prozess auf ein Ereignis zu warten
  beginnt, das schon signalisiert wurde, so erfaehrt er
  diese Tatsache nicht, sondern wartet vergeblich - das
  Ereignis wurde verloren. Diese Eigenschaft des Prozess-
  Teilungsverfahrens stellt das groesste Problem dieses
  Synchronisierungsverfahrens dar.

3.2.7 Monitore

Um die Schwierigkeiten bei der Bedienung von Semaphoren zu
vermeiden, wurde von Brinch Hansen [8] und Hoare [21] eine Sprach-
konstruktion, der Monitor, entwickelt, die eine korrekte
Abwicklung der Synchronisation dadurch erzwingen soll, dass die
Aufrufe von P und V nicht explizit geschrieben werden muessen,
sondern von einem Compiler automatisch erzeugt werden.

Der Monitor ist dabei ein Programmstueck, das

- Verwaltung

- Zuteilung und

- Zugriffsoperationen

fuer ein Betriebsmittel (oder gemeinsame Daten) zusammenfasst.
Dieses Programmstueck kann als abstrakter Datentyp des
Betriebssystems aufgefasst werden; es hat generell den folgenden
Aufbau:

```
monitor name:
        begin declaration of local data;
              entry procedure proc1(param11,param12,...):
                    begin ..... end;
              entry procedure proc2(param21,param22,...):
                    begin ..... end;
              ....
              local procedure loc1(par11,par12,...):
                    begin ..... end;
              local procedure loc2(par21,par22,...):
                    begin ..... end;
              ....
              initialization of local data;
        end;
```

Wartezustaende werden durch WAIT- und SIGNAL-Operationen auf
lokalen Daten realisiert. Monitore loesen das Problem der
gegenseitigen Ausschliessung durch die Realisierung folgender
Regeln:

- Monitore existieren statisch (also auch wenn gerade keine
  ihrer Prozeduren ausgefuehrt wird).

- Auf lokale Daten und Prozeduren kann von aussen nicht
  zugegriffen werden.

- Monitore sind exklusiv:

  o Sie koennen nur ueber ihre Eingangsprozeduren
    aufgerufen werden.

  o Aufruf einer Eingangsprozedur blockiert alle
    Eingangsprozeduren fuer alle Prozesse, so dass kein
    zweiter Prozess einen besetzten Monitor aufrufen
    kann.

- Monitore werden freigegeben, wenn ein Ruecksprung aus der
  aufgerufenen Eingangsprozedur erfolgt oder wenn der
  belegende Prozess einen WAIT-Aufruf absetzt.

- SIGNAL aktiviert einen Prozess, der einen Monitor durch
  WAIT verlassen hat, erst dann, wenn dieser Monitor wieder
  frei ist.

Eine moegliche Implementierung eines Monitors koennte etwa
lauten [30]:

```
monitor name:
      begin declaration of local data;
            semaphore mutex (initial = 1);
            entry procedure procl(paramll,paraml2,...):
                  begin P(mutex);
                        ....
                        V(mutex);
                  end;
            ....
            ....
            ....
            initialization of local data;
      end;
```

Vorteile:

- geringere Fehleranfaelligkeit als Synchronisation mit P und V direkt

- Zugriff nur in vorgesehener Weise ueber die Monitor-Prozeduren moeglich

- Erzwingen einer klaren Programm-Struktur

Nachteile:

- Einsatz erfordert Vorhandensein spezieller Compiler

- geschachtelter Aufruf fuehrt zu oft nicht beabsichtigter Sequentialisierung [27] (Ineffizienz, Widerspruch zum Konzept als abstrakter Datentyp)

- nicht oder nur beschraenkt einsetzbar fuer die Koordination von Parallelzugriffen und datenabhaengigen Zugriffen

- wegen der Passivitaet der Monitore Schwierigkeiten bei:

    o Fehlerbehandlung

    o Abbruch von Prozessen

    o Wiederanlauf nach Fehlern

- reaktionsschnelle Behandlung externer Ereignisse (Interrupts) nur schwer oder gar nicht moeglich

- weitere Probleme beim Einsatz auf Multiprozessor-Systemen und verteilten Systemen

3.2.8 Verteilte Prozesse

Um die Schwierigkeiten zu vermeiden, die Monitore bei der Implementierung von Betriebssystemen auf verteilten Prozessoren machen, wurde von Brinch Hansen [9] und Hoare [22] ein Konzept entwickelt, das als verteilte Prozesse bezeichnet wird und formal (bis auf die Ersetzung des Wortes monitor durch process) mit der Schreibweise fuer Monitore uebereinstimmt. Neben den ueblichen Sprachmitteln sind bewachte Anweisungen bzw. bewachte Regionen ("guarded commands/regions") vorgesehen:

if   B1:S1 | B2:S2 | ... end   (Auswahl einer Anweisung Si
                                      gemaess Bedingung Bi)

do   B1:S1 | B2:S2 | ... end   (Auswahl in einer Schleife)

when   B1:S1 | B2:S2 | ... end   (Warten auf Bedingung Bi)

cycle   B1:S1 | B2:S2 | ... end   (Warten in einer Schleife)

Falls mehrere Bedingungen gleichzeitig erfuellt sind, ist die Auswahl einer Anweisung Si nicht deterministisch. Synchronisation wird ueber diese bewachten Regionen und ueber gegenseitigen Ausschluss der Prozess-Aufrufe (Prozesse als exklusive Betriebsmittel wie Monitore) erzielt; dabei geht man von der Vorstellung aus, dass jedem Prozess ein Prozessor zugeordnet ist. Sieht man von der Anwendbarkeit dieses Konzeptes auf Multiprozessor-Systeme ab, so bleiben dennoch die meisten der Schwierigkeiten des Monitor-Konzepts bestehen.

3.2.9 Nachrichten-Systeme

Eine spezielle Form verteilter Prozesse sind die (unter anderen) von Hoare [22] vorgeschlagenen Nachrichten-Systeme, bei denen als grundlegender Mechanismus zur Prozess-Synchronisation der Austausch von Nachrichten ueber explizite Ein-/Ausgabe-Operationen vorgesehen ist. Eine solche Grundstruktur eines Betriebssystems scheint fuer Multiprozessor-Systeme und Rechnernetze geeignet; sie weist jedoch auch einige Nachteile auf:

- Nachrichten muessen zwischengespeichert werden, falls Sender und Empfaenger asynchron zueinander arbeiten.

- Der Empfaenger gilt stets als aktiv, auch wenn er gerade auf eine Nachricht wartet.

- Es ist sehr aufwendig, fuer jeden abstrakten Datentyp einen Prozess zu erzeugen, wenn man nicht zwischen Prozessen als Koordinationsmechanismen und Prozessen als Betriebssystem-Verwaltungseinheiten unterscheidet.

Eine spezielle Form eines Nachrichten-Systems ist das in der Programmiersprache Ada angegebene "Rendezvous"-Konzept [1,2].

3.2.10 Pfad-Ausdruecke ("path expressions")

Campbell und Habermann [20] versuchen das Problem der Synchronisation durch die Spezifikation zulaessiger Folgen von Operationen ("path expressions", Pfad-Ausdruecke) zu loesen. Ein Pfad-Ausdruck hat die Form

<u>path</u> S <u>end</u>

wobei S Folgen zugelassener Operationen spezifiziert:

S1;S2   :   S2 folgt auf S1 oder umgekehrt

S1,S2   :   Auswahl von S1 oder S2

{S1}   :   Iteration von S1 ohne Dazwischentreten anderer Aktionen

(S1-S2)n :   S1 muss wenigstens so oft wie s2 ausgefuehrt werden und hoechstens n-mal mehr; dies muss zu jedem Zeitpunkt gelten.

Eine Untermenge der moeglichen Pfad-Ausdruecke laesst sich automatisch in eine Synchronisation der Si durch P- und V-Operationen umwandeln, womit eine Implementierung dieses Teils der Pfad-Ausdruecke moeglich ist. Die Hauptbedeutung der Pfad-Ausdruecke duerfte jedoch bei der Unterstuetzung formaler Korrektheitsbeweise liegen.

Beispiel: Der Ausdruck <u>path</u> a;b,c;d <u>end</u> kann durch drei Semaphore s1, s2, s3 realisiert werden, wenn man a, b, c, d ersetzt durch A, B, C, D mit:

A: P(s1);   a;   V(s2)

B: P(s2);   b;   V(s3)

C: P(s2);   c;   V(s3)

D: P(s3);   d;   V(s1)

Die Formulierung einer Synchronisation durch Pfad-Ausdruecke kann relativ schwierig sein, wenn der Systemzustand von einzelnen Prozessen oder deren Beziehung zueinander abhaengt. Da ausserdem Pfad-Ausdruecke keinen Verweis auf zu verwaltende Prozesse enthalten, ist nicht klar ersichtlich, wie hiermit eine Prozess-Verwaltung zu realisieren waere.

3.2.11 Software-gesteuerte Interrupts (ASTs)

Falls ein Prozessor die softwaremaessige Definition von Interrupts durch geeignete Hardware-Vorrichtungen ermoeglicht, laesst sich eine interrupt-gesteuerte Prozess-Synchronisation realisieren. Dieses Verfahren ist insbesondere dann sinnvoll, wenn die Synchronisation:

- laengere Wartezeiten erfordert, die zur Auslagerung des wartenden Prozesses fuehren koennen

- schnelle Reaktion auf die Erfuellung der Synchronisationsbedingung erfordert

- Prozesse in Wartezustaenden erreichen muss

- software-gesteuerte externe Ereignisse behandeln soll

Da diese Software-Interrupts asynchron die Arbeit des zu synchronisierenden Prozesses unterbrechen, werden sie auch als "asynchronous system traps" (ASTs) bezeichnet. Der typische Synchronisationsvorgang besteht aus den folgenden Teilen:

- Definition des AST vor der ersten zu synchronisierenden Stelle

- einer Interrupt-Routine, die die eigentliche Behandlung der Synchronisation vornimmt

Dieses Verfahren ist nicht direkt mit den vorher genannten Verfahren vergleichbar, da es eher eine Synchronisation mit externen Ereignissen als eine Synchronisation des Parallelzugriffs auf gemeinsame Daten realisiert; der letztere Synchronisationstyp muesste innerhalb der Interrupt-Routine ueber lokale Daten dieser Routine vorgenommen werden.

Vorteile:

- sehr reaktionsschnelles Verfahren

- durch asynchronen Eingriff vielseitige Einsatzmoeglichkeiten

- direkte Simulation von Interrupt-Systemen moeglich

Nachteile:

- erfordert spezielle Vorkehrungen im Prozessor

- kann relativ schwierige Programmierung erfordern

- wegen des asynchronen Eingriffs keine direkte Formulierung des Kontroll-Flusses in einer hoeheren Programmiersprache moeglich; Formulierung hoechstens in Form einer "ON-condition" (wie etwa in PL/I)

3.2.12 Spezielle Hardware-Mechanismen

Die Prozess-Synchronisation laesst sich erheblich vereinfachen, wenn der Prozessor spezielle Synchronisationsbefehle oder synchronisierbare Speicherzugriffe vorsieht. Es muss dabei gewaehrleistet sein, dass diese Befehle entweder

- nicht unterbrechbar sind oder zumindest

- nicht von anderen Synchronisationsbefehlen, die auf demselben Speicher arbeiten, unterbrochen werden koennen, und dass

- die Befehlsausfuehrungsdauer dieser Befehle beschraenkt ist.

Befehle, die diese Eigenschaften erfuellen, koennen verwendet werden fuer:

- Parallelzugriff auf gemeinsame Daten ohne weitere Synchronisation

- Realisierung von prozess-lokalen Semaphoren

- Aufbau kritischer Abschnitte

Waehrend die Realisierung nicht unterbrechbarer Befehle relativ einfach ist - sie beinhaltet nur das Abschalten bzw. Ignorieren des Interrupt-Systems waehrend der Ausfuehrungsphase -, muessen unterbrechbare Befehle ein spezielles Blockierungs-Protokoll (aehnlich LOCK/UNLOCK bzw. P/V) realisieren. Ein moegliches Protokoll hierzu ist das sogenannte "Interlock"-Verfahren, bei dem die Ausfuehrung der Befehle aus drei Abschnitten aufgebaut ist:

- Interlock-Read: Der Befehl ueberprueft ein spezielles "Interlock-Flipflop" im angesprochenen Speicher; falls dieses:

    o gesetzt ist, wird der Befehl mit einer Fehlerbedingung abgebrochen,

    o nicht gesetzt ist, wird es gesetzt und der Befehl ausgefuehrt.

- die eigentliche Befehlsausfuehrung

- Interlock-Write: Das Interlock-Flipflop wird geloescht, so dass weitere Synchronisationsbefehle freigegeben werden.

Waehrend bei nicht unterbrechbaren Befehlen eine Synchronisation nur fuer einen Prozessor moeglich ist, gewaehrleistet das Interlock-Protokoll sichere Synchronisation auch bei Parallelzugriff durch mehrere Prozessoren. Es ist bei diesem Protokoll jedoch zweckmaessig, die Dauer des Interlock-Zyklus zu ueberwachen, um Fehlersituationen vorzubeugen.

Beispiel; Im VAX-Prozessor sind folgende durch Interlock geschuetzte Befehle vorgesehen [35]:

    ADAWI: Addition

INSQHI, INSQTI, REMQHI, REMQTI: Einfuegen/Entfernen von
Warteschlangenelementen am Anfang und am Ende der
Schlange

BBSSI, BBCCI: Testen und Setzen/Loeschen eines Bits als
Flag

Vorteile:

- sehr einfache, aber trotzdem sichere und effiziente
Synchronisierung

- alternative Aktionen bei erfolglosem Synchronisations-
versuch moeglich

Nachteile:

- setzt spezielle Prozessor-Eigenschaften voraus

- kein Schutz gegen Fehlbedienung durch nicht synchro-
nisierte Befehle

- nur anwendbar auf die Datentypen, fuer die es diese
Befehle gibt

3.3 DEADLOCKS

3.3.1 Charakterisierung

Selbst bei korrekter Synchronisation aller Prozesse eines
Betriebssystems koennen - wenn keine weiteren Vorkehrungen
getroffen werden - Situationen entstehen, in denen (ausser dem
Null-Prozess) alle Prozesse in einem Wartezustand sind und keiner
davon in den Zustand "ausfuehrbar" uebergehen kann. Diese
Situation wird dann kritisch, wenn kein einziger dieser Prozesse
auf ein externes Signal wartet, das ihn (und eventuell die anderen
Prozesse in der Folge) wieder aktivieren koennte, sondern alle
Prozesse auf Signale von anderen Prozessen im System warten.
Diese Situation, die als Deadlock ("Verklemmung") bezeichnet wird,
wurde im Abschnitt 3.1.2 folgendermassen beschrieben: Es gibt
eine Menge von Prozessen im System, von denen keiner fortfahren
kann, ohne dass ein anderer aus dieser Menge fortgefahren ist.

Beispiel: Zwei Prozesse benoetigen zu bestimmten Zeiten exklusiven Zugriff auf zwei Betriebsmittel R1 und R2. Man kann nach
[11] das in Fig. 3-1 dargestellte Zeitdiagramm fuer den
gemeinsamen Fortschritt der beiden Prozesse zeichnen, indem man
jeder Achse den Fortschritt eines der Prozesse zuordnet:

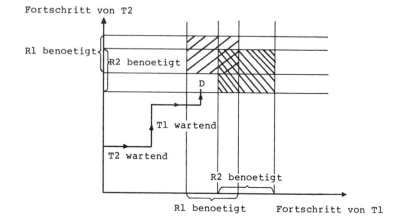

Fig. 3-1 Gemeinsamer Fortschritt zweier Prozesse

Wesentlich an einem solchen Diagramm ist, dass die Koordinatenwerte entlang dem von beiden Prozessen verfolgten Weg immer monoton wachsend sind, da der Fortschritt der Prozesse irreversibel ist. Die beiden schraffierten Bereiche umfassen diejenigen Punkte im Prozessraum, bei denen eines der Betriebsmittel (R1 oder R2) von zwei Prozessen gleichzeitig belegt waere; der Weg der Prozesse kann in diese Gebiete nicht eindringen, da ja ausschliesslicher Zugriff verlangt war. Sobald jedoch der Weg der Prozesse in den Bereich D eingetreten ist, muss er durch eines der verbotenen Gebiete laufen, da die Koordinatenwerte ja monoton wachsen muessen: Der Weg kann in diesem Fall nicht ueber D hinaus fortgesetzt werden: Deadlock!

Zur Entstehung eines Deadlocks sind vier Bedingungen notwendig [11]:

- "mutual exclusion": Die betreffenden Prozesse benoetigen exklusiven Zugriff auf die betreffenden Betriebsmittel.

- "wait for": Prozesse verfuegen schon ueber ihnen zugewiesene Betriebsmittel, waehrend sie auf weitere Betriebsmittel warten.

- "no preemption": Es ist nicht moeglich, Prozessen einmal zugeteilte Betriebsmittel wegzunehmen, ohne dass diese Prozesse sie fertig benutzt haben.

- "circular wait": Es gibt eine geschlossene Kette von Prozessen, in der jeder Prozess ueber gewisse Betriebsmittel verfuegt, die vom naechsten Prozess in der Kette benoetigt werden.

Sind die ersten drei dieser Bedingungen erfuellt, so ist das Vorkommen von Deadlocks im Prinzip moeglich; eine Deadlock-Situation muss jedoch nicht entstehen, solange verhindert werden kann, dass sich eine solche geschlossene Kette von aufeinander wartenden Prozessen im dynamischen Ablauf des Systems tatsaechlich bildet. Man spricht von <u>Vermeidung</u> ("avoidance") von Deadlocks, wenn man auf diese Art an Deadlock-Situationen vorbeisteuert. Dagegen bezeichnet man eine Strategie, die durch Negation einer der ersten drei Bedingungen das Entstehen von Deadlocks von vornherein ausschliesst, als <u>Verhinderung</u> ("prevention") von Deadlocks.

Wenn sich Deadlocks weder verhindern noch vermeiden lassen, laesst sich das hier gestellte Problem doch loesen, wenn man die dritte der genannten Bedingungen negieren kann, indem man einem der an einem Deadlock beteiligten Prozesse Betriebsmittel gewaltsam wegnimmt. In diesem Fall stellt sich die Aufgabe, Deadlock-Situationen zu <u>entdecken</u> ("detection") und zu <u>beheben</u> ("recovery").

3.3.2 Verhinderung

In einem System, in dem die Entstehung von Deadlocks generell verhindert werden soll, muss wenigstens eine der vier zur Entstehung notwendigen Bedingungen zu jedem Zeitpunkt negiert sein. Da es nicht sinnvoll ist, den Zugriff auf alle Betriebsmittel nicht exklusiv zu machen (es gibt Faelle, wo Betriebsmittel exklusiv sein muessen!), lassen sich durch Negation der restlichen Bedingungen nur drei grundlegende Strategien zur Verhinderung von Deadlocks festlegen:

- "<u>no wait for</u>": Jeder Prozess muss seinen Bedarf an allen Betriebsmitteln auf einmal verlangen und darf erst bei vollstaendiger Erfuellung seiner Beduerfnisse fortfahren.

  --->: kann zu schlechter Ausnutzung der Betriebsmittel fuehren

- "<u>preemption</u>": Wenn einem Prozess der Zugriff auf ein Betriebsmittel versagt wird, muss er alle in seinem Besitz befindlichen Betriebsmittel freigeben und eine Gesamtanforderung stellen ("freiwillige preemption").

  --->: nur fuer Betriebsmittel anwendbar, die einem Prozess entzogen und nachher wieder zurueckgegeben werden koennen (z.B. der Prozessor oder bei "swapping"-Systemen der Hauptspeicher).

- "<u>no circular wait</u>": Die Betriebsmittel werden in einer linearen Reihenfolge angeordnet, und Prozesse, die schon ueber Betriebsmittel verfuegen, duerfen nur noch solche Betriebsmittel anfordern, die in dieser Reihenfolge den schon belegten Betriebsmitteln folgen; damit ist eine Bildung geschlossener Ketten unmoeglich gemacht worden.

  --->: Implementierung in vielen Faellen unklar

Generell laesst sich feststellen, dass Verhinderungs-Strategien im allgemeinen so restriktiv sind, dass ihr Einsatz nur in einem Teil der moeglichen Problemfaelle ratsam ist.

3.3.3 Entdeckung

Zur Entwicklung von Algorithmen, die Deadlocks entdecken oder die Moeglichkeit ihrer Entstehung im voraus erkennen, ist es sinnvoll, die Anforderungen und Freigaben von Betriebsmitteln durch die einzelnen Prozesse genauer zu beschreiben [10]. Es ist hier zweckmaessig, Prozesse in Zeitabschnitte zu zerlegen, waehrend derer ihr Betriebsmittelbedarf konstant bleibt ("Tasks"), und nur die Zeitpunkte zu betrachten, zu denen eine solche Task endet und die naechste gestartet wird, da sich nur zu diesen Zeiten der gesamte Bedarf an Betriebsmitteln aendert. Wenn das Gesamtsystem aus den Prozessen $C1,...,Cn$ besteht, kann man es in folgender Weise durch eine Menge von Tasks $Ti(s)$ beschreiben, mit:

$$Ci = Ti(1)Ti(2)...Ti(pi) \quad \text{und} \quad pi \geq 1$$

Da das interne Verhalten der Tasks nicht interessiert, genuegt es, die Ausfuehrungsfolge

$$\tilde{a} = a[1]...a[2pi] = \hat{T}i(1)\underline{T}i(1)\hat{T}i(2)\underline{T}i(2)...\hat{T}i(pi)\underline{T}i(pi)$$

zu betrachten, wobei $\hat{T}i(s)$ den Start, $\underline{T}i(s)$ das Ende der Task $Ti(s)$ bezeichnet. Wenn wir die Betriebsmittel $R1,...,Rm$ zu vergeben haben, koennen wir zu jeder Task $Ti(s)$ den **Anforderungs-Vektor** ("request vector")

$$qi(s) = (qi1(s),...,qim(s))$$

und den **Freigabe-Vektor** ("release vector")

$$ri(s) = (ri1(s),...,rim(s))$$

definieren, die die Anzahlen der zum Start von $Ti(s)$ zusaetzlich benoetigten Betriebsmittel bzw. die beim Ende von $Ti(s)$ freiwerdenden Betriebsmittel beschreiben. Der Zustand $S[k]$ des Systems nach dem Ereignis $a[k]$ (Start oder Ende einer Task) kann vollstaendig durch zwei Matrizen $P(k) = [P1(k),...Pn(k)]^T$ und $Q(k) = [Q1(k),...,Qn(k)]^T$ beschrieben werden, wobei $Pij(k)$ die vom Prozess Ci zum Zeitpunkt $a[k]$ belegten Einheiten des Betriebsmittels Rj angibt, und $Qij(k)$ die Anzahl der angeforderten Einheiten. Es ergibt sich dann:

$$Qi(0) = qi(s) \qquad Pi(0) = 0$$

$$Qi(k) = 0 \qquad Pi(k) = Pi(k-1) + Qi(k-1) \quad \text{fuer } a[k] = \hat{T}i(s)$$

$$Qi(k) = qi(s+1) \qquad Pi(k) = Pi(k-1) - ri(s) \quad \text{fuer } a[k] = \underline{T}i(s)$$

Da alle Tasks nach ihrer Beendigung alle Betriebsmittel wieder freigegeben haben muessen, gilt zusaetzlich:

$$\mathbf{P}i(2pi) = \sum_{s=1}^{pi} [qi(s) - ri(s)] = 0$$

Die Systemkapazitaet ist gegeben durch den Vektor **w** = (w1,...,wm), wobei wj die Anzahl der ueberhaupt vorhandenen Einheiten von Rj angibt. Dagegen ist die Menge der zu einem Zeitpunkt a[k] verfuegbaren Betriebsmittel bestimmt durch den Verfuegbarkeits-Vektor ("available resources vector")

$$\mathbf{v}(k) = (v1(k),...,vm(k))$$

Dabei gilt der Zusammenhang:

$$\mathbf{v}(k) = \mathbf{w}(k) - \sum_{i=1}^{n} \mathbf{P}i(k)$$

Unter Verwendung der hier eingefuehrten Begriffe ergibt sich:

Waehrend ein Ereignis a[k] = $\underline{T}i(s)$ immer zulaessig ist, ist ein Ereignis a[k] = $\hat{T}i(s)$ nur dann zulaessig, wenn gilt:

$$Qi(k-1) \leq \mathbf{v}(k-1)$$

Hieraus ergibt sich die folgende formale Beschreibung eines Deadlock:

$$\bigvee_{\substack{D \neq \emptyset \\ D \subseteq \{1,...,n\}}} \quad \bigwedge_{i \in D} Qi(k) \not\leq \mathbf{v}(k) + \sum_{j \notin D} Pj(k)$$

D ist dann genau die Menge der Prozesse im Deadlock. Die Existenz einer solchen nichtleeren Menge D laesst sich mit folgendem Algorithmus ueberpruefen [10]:

1. Initialisierung: $D := \{1,...,n\}$; $V := \mathbf{v}(k)$

2. Suche i $\in$ D mit $Qi(k) \leq V$. Falls kein solches i vorhanden: fertig.

3. $D := D \setminus \{i\}$; $V +:= \mathbf{P}i(k)$; go to 2.

Da der am Ende des Algorithmus berechnete Vektor **V** fuer keinen der Prozesse aus D ausreicht, enthaelt D, falls $\neq \emptyset$, genau die Prozesse im Deadlock. Der Algorithmus ueberprueft nur, ob in jedem Prozess eine weitere Task gestartet werden kann, nicht jedoch, ob sich die Prozesse bis zum Ende durchfuehren lassen. Da der Algorithmus im i-ten Durchgang maximal n-i+1 Prozesse (alle, die dann noch in D sind) ueberpruefen muss, ist seine Laufzeit proportional zu m und zur Summe ueber die n-i+1, also $O(m{*}n^2)$.

Die Laufzeit dieses Algorithmus laesst sich dadurch verbessern, dass man die Elemente jeder Spalte der Matrix Q(k) in Form einer Warteschlange $Ej = (Qi[1]j,...,Qi[n]j)$ mit $Qi[1]j \leq ... \leq Qi[n]j$ anordnet. Arbeitet man die Matrix Q(k) jetzt in einer solchen Reihenfolge ab, dass man in jeder Spalte j den Eintrag Qij markiert, falls $Qij \leq Vj$ ist, und fuer alle Zeilen i, in denen alle Elemente markiert sind (fuer die also $Qi \leq V$ gilt), V um Pi erhoeht, so genuegt ein Durchgang durch die ganze Matrix, um D zu bestimmen. Die Laufzeit dieses Algorithmus ist somit O(m*n), doch wird hier noch Verwaltungsaufwand fuer die Ej benoetigt. Merkt man sich die Anzahl unmarkierter Elemente in jeder Zeile in einem Vektor x, so lautet der Algorithmus [10]:

```
D := {1,...,n}; V := v(k); x := {m,...,m}; done := false;
while not done
do done := true;
    for j := 1 to m
    do while Ej ≠ ∅ and Qhj := head(Ej) ≤ Vj
        do Ej := Ej \ {Qhj};    co remove head of queue oc;
        xh -:= 1;
        if xh = 0
            then V +:= Ph(k);
                 D := D \ {h};
                 done := false
        fi
    od
od
od
```

Nach Ablauf dieses Algorithmus kann jeder Prozess Ci, fuer den xi = 0 ist, durch Start seiner naechsten Task Ti(s) fortgesetzt werden.

3.3.4 Behebung

Eine einmal eingetretene Deadlock-Situation laesst sich nur dadurch beheben, dass man entweder

- einen oder mehrere der beteiligten Prozesse abbricht ("crash") und seine Betriebsmittel freigibt, oder

- einem oder mehreren der beteiligten Prozesse zwangsweise so viele Betriebsmittel entzieht, dass der Deadlock aufgehoben wird ("forced preemption").

Waehrend das erste dieser Verfahren so drastisch ist, dass es einem voelligen Neustart des Gesamtsystems entsprechen kann, ist bei dem zweiten Verfahren zu beruecksichtigen, dass der Entzug der Betriebsmittel mit bestimmten Kosten fuer das Retten des Status und spaetere Wiederherstellung des Zustandes verbunden ist.

Ordnet man jedem Betriebsmittel Rj einen bestimmten Kosten-faktor Kj fuer zwangsweisen Entzug zu, so erscheint es zunaechst zweckmaessig, die Gesamtkosten fuer den Entzug dadurch zu minimisieren, dass man diejenige Teilmenge von Prozessen Ci und zugehoerigen Betriebsmitteln Pij auswaehlt, fuer die

$$\sum_i \sum_j K_j * g(P_{ij} - V_j) \qquad \text{mit} \quad g(x) = \begin{cases} x & \text{fuer } x > 0 \\ 0 & \text{fuer } x \leq 0 \end{cases}$$

minimal ist. Hier kann jedoch die Situation auftreten, dass fuer den Vorgang des Entzugs selbst (etwa zum Retten des Status) weitere Betriebsmittel benoetigt werden, was im schlimmsten Fall sekundaere Deadlocks ausloesen kann. Durch geeignete Wahl der Kostenfaktoren Kj laesst sich im Prinzip erreichen, dass Situationen weitgehend vermieden werden,

- die zu sekundaeren Deadlocks fuehren koennen

- in denen die Wiederherstellung des alten Zustandes schwer oder unmoeglich ist.

Da jedoch nicht zu garantieren ist, dass in allen Deadlock-Situationen Prozesse beteiligt sind, die mit vertretbaren Kosten aus der Warteliste entfernt werden koennen, sind zusaetzliche Strategien noetig, die versuchen, das Entstehen von Deadlocks insgesamt zu vermeiden.

3.3.5 Vermeidung

Zur Beschreibung des Problems der Vermeidung von Deadlocks ist es sinnvoll, zwischen "sicheren" und "unsicheren" Zustaenden des Systems zu unterscheiden:

Definition: Sei $\bar{S}$ = S[0]S[1]...S[k] die Folge der Zustaende, die der Ausfuehrungsfolge $\bar{a}$ = a[1]...a[k] entspricht. Wenn es eine bis zum Ende aller Tasks durchfuehrbare Ausfuehrungsfolge $\bar{b}$ gibt, die mit $\bar{a}$ beginnt (d.h. $\bar{b}$ = $\bar{a}\bar{a}'$ fuer geeignetes $\bar{a}'$), so nennt man S[k] einen <u>sicheren</u> Zustand; andernfalls ist S[k] <u>unsicher</u>.

Analog bezeichnet man einen Zustandsuebergang S[k] --> S[k+1] aus einem sicheren Zustand S[k] als <u>sicher</u>, wenn auch S[k+1] sicher ist; andernfalls nennt man ihn <u>unsicher</u>. Als <u>zulaessig</u> bezeichnet man den Uebergang dagegen dann, wenn er nur solche Betriebsmittel anfordert, die zu diesem Zeitpunkt noch verfuegbar sind.

Aus dieser Definition ergeben sich die folgenden Konsequenzen:

- Die Sicherheit eines Zustandes laesst sich nur beweisen, wenn die Betriebsmittelanforderungen der Prozesse im voraus bekannt sind.

- Deadlock-Zustaende sind prinzipiell unsicher.

- Wenn ein System erst in einem unsicheren Zustand ist, sind alle Folgezustaende ebenfalls unsicher, und Deadlock ist unvermeidlich.

Ein Algorithmus zur Vermeidung von Deadlocks muss nun bestimmen, ob ein Zustandsuebergang S[k] --> S[k+1] sowohl zulaessig als auch sicher ist, unter der Voraussetzung, dass S[k] = [P(k),Q(k)] sicher ist. Dabei muessen zwei Faelle unterschieden werden:

1. $a[k+1] = \underline{T}i(s)$: Ende einer Task. Es gilt dann:

$$Pi(k+1) = Pi(k) - ri(s) \qquad Qi(k+1) = qi(s+1) \qquad \text{fuer } s < pi$$

$$Pi(k+1) = Pi(k) - ri(s) \qquad Qi(k+1) = 0 \qquad \text{fuer } s = pi$$

$$Ph(k+1) = Ph(k) \qquad Qh(k+1) = Qh(k) \qquad \text{fuer } h \neq i$$

$$v(k+1) = v(k) + ri(s)$$

Wegen $v(k+1) \geq v(k)$ ist S[k+1] auch sicher, wenn dies nur fuer S[k] gilt.

2. $a[k+1] = \hat{T}i(s)$: Anfang einer Task. In diesem Fall gilt:

$$Pi(k+1) = Pi(k) + Qi(k) \qquad Qi(k+1) = 0$$

$$Ph(k+1) = Ph(k) \qquad Qh(k+1) = Qh(k) \qquad \text{fuer } h \neq i$$

$$v(k+1) = v(k) - Qi(k)$$

Der Uebergang ist zulaessig, wenn $Qi(k) \leq v(k)$ gilt, doch muss er auch bei Erfuellung dieser Bedingung nicht sicher sein.

Der Vermeidungs-Algorithmus muss auch Ereignisse der Art $\underline{T}i(s)$ beruecksichtigen, da durch das Freiwerden von Betriebsmitteln Uebergaenge zulaessig werden koennen, die dies vorher nicht waren. Im allgemeinen bedeutet die Frage der Sicherheit eines Uebergangs ein Durchforsten aller moeglichen Folgen von Ereignissen fuer alle aktiven Prozesse, d.h. alle Prozesse, die ueber Betriebsmittel verfuegen bzw. diese angefordert haben. Dabei ist, ausgehend von $v(k+1)$, eine Ausfuehrungsfolge zu finden, die nur zulaessige Ereignisse des Typs $\hat{T}i(s)$ enthaelt und das Ende aller Tasks erreicht: eine "gueltige Endfolge" ("valid completion sequence").

Die Suche nach einer solchen gueltigen Endfolge laesst sich unter Verwendung der folgenden Ergebnisse vereinfachen [10]:

- Wenn S[k] und alle Betriebsmittelvergaben fuer alle Prozesse ausser Ci sicher sind und wenn $a[k+1] = \hat{T}i(s)$ zulaessig ist, dann ist S[k+1] dann sicher, wenn man die geplante Ausfuehrungsfolge durch Anhaengen von $\underline{T}i(pi)$ zu einem Teil einer gueltigen Endfolge machen kann.

- Wenn man einen Teil einer gueltigen Endfolge zum Zustand S[k] gefunden hat, der alle Task-Ende-Ereignisse fuer die Prozesse enthaelt, die in S[k] ueber Betriebsmittel verfuegen, so ist S[k] sicher.

- Wenn S[k] sicher ist und wenn $\bar{B}$ eine gueltige Ausfuehrungsfolge ist, in der fuer alle gestarteten Tasks Ti(s)
gilt qi(s) $\leq$ ri(s), so ist $\bar{B}$ der Anfang einer gueltigen
Endfolge.

Trotz dieser Vereinfachungen sind Algorithmen, die solche
Suchverfahren verwenden, im wesentlichen nicht einsetzbar, da ihre
Laufzeit exponentiell mit der Anzahl der Tasks geht, und da im
allgemeinen die exakten Betriebsmittelanforderungen der Tasks
nicht im voraus bekannt sind. Ein vereinfachtes Verfahren zur
Bestimmung sicherer Zustaende geht davon aus, dass fuer jeden
Prozess Ci nur sein maximaler Bedarf Mij an den einzelnen
Betriebsmitteln Rj bekannt ist in Form eines Vektors

$$Mi = (Mil,...,Mim)$$

mit

$$Mij = \max_{1 \leq s \leq pi} \{ qij(s) + \sum_{h=1}^{s-1} (qij(h)-rij(h)) \}$$

In einem solchen System (MRU-System, "maximum resource
usage") muss man bei der Ueberpruefung der Sicherheit des
Uebergangs S[k] --> S[k+1] vom schlimmsten Fall ausgehen, dass
naemlich keiner der aktiven Prozesse irgendwelche der ihm gemaess
Pi(k+1) zugeteilten Betriebsmittel freigibt, sondern dass jeder
zusaetzlich seinen maximalen Bedarf Mi-Pi(k+1) anfordert. Man
kann daher die restlichen Tasks jedes Prozesses Ci durch eine
spezielle Task Ti' ersetzen, deren Betriebsmittelbedarf gegeben
ist durch:

$$qi' = Mi - Pi(k+1)$$

$$ri' = Mi$$

Daraus ergibt sich der folgende

Satz: Fuer $1 \leq i \leq n$ sei zum Zustand S[k+1] die Matrix Q'(k+1)
gegeben durch

$$Qi'(k+1) = Mi - Pi(k+1) \quad \text{fuer } Pi(k+1) + Qi(k+1) > 0$$

$$Qi'(k+1) = 0 \quad \text{sonst}$$

Dann ist der Zustand S[k+1] sicher, wenn der Zustand
[P(k+1),Q'(k+1)] deadlockfrei ist [10].

Da diese Aussage nur von Obergrenzen fuer den Betriebsmittelbedarf ausgeht, ist sie zwar hinreichend, aber nicht notwendig,
was zu schlechter Ausnutzung der Betriebsmittel fuehren kann;
doch ist der Algorithmus zur Bestimmung der Sicherheit in seinem
Laufzeitverhalten erheblich guenstiger als die vorher besprochenen
Suchalgorithmen; die Laufzeit geht hier mit O(n) wie bei den
Entdeckungsalgorithmen.

Falls man nur die Vergabe von w Einheiten eines Betriebsmittels betrachtet, laesst sich die Sicherheit eines Zustandes
graphisch auf relativ einfache Art bestimmen [20]:

Man zeichnet eine Strecke mit w Segmenten und darueber fuer
jeden Prozess einen Pfeil, der von Mi nach Mi-Pi(k+1) geht (nur 1
Betriebsmittel, daher Skalare!):

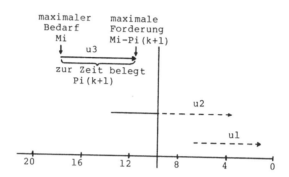

Fig. 3-2 Graphische Darstellung der Sicherheitsbedingung

Dann gilt der

Satz: Ein zulaessiger Zustand ist sicher genau dann, wenn fuer
alle $x \in \{0,\ldots,w\}$ die Summe der Pfeilstuecke links von einer
Senkrechten durch "x" nicht groesser als w-x ist, d.h. wenn gilt:

$$\bigwedge_{x \in \{0,\ldots,w\}} \sum_{\substack{i=1 \\ Mi>x}}^{n} (Mi - \max\{ x, Mi-Pi \}) \leq w - x$$

Beweis: Sei zur Abkuerzung

$$L(x) := \sum_{\substack{i=1 \\ Mi>x}}^{n} (Mi - \max\{ x, Mi-Pi \}) \quad \text{und} \quad R(x) := \sum_{i=1}^{n} Pi - L(x)$$

1. Sei fuer ein x0 : L(x0) > w - x0. Bezeichnet man die
   Anzahl freier Einheiten des Betriebsmittels mit v, so
   gilt fuer alle x:

$$L(x) + R(x) + v = \sum_{i=1}^{n} Pi + v = w$$

   Speziell gilt also:

$$w - (R(x0) + v) > w - x0 \quad ===> \quad R(x0) + v < x0$$

   Um einen linken Teil eines Pfeils bis x = 0 zu erweitern,
   d.h. dem betreffenden Prozess alle angeforderten
   Betriebsmittel zu geben, muessten wenigstens x0 Einheiten

fuer diesen Prozess verfuegbar sein. Da im besten Fall nur noch $R(x0) + v$ Einheiten vergeben werden koennen, ist der Zustand nicht sicher.

2. Sei fuer alle x zwar $L(x) \leq w - x$, aber der Zustand sei dennoch unsicher. Dann muss es Prozesse geben, deren Pfeil nicht bis x = 0 verlaengert werden kann. Sei C_i ein solcher Prozess mit maximalem $M_i-P_i := x0$. Dann gilt:

$$R(x0) + v \geq x0$$

Falls $R(x0) > 0$, gibt es Prozesse, deren Pfeilspitzen rechts von x0 liegen. Nach Konstruktion von x0 muss es moeglich sein, diese Prozesse zu beenden. Dann wird aber wenigstens der Betrag $R(x0)$ freigegeben, also $v \geq x0$, so dass auch C_i seinen Bedarf erfuellt bekommen kann: Widerspruch!

Dieses Verfahren laesst sich durch geeignete Anordnung der Prozesse zu einem relativ effizienten Algorithmus machen, doch ist keine direkte Erweiterung auf mehrere Typen von Betriebsmitteln moeglich, wie das folgende Beispiel zeigt:

Sei $P_1 = (1,1)$, $P_2 = (1,1)$; $M_1 = (3,2)$ und $M_2 = (2,3)$. Anforderungen $Q_1 = (2,1)$ und $Q_2 = (1,2)$ bzw. $Q_1 = (2,0)$ und $Q_2 = (0,2)$ fuehren in diesem Fall zum Deadlock, ohne dass das geschilderte Verfahren dies erkennt.

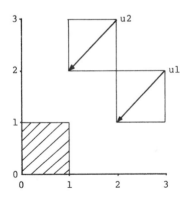

Fig. 3-3 Betriebsmittelvergabe bei mehreren Betriebsmitteln

3.3.6 Vergleich und Alternativen

Fuer viele Zwecke ist es ausreichend und einfacher, das Entstehen von Deadlocks zu verhindern als einmal entstandene Deadlocks zu beheben, weil:

- Deadlocks in vielen Faellen ein lokales Phaenomen sind (bezogen auf bestimmte Betriebsmittel);

- Deadlocks relativ selten auftretende Ausnahme-Situationen darstellen.

Das Entstehen von Deadlocks kann oft durch einfache System-korrekturen verhindert werden:

- Zulassen von Preemption

- Anordnung von Betriebsmitteln als geordnete Folge

- Aenderung von Scheduling-Strategien

Bei Entdeckungs- und Vermeidungs-Algorithmen besteht ein Gegensatz zwischen:

- Aufwand der Algorithmen (und damit System-Overhead)

- Grad der Auslastung der Betriebsmittel

Bei nur wenigen moeglichen Task-Zustaenden ist manchmal eine Auflistung aller zulaessigen Uebergaenge ein sinnvolles Verfahren, das auch fuer die wahrscheinlicheren Faelle eines allgemeinen Vermeidungs-Algorithmus verwendet werden kann. Ausserdem ist es oft zweckmaessig, folgende Situationen zusaetzlich zu vermeiden:

- "Fast-Deadlock": Es kann immer nur ein Prozess bedient werden.

- Ein Prozess hat auf Betriebsmittel zu warten, waehrend er schon teure andere Betriebsmittel belegt und damit blockiert.

Beispiel: Bedienung von Magnetbandgeraeten auf der TR440

Das Problem der Deadlock-Vermeidung laesst sich vereinfachen, wenn man den Algorithmus zur Ueberpruefung nur ein einziges Mal bei Beginn eines Prozesses laufen laesst, nicht jedoch, wenn sich in einem schon laufenden Prozess die Betriebsmittelanforderungen aendern; dieses Verfahren kann jedoch zu einer schlechten System-Auslastung fuehren. Eine andere Moeglichkeit der Behandlung des Deadlock-Problems besteht darin, Deadlocks einfach in Kauf zu nehmen, aber dafuer zu sorgen, dass sie relativ selten auftreten und keine zu schlimmen Folgen haben; doch ist auch diese Loesung des Problems keineswegs befriedigend.

3.4 INTERPROZESS-KOMMUNIKATION

3.4.1 Techniken

Der Grundmechanismus, ueber den in einem Universum U ein Prozess A einem anderen Prozess B eine Nachricht S[A] zustellen kann, besteht aus den beiden folgenden Teilen [19]:

1. Aufbau der Kommunikation:

   a. Durch Vereinbarung erfahren beide Prozesse von der Existenz eines gemeinsam benutzbaren "Briefkastens" ("mailbox") M; dieser ist durch einen gemeinsam zugreifbaren Speicherbereich realisiert.

   b. Nach Vereinbarung interpretieren beide Prozesse einen bestimmten Zustand S[0] von M als "die Mailbox ist leer"; M sollte entsprechend initialisiert werden.

2. Nachrichtenuebertragung:

   a. Prozess A setzt M in einen Zustand S[A] $\neq$ S[0].

   b. Prozess B interpretiert jeden Zustand $\neq$ S[0] als "Nachricht angekommen".

   Abhaenging von der Vereinbarung mit A kann B dem Zustand S[A] eine Bedeutung zuerkennen oder nicht.

Zusaetzlich zum eigentlichen Austausch von Nachrichten wird also ein vorheriger Aufbau der Kommunikation benoetigt; dieser setzt seinerseits die Uebereinstimmung in der Interpretation bestimmter Elemente des Universums U voraus. Es ist hier nicht moeglich, diese erste Uebereinstimmung innerhalb von U zu erzielen; diese Konventionen muessen auf einer anderen logischen Ebene (etwa durch Entwurfsrichtlinien, Absprachen der beteiligten Programmierer usw.) festgelegt werden. Eine erst einmal aufgebaute Kommunikation kann dagegen zum Austausch von Nachrichten benutzt werden, die weitere Kommunikationen definieren; speziell kann auch der dargestellte Mechanismus zur Nachrichtenuebertragung als Grundbaustein allgemeinerer und komplexerer Kommunikationsverfahren verwendet werden.

Zur eigentlichen Kommunikation stehen im wesentlichen drei Verfahren zur Verfuegung:

- Bit-Synchronisation ("event flags"): Die Prozesse vereinbaren eine oder mehrere 1-Bit-Variable (Flags), denen sie irgendwelche Bedeutung zuerkennen; Kommunikation benutzt die folgenden Primitiv-Operationen auf diesen gemeinsamen Flags:

  o erzeuge Flag (Definition und Kreation)

o assoziiere Flag (Eintrag des Flags in den eigenen Namensraum)

o disassoziiere Flag (Loeschen des Zugriffsrechts)

o loesche Flag (Vernichtung)

o setze Flag (auf 0 oder 1 zur Nachrichtenuebertragung)

o lese Flag (direkte Zustandsbestimmung)

o warte auf Flag (Blockieren des Prozesses, bis Flag gesetzt)

o warte auf UND/ODER von Flags (logische Verknuepfung von Kommunikationen/Bedingungen)

- explizite Nachrichten-Uebertragung ueber Warteschlangen/ Mailboxes; die folgenden Primitiv-Operationen sind hier sinnvoll:

o erzeuge Mailbox

o assoziiere Kanal zu Mailbox

o disassoziiere Kanal

o loesche Mailbox

o E/A-Operationen auf dem Mailbox (s. Kapitel 6)

- Software-Interrupts (ASTs) als Trigger-Signale fuer die Kommunikation, gesteuert ueber folgende Operationen:

o definiere Interrupt-Typ/-Handler

o gib Interrupt frei ("enable")

o blockiere Interrupt ("disable")

Die Art der Interrupt-Signale (bzw. ihre Quelle) ist vom System bzw. der Rechner-Architektur her vorgegeben; sie wird ueber die Interrupt-Definition irgendwelchen der zu uebertragenden Nachrichten zugeordnet, und der Interrupt-Mechanismus selbst dient nur zur Synchronisation der Kommunikation.

Generell muss jede Interprozess-Kommunikation durch Synchronisation der kommunizierenden Prozesse koordiniert werden, was bei den beiden ersten der genannten Verfahren ueber separate Synchronisation (etwa ueber P- und V-Operationen) geschehen muss, obwohl diese Synchronisations-Operationen oft schon in die Primitiv-Operationen der Kommunikation hinein integriert sind.

3.4.2 E/A-Systeme und Interprozess-Kommunikation

Ueblicherweise werden die E/A-Geraete eines Rechners von speziellen Prozessen des Betriebssystems verwaltet und bedient (Beispiel: TR440: HGV, PAV, SAV (s. Abschnitt 2.1); VAX/VMS: ACPs). Die Aufgaben dieser E/A-Prozesse sind im wesentlichen:

- Anpassung der E/A an systemweite Standardformate

- Koordination logischer und physikalischer Datenstroeme

- Steuerung der Geraete-Treiber-Routinen

- Verwaltung von Datenpuffern

- Fehlerbehandlung

Waehrend die Einzelheiten der Bedienung der physikalischen Geraete von den einzelnen Treiber-Routinen abgehandelt werden, uebernehmen die E/A-Prozesse die Steuerung und Koordination der Treiber-Aufrufe und die Behandlung der Rueckmeldungen von den Treibern. Diese Aufteilung von E/A-Vorgaengen hat den Vorteil, dass alle E/A ueber eine einheitliche Schnittstelle, naemlich die der Interprozess-Kommunikation, abgewickelt werden kann, unabhaengig davon, ob der Kommunikationspartner

- ein lokaler Prozess

- eine Datei

- ein E/A-Geraet

- ein Prozess auf einem Fremdrechner

ist. Der Benutzer sieht somit E/A, Interprozess-Kommunikation und Zugriff auf ein Rechnernetz in voellig gleicher Weise; er kann alle Kommunikationstypen ueber die gleiche Schnittstelle (etwa E/A-Operationen wie OPEN, CLOSE, READ, WRITE) bedienen. Folgende Operationen sind hier sinnvoll und ueblich:

- weise E/A-Kanal zu ("assign I/O channel")

- loesche Kanalzuweisung ("deassign I/O channel")

- fordere E/A-Vorgang ("queue I/O request"), spezialisiert als:

    o Eingabe

    o Ausgabe

    o eventuell Code-/Format-Konversion

- loesche E/A-Vorgang ("cancel I/O on channel")

- lese Status ("get I/O channel/device information")

- belege Geraet ("allocate device")

- gib Geraet frei ("deallocate device")

Die in diesem Abschnitt verwendete Terminologie lehnt sich an die in [37] verwendete an; auf eine genauere Beschreibung der E/A-Vorgaenge kann an dieser Stelle verzichtet werden, da dieser ganze Komplex im Kapitel 6 noch ausfuehrlich diskutiert wird.

KAPITEL 4

SCHEDULING

4.1 ZIELE, STRATEGIEN, ALGORITHMEN UND REALISIERUNG

Falls mehrere Prozesse gleichzeitig Zugriff auf ein bestimmtes Betriebsmittel benoetigen, muss eine Entscheidung getroffen werden, welchem dieser Prozesse das Betriebsmittel als naechstem zuzuteilen ist. Man bezeichnet die Auswahl des zu bedienenden Prozesses als Scheduling und das Programm, das diese Auswahl trifft, als Scheduler. Zur Beschreibung des Scheduling-Problems sind vier Betrachtungsebenen zweckmaessig:

- Ziele: Welches Systemverhalten soll erzielt werden bzw. welche Parameter dieses Verhaltens sollen optimiert werden? Die Ziele des Schedulings von Zentralprozessoren sind verschieden je nach Typ des Betriebssystems:

  o Batch: hoher Durchsatz

  o Timesharing: schnelle Reaktion auf Eingaben

  o Realzeit: garantierte Abarbeitungszeiten fuer bestimmte Algorithmen

  Diese Ziele widersprechen sich zum Teil, so dass allgemeine Systeme oft in bestimmten Arbeitsbereichen schlechteres Verhalten zeigen als spezialisierte Systeme, die nur auf ein Ziel hin optimiert sind.

- Strategien: Die Konkretisierung der allgemeinen Ziele erfolgt durch die Festlegung von Strategien, die bestimmen:

  o unter welchen Bedingungen ein Prozess das angeforderte Betriebsmittel erhalten darf,

  o welcher Zeitanteil fuer System-Routinen (im Gegensatz zu Benutzerprogrammen) verbraucht werden darf,

  o wie lange das Interrupt-System maximal deaktiviert werden darf,

  o ob nur Benutzer- oder auch System-Programme dem Scheduling unterworfen werden,...

  Die Festlegung der Strategie impliziert im allgemeinen eine Festlegung des Gesamtaufbaus der Prozessverwaltung, eventuell sogar der Hardware.

- <u>Algorithmen:</u> Die Implementierung einer Scheduling-
  Strategie erfolgt hauptsaechlich durch die Auswahl eines
  Algorithmus zur Betriebsmittelvergabe, von dem bekannt
  ist, dass seine Eigenschaften denen der festgelegten
  Strategie moeglichst nahe kommen. Dieser Algorithmus
  legt im allgemeinen die Datenstrukturen der Prozess-
  verwaltung fest.

- <u>Realisierung:</u> Die Programmierung des ausgewaehlten Algorithmus unter Verwendung der durch ihn festgelegten
  Datenstrukturen ist der letzte Schritt beim Aufbau eines
  Schedulers. Die hier noch verbleibenden Freiheitsgrade
  sind im allgemeinen nur noch gering.

Wesentlich an dieser Aufteilung des Scheduling-Problems ist
die Unterscheidung in:

- Ziele und Strategien: Was soll erreicht werden?

- Algorithmen/Realisierung: Wie wird es erreicht?

Von besonderer Bedeutung ist die Vergabe des Zentralprozessors (bzw. der Prozessoren), da dieser den Fortgang der
einzelnen Prozesse besonders stark beeinflusst. Aus diesem Grund
soll zunaechst Scheduling von Zentralprozessoren (kurz: CPU-
Scheduling) betrachtet werden. Hier unterscheidet man zwei
prinzipiell verschiedene Vorgehensweisen:

- Wenn die Ausfuehrungszeiten der einzelnen Prozesse schon
  vorher bekannt sind, kann man versuchen, die
  Ausfuehrungen der Prozesse bzw. der sie bildenden Tasks
  oder Ausfuehrungsstuecke zeitlich so anzuordnen, dass
  sich ein gewuenschtes Systemverhalten ergibt. Man
  bezeichnet dieses Vorgehen als <u>Deterministisches</u>
  <u>Scheduling</u>.

- Wenn nur Erwartungswerte und Wahrscheinlichkeitsvertei-
  lungen fuer die Rechenzeiten bzw. auch die Ankunftszeiten
  der Prozesse/Jobs bekannt sind, muss man das Verhalten
  der einzelnen Scheduling-Algorithmen unter der
  wahrscheinlichen Last beschreiben. Man spricht hier von
  <u>Probabilistischen</u> Scheduling-Modellen.

In der Praxis wird man beim Entwurf eines Schedulers beide
Methoden gemeinsam einsetzen.

4.2 DETERMINISTISCHE MODELLE

Die Darstellung in diesem Abschnitt folgt weitgehend der
ausgezeichneten Beschreibung deterministischer Scheduling-Modelle
in [10]. Auf die Angabe der Beweise zu den einzelnen Saetzen wird
wegen ihres Umfangs verzichtet; diese Beweise sind in [10] im
vollen Umfang enthalten und koennen dort bei Bedarf nachgelesen

werden.

4.2.1 Einfuehrung

Wenn die Ausfuehrungszeiten der einzelnen Prozesse (Tasks) bekannt sind und wenn nur ein Prozessor vorhanden ist, der diese Tasks ohne Verschachtelung (durch Context-switching) bearbeitet, ist das Scheduling-Problem relativ einfach: Die gesamte Rechenzeit ist die Summe der einzelnen Rechenzeiten; durch geeignetes Sortieren der Abarbeitungsreihenfolge koennen Abhaengigkeiten der Tasks voneinander beruecksichtigt werden, und die mittlere Anzahl der Tasks im System sowie die mittlere Wartezeit koennen beeinflusst werden. Falls mehrere Prozessoren sich die Arbeit teilen koennen, werden die Verfahren zum Finden eines optimalen Scheduling-Algorithmus sehr schnell kompliziert oder nicht mehr anwendbar.

Anmerkung

Der einfachste Fall entspricht zum Teil einer Situation, in der ein Monoprozessor eine Anzahl rein rechenintensiver Jobs zu bedienen hat.

Definition: Ein Schedule (Fahrplan) S fuer m Prozessoren und eine vorgegebene Menge von Tasks mit gegebenen Abhaengigkeiten ist eine Beschreibung der Arbeit, die jeder Prozessor zu jedem Zeitpunkt zu verrichten hat.

Die Abhaengigkeiten der Tasks voneinander koennen durch sogenannte Praezedenz-Graphen beschrieben werden, die einen Pfeil von einer Task Ti nach einer anderen Task Tj genau dann enthalten, wenn Ti beendet sein muss, ehe Tj beginnen darf.

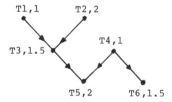

Fig. 4-1 Beispiel eines Praezedenz-Graphen

Ein Schedule muss die folgenden Bedingungen erfuellen:

- Beruecksichtigung der Praezedenz-Relationen

- zu jeder Zeit nur ein Prozessor pro Task

- Vergabe der gesamten geforderten Rechenzeit an die fordernde Task

Ein Schedule kann durch ein sogenanntes <u>Gantt-Diagramm</u>, eine Zeitachse mit Angabe der Prozessor-/Task-Zuordnungen, dargestellt werden:

```
t:  0   1   2   3   4   5

      ┌───┬───┬───────┬───────────┬──────┐
P1:   │ T1│ T4│  T3   │    T5     │//////│
S:    ├───┴───┴───┬───┴───────────┤//////│   t(S) = 5.5
P2:   │    T2     │   T6   //////////////│
      └───────────┴──────────────────────┘
```

Fig. 4-2 Beispiel eines Gantt-Diagramms

Als <u>Laenge</u> t(S) eines Schedules S bezeichnet man die Zeit, zu der die letzte Task aus S fertig wird. Ein Prozessor, dem in einem Teilintervall von [0,t(S)] keine Task zugewiesen ist, wird fuer dieses Teilintervall als <u>frei</u> ("idle") bezeichnet.

Die hier betrachtete Ausfuehrungszeit einer Task kann drei verschiedene Bedeutungen haben:

- echte Ausfuehrungszeit:
  Die Ergebnisse des Schedule sind exakte Vorhersagen.

- maximal moegliche Ausfuehrungszeit:
  Das Schedule beschreibt den unguenstigsten moeglichen Fall ("worst case", wichtig fuer Realzeit-Systeme!). Hier sind zwei Strategien moeglich:

  o Wenn einer Task Ti ein Prozessor fuer eine bestimmte Zeit zugewiesen ist, und Ti wird schon vorher fertig, bleibt der Prozessor fuer den Rest dieses Zeitintervalls frei (oder bearbeitet einen Hintergrund-Job).

  o Kuerzere Ausfuehrungszeiten werden vom Scheduler benutzt, um die Gesamtlaenge des Schedule zu verringern.

- Erwartungswert der Ausfuehrungszeit:
  Das Schedule gibt einen Anhalt fuer die gesamte zu verbrauchende Rechenzeit. Eine moegliche Vorgehensweise besteht aus den Schritten:

  o Bestimmung eines Schedule S nach dem gegebenen Praezedenz-Graphen G

  o Erweiterung von G um Pfeile von Ti nach Tj, wenn Ti und Tj voneinander unabhaengig sind und Ti gemaess S auf demselben Prozessor wie Tj, und zwar zeitlich vor Tj, laeuft; der erweiterte Graph sei G'

o Bestimmung des laengsten Pfades in **G'**; diese Laenge
ist ein Schaetzwert fuer die mittlere Laenge von **S**.

Im Prinzip lassen sich alle optimalen Schedules durch
Vergleich aller moeglichen Schedules finden. Da dieses Verfahren
jedoch Laufzeiten hat, die exponentiell mit der Anzahl der Tasks
gehen, besteht die Aufgabe im Finden von Scheduling-Algorithmen,
deren Laufzeit nur mit einer (moeglichst kleinen) Potenz der
Anzahl der Tasks anwaechst.

Generell lassen sich die Scheduling-Verfahren unterteilen in:

- non-preemptive Scheduling: Eine einmal gestartete Task
  laeuft durch bis zu ihrem Ende.

- preemptive Scheduling: Tasks koennen an beliebigen
  Stellen unterbrochen werden; sie werden dann spaeter
  fortgesetzt. Aus praktischen Gesichtspunkten (System-
  Overhead) kann es zweckmaessig sein, die Anzahl der
  Unterbrechungen pro Zeiteinheit zu begrenzen ("restricted
  preemptive Scheduling"), doch sollen solche Verfahren
  wegen ihrer Komplexitaet hier nicht untersucht werden.

Schliesslich kann man noch unterscheiden, ob Prozessoren frei
sein duerfen, obwohl noch unbearbeitete Tasks vorhanden sind. Man
kann naemlich in manchen Faellen durch Einfuehrung von Idle-Zeiten
die Gesamtlaenge eines Schedules reduzieren, wie das folgende
Beispiel zeigt:

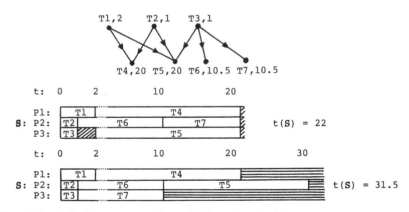

Fig. 4-3 Einfuehrung von Idle-Zeit in ein Schedule

4.2.2 Optimales Scheduling von Doppelprozessoren

Nur fuer einen sehr engen Spezialfall, bestimmt durch:

- Anzahl m der Prozessoren = 2

- gleiche Ausfuehrungszeiten fuer alle Tasks

ist zur Zeit das Auffinden eines optimalen, non-preemptive Schedules fuer beliebige Praezedenz-Graphen untersucht und bekannt [10]. Alle allgemeineren Faelle fuehren zu Algorithmen hoher, nicht mehr realistisch zu behandelnder Komplexitaet. Eine Anwendung dieses Spezialfalls ergibt sich, falls es moeglich ist, die gegebene Menge von Prozessen in Tasks etwa gleicher Laenge zu zerlegen, was speziell auch bei Zeitscheibenverfahren (s. Abschnitt 4.3.3.6) erzwungen wird.

Der Algorithmus, der hier betrachtet wird, beruht auf einer geeigneten Durchnumerierung der Tasks, die im wesentlichen eine lineare Anordnung der Tasks gemaess ihren Abhaengigkeiten erzeugt; hierzu empfiehlt sich die

Definition: Seien N = (n1,...,nt) und N' = (n'1,...,n't') zwei streng monoton fallende Folgen natuerlicher Zahlen, d.h.

$$\bigwedge_i ni \in N, \quad \bigwedge_j n'j \in N, \quad \bigwedge_{i<t} ni > n[i+1], \quad \bigwedge_{j<t'} n'j > n'[j+1]$$

Man sagt dann, es gelte N < N', wenn entweder

$$\bigvee_i (ni < n'i \quad \& \quad \bigwedge_{j<i} nj = n'j) \quad \text{oder}$$

$$t < t' \quad \& \quad \bigwedge_{j \leq t} nj = n'j \quad \text{gilt.}$$

Man erzeugt so eine lexikographische Anordnung mit links-buendigen Zahlenfolgen; Beispiele dafuer sind etwa:

$$(7,5,3,2) < (7,5,4,1)$$
$$(4,3,1) < (5,1)$$
$$(7,2) < (7,2,1)$$

Sei nun n die Anzahl der Tasks im Graphen G und S(T) die Menge aller unmittelbaren Nachfolger einer Task T. Der Numerierungsalgorithmus ordnet dann jeder Task T eine natuerliche Zahl $a(T) \in \{1,...,n\}$ nach der folgenden rekursiven Vorschrift zu:

1. Man waehle ein beliebiges T0 mit S(T0) = $\emptyset$ und setze a(T0) := 1.

2. Seien alle Zahlen j < k fuer ein k $\leq$ n zugeordnet, und sei fuer alle Tasks T, fuer die a(T) schon definiert ist, N(T) die monoton fallende Folge ganzer Zahlen, die durch geeignetes Umordnen der Menge $\{a(T') \mid T' \in S(T)\}$ entsteht. Waehle eine Task T* mit N(T*) $\leq$ N(T) fuer alle T, fuer die N(T) schon definiert ist.
   Setze a(T*) := k.

3. Fuehre Schritt 2 durch, bis alle Tasks numeriert sind.

Der Scheduling-Algorithmus lautet dann:

Algorithmus A: Wenn ein Prozessor frei wird, weise ihm die Task zu,

- deren saemtliche Vorgaenger ausgefuehrt sind, und

- die unter allen noch nicht durchgefuehrten Tasks die hoechste Nummer a hat, also die "oberste" Position im Graphen einnimmt.

(Wenn zwei oder mehrere Prozessoren gleichzeitig frei werden, kann etwa der Prozessor mit der niedrigsten Nummer zuerst bedient werden.)

Beispiel:

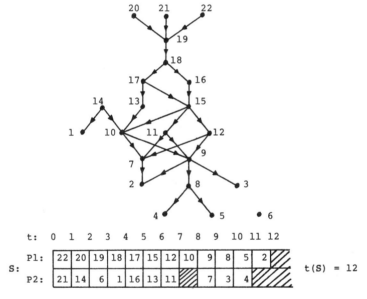

Fig. 4-4 Beispiel fuer ein A-Schedule

Man stellt die folgenden Eigenschaften der Numerierung fest:

- Falls im Praezedenz-Graphen T auf einer hoeheren Ebene liegt als T', gilt a(T) > a(T').

- Falls S(T') eine echte Teilmenge von S(T) ist, gilt ebenfalls a(T) > a(T').

- Falls t(T) und t(T') die Anfangszeiten von T bzw. T' sind, und falls T auf dem Prozessor P1 ausgefuehrt wird, gilt:

$$t(T) < t(T') ===> a(T) > a(T')$$

- P1 ist waehrend des gesamten Schedule nie frei.

Man kann dann den folgenden Satz beweisen:

Satz: Fuer einen beliebigen Graphen, dessen Tasks alle die gleiche Ausfuehrungszeit haben, hat ein A-Schedule minimale Laenge, falls fuer die Anzahl der Prozessoren m = 2 gilt.

Das folgende Gegenbeispiel zeigt, dass bei verschiedenen Ausfuehrungszeiten der einzelnen Tasks ein A-Schedule nicht optimal zu sein braucht:

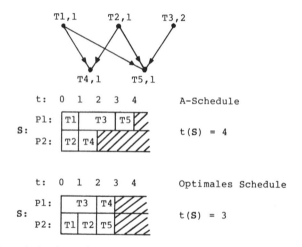

Fig. 4-5 Gegenbeispiel mit verschiedenen Ausfuehrungszeiten

Ein weiteres Gegenbeispiel mit drei Prozessoren zeigt, dass auch fuer diesen Fall A-Schedules nicht optimal sein muessen:

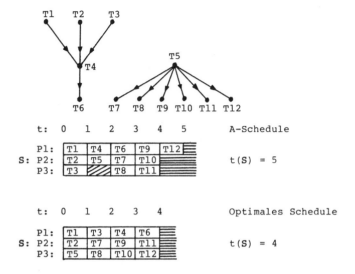

t: 0   1   2   3   4   5   A-Schedule

S: P1: | T1 | T4 | T6 | T9 | T12 |
    P2: | T2 | T5 | T7 | T10 | t(S) = 5
    P3: | T3 |////| T8 | T11 |

t: 0   1   2   3   4   Optimales Schedule

S: P1: | T1 | T3 | T4 | T6 |
    P2: | T2 | T7 | T9 | T11 | t(S) = 4
    P3: | T5 | T8 | T10 | T12 |

Fig. 4-6 Gegenbeispiel mit drei Prozessoren

Der Beweis des obengenannten Satzes ist relativ umfangreich und wird daher uebergangen.

4.2.3 Optimales Scheduling von Praezedenz-Baeumen

Man kann eine Menge von Tasks gleicher Ausfuehrungszeit auf $m \geq 2$ Prozessoren optimal schedulen, wenn ihr Praezedenz-Graph Baumstruktur hat (Praezedenz-Baum).

Beispiel:

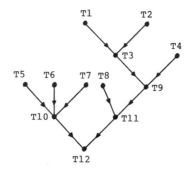

Fig. 4-7 Beispiel eines Praezedenz-Baumes

Dazu ordnet man jeder Task T eine Nummer, die Ebene L(T) dieser Task, zu; L(T) ist die Laenge, d.h. die Anzahl der Teilstrecken, des kuerzesten Weges im Graphen G von der Task T zu einer Task T* am Ende des Graphen (Terminal-Task, hier: die Wurzel des Baumes). Fuer eine Terminal-Task T* gelte L(T*) := 1.

Man kann dann den folgenden Algorithmus definieren:

Algorithmus B: Wenn ein Prozessor frei wird, weise ihm (falls vorhanden), die Task (eine der Tasks) zu,

- deren saemtliche Vorgaenger ausgefuehrt sind, und

- die von allen noch nicht ausgefuehrten Tasks die hoechste Ebene hat.

Dann laesst sich der folgende Satz (ebenfalls nur mit grossem Aufwand) beweisen:

Satz: Sei G ein Baum und S0 ein B-Schedule fuer G. Dann gilt fuer alle gueltigen Schedules S ueber G: $t(S0) \leq t(S)$.

Hierzu gibt es noch das (recht einsichtige)

Korollar: Sei G ein Baum mit weniger als m sofort zu startenden Tasks. Wenn L die Laenge des laengsten Pfades in G ist, so gilt fuer ein B-Schedule S0: $t(S0) = L$.

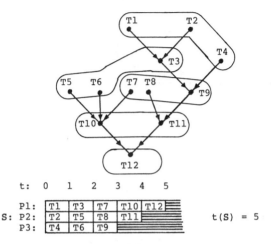

t: 0   1   2   3   4   5

P1:	T1	T3	T7	T10	T12	
S: P2:	T2	T5	T8	T11		
P3:	T4	T6	T9			

$t(S) = 5$

Fig. 4-8 Beispiel fuer ein B-Schedule

Sei nun Q(j) die Menge aller Tasks auf Ebenen $\geq$ j und L die Laenge eines maximalen Pfades in **G**. Man stellt dann fest:

- Die Tasks auf Ebenen > j benoetigen wenigstens $|Q(j+1)|/m$ Zeiteinheiten zu ihrer Ausfuehrung.

- Die Tasks bis zur Ebene j sind fruehestens nach j Zeiteinheiten fertig.

Daraus ergibt sich fuer die Laenge t0 eines Schedule minimaler Laenge:

$$t0 \geq \max_{0 \leq j \leq L} \{ j + \lceil |Q(j+1)|/m \rceil \}$$

wobei $\lceil x \rceil$ die kleinste natuerliche Zahl > x bezeichnet. Analog kann man eine Untergrenze angeben fuer die Anzahl m0 der Prozessoren, die man benoetigt, um einen gegebenen Graphen in hoechstens t Zeiteinheiten auszufuehren:

$$m0 \geq \max_{\substack{0 \leq j < L \\ t \geq L}} \{ \lceil |Q(j+1)|/(t-j) \rceil \}$$

(Da L ein absolutes Minimum fuer t(S) ist, muss man t $\geq$ L annehmen.)

4.2.4 Scheduling unabhaengiger Tasks

Falls die Anzahl der verfuegbaren Prozessoren beliebig und die Ausfuehrungszeiten der Tasks verschieden sind, so laesst sich - nach heutigem Wissen [10] - selbst bei voelliger Unabhaengigkeit der Tasks voneinander kein optimaler Scheduling-Algorithmus angeben, dessen Laufzeitverhalten gutartig ist. Man kann lediglich fuer einen bestimmten Algorithmus, den sogenannten LPT-Algorithmus ("largest processing time"), der einem freigewordenen Prozessor jeweils die Task mit der groessten Ausfuehrungszeit zuweist, eine Schranke fuer den Abstand zu einem optimalen Algorithmus angeben:

Satz: Sei tL die Laenge eines LPT-Schedule und t0 die Laenge eines optimalen Schedule fuer eine Menge unabhaengiger Tasks, die auf m Prozessoren ausgefuehrt werden sollen. Dann gilt:

$$tL/t0 \leq 4/3 - 1/(3m)$$

Auch hierfuer ist der Beweis sehr umfangreich und wird daher uebergangen. Im allgemeinen liefert LPT-Scheduling fuer eine Menge unabhaengiger Tasks zwar keine optimalen, aber dennoch recht gute Schedules, so dass dieser Algorithmus einige praktische Bedeutung hat, zumal er recht einfach ist.

ti: 16,13,12,8,6,5,5,1

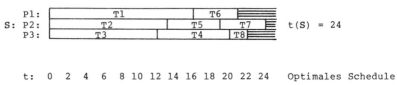

Fig. 4-9 Beispiel fuer ein nicht optimales LPT-Schedule

ti: 13,8,7,6,4,2,2

t: 0 2 4 6 8 10 12 14 16

	P1:	T1	T7	
S:	P2:	T2	T5	T6	t(S) = 15
	P3:	T3	T4	

Fig. 4-10 Beispiel fuer ein optimales LPT-Schedule

Das folgende Beispiel zeigt, dass die Grenze fuer die Optimalitaets-Abschaetzung, die im Satz angegeben wurde, die bestmoegliche Grenze darstellt, da sie echt erreicht werden kann:

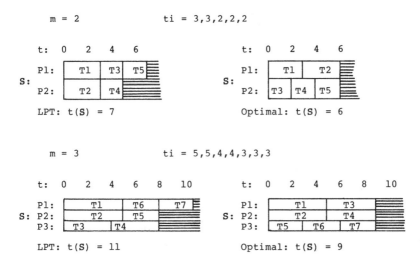

LPT: t(S) = 7

Optimal: t(S) = 6

LPT: t(S) = 11

Optimal: t(S) = 9

Fig. 4-11 Beispiele fuer "worst case" LPT-Schedules

4.2.5 Scheduling nach Prioritaetslisten

Wenn die Ausfuehrungszeiten der einzelnen Tasks im voraus unbekannt sind, muss der Scheduler Tasks allein nach den Informationen des Praezedenz-Graphen auswaehlen. Da diese Informationen lediglich eine teilweise Ordnung der Tasks festlegen, kann deren Anordnung sonstige Bedeutung haben. Der Scheduler geht in diesem Fall davon aus, dass die Tasks nach irgendeinem Kriterium geordnet sind, und waehlt jeweils die naechste Task dieser Liste aus, deren saemtliche Vorgaenger gemaess dem Praezedenz-Graphen schon gerechnet sind. Die Laenge des erzeugten Schedule haengt ab von:

- der Anzahl m der Prozessoren

- den Ausfuehrungszeiten der Tasks

- den Einschraenkungen durch den Praezedenz-Graphen

- der Reihenfolge der Tasks in der Prioritaetsliste

Dabei stellt man fest, dass dieses listengesteuerte Scheduling eine Reihe von Anomalien aufweist, in dem Sinne, dass die Aufhebung oder Abschwaechung der genannten Einschraenkungen unter Umstaenden nicht zu einer Verkuerzung, sondern zu einer Verlaengerung des erzeugten Schedule fuehren kann.

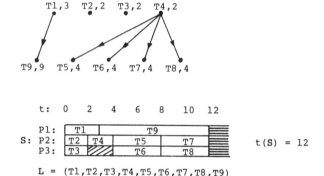

L = (T1,T2,T3,T4,T5,T6,T7,T8,T9)

Fig. 4-12 Beispiel einer Scheduling-Anomalie

In diesem Beispiel wird das Schedule laenger, wenn eine beliebige der genannten Einschraenkungen geeignet veraendert wird, so dass hier alle vier moeglichen Anomalien zusammen vorliegen:

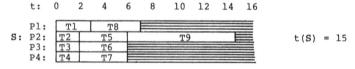

Fig. 4-13 Erhoehung von 3 auf 4 Prozessoren

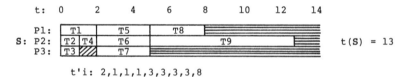

t'i: 2,1,1,1,3,3,3,3,8

Fig. 4-14 Verkuerzung der Ausfuehrungszeiten um je eine Einheit

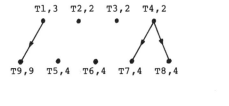

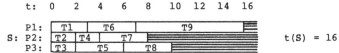

$t(S) = 16$

Fig. 4-15 Aufhebung der Abhaengigkeiten T4->T5 und T4->T6

```
t:   0   2   4   6   8   10  12  14

     P1: | T1  | T4  |      T9       |≣
  S: P2: | T2  |  T5 |  T7  |≣≣≣              t(S) = 14
     P3: | T3  |  T6 |  T8  |≣≣≣
```

L' = (T1,T2,T4,T5,T6,T3,T9,T7,T8)

Fig. 4-16 Umordnen der Prioritaetsliste

Man kann fuer die Anomalien des listengesteuerten Scheduling eine Schranke angeben:

Satz: Sei eine Menge von Tasks Ti gegeben und seien m, {ti}, L und G bzw. m', {t'i}, L' und G' zwei Auswahlen der Anzahl der Prozessoren, der Ausfuehrungszeiten, der Prioritaetslisten und der Praezedenzgraphen, wobei G' $\subseteq$ G und fuer alle i t'i $\leq$ ti gelte, und seien t bzw. t' die Laengen der sich ergebenden Schedules. Dann gilt:

$$t'/t \leq 1 + (m-1)/m'$$

Die Bedeutung dieser Anomalien liegt vor allen Dingen auf dem Gebiet des Scheduling in Realzeit-Systemen, bei denen ja maximale Schedule-Laengen garantiert werden muessen. Die Anomalien durch kuerzere Ausfuehrungszeiten (wenn also die angegebenen Ausfuehrungszeiten Maximalwerte darstellen), koennen umgangen werden, wenn der urspruengliche Praezedenzgraph erweitert wird um alle Relationen Ti -> Tj, wenn im urspruenglichen Schedule Ti vor Tj auf demselben Prozessor laeuft.

4.2.6 Scheduling mit Preemption und Prozessor-Sharing

Wenn es ohne zu hohen Aufwand moeglich ist, die Ausfuehrung von Tasks durch Prozesswechsel zu unterbrechen und die Tasks spaeter fortzusetzen, lassen sich die Laengen (mit vertretbarem Aufwand) erreichbarer Schedules im allgemeinen verkuerzen. Man spricht in diesem Fall von Scheduling mit Preemption.

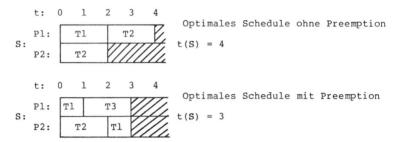

Fig. 4-17 Beispiel fuer Schedule-Verkuerzung durch Preemption

Fuer unabhaengige Tasks laesst sich die Laenge eines optimalen Schedules mit Preemption angeben:

Satz: Sei eine Menge von Tasks Ti mit Ausfuehrungszeiten ti gegeben. Dann ergibt sich fuer die Laenge t0 eines optimalen Schedule mit Preemption auf m Prozessoren:

$$t0 = \max \left\{ \max_{1 \leq i \leq n} \{ti\}, \; (1/m) * \sum_{i=1}^{n} ti \right\}$$

Dieser Wert ist eine Untergrenze fuer t0; er kann aber auch tatsaechlich erreicht werden, wenn (im Fall $\max\{ti\} < (1/m)*\sum ti$) die Tasks so auf die Prozessoren verteilt werden, dass fuer t < t0 kein Prozessor je frei ist. Es laesst sich zeigen, dass dies immer moeglich ist.

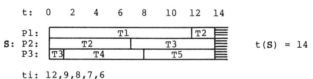

ti: 12,9,8,7,6

Fig. 4-18 Beispiel fuer ein Schedule mit Preemption

Schaltet man waehrend eines Zeitraums den Prozessor sehr oft (im Grenzfall unendlich oft) zwischen einigen der Tasks um, so erhaelt man eine Situation, in der jede dieser Tasks rechnet, aber nur mit einem Bruchteil b der Geschwindigkeit, die sie ohne das Umschalten haette. (Zur Vereinfachung betrachten wir das Umschalten selbst als verlustlos; diese Naeherung gilt dann, wenn die zum Umschalten erforderliche Rechenzeit immer noch erheblich kuerzer ist als die Zeit, die eine Task den Prozessor ohne Unterbrechung besitzt.) Man bezeichnet dieses Verfahren als Processor-Sharing (PS-Scheduling).

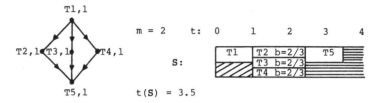

Fig. 4-19 Beispiel fuer Scheduling mit Processor-Sharing

Dabei wird der Anteil b des Prozessors, der einer Task zugeordnet ist, waehrend der Ausfuehrungszeit dieser Task festgehalten. Verbindet man PS-Scheduling mit der Moeglichkeit der Preemption und der nachfolgenden Zuteilung eines anderen Wertes fuer b, so erhaelt man allgemeines Scheduling ("general scheduling").

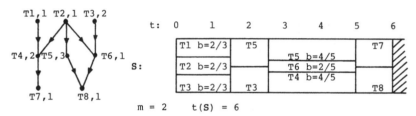

Fig. 4-20 Beispiel fuer allgemeines Scheduling

Man kann nun die Effizienz dieser drei Scheduling-Verfahren miteinander vergleichen, wobei Verfahren als gleich effizient anzusehen sind, wenn ihre optimalen Schedules fuer alle Praezedenz-Graphen jeweils gleich lang sind, waehrend ein effizienteres Verfahren wenigstens ein kuerzeres und nie ein laengeres Schedule erzeugt. Man hat dann den

Satz: Allgemeines Scheduling und Scheduling mit Preemption sind gleich effizient.

Der Beweis ergibt sich daraus, dass schon beim Scheduling mit Preemption die volle Rechenkapazitaet aller Prozessoren ausgenutzt werden kann.

Satz: Scheduling mit Preemption ist effizienter als PS-Scheduling.

Hier genuegt die Angabe eines Beispiels:

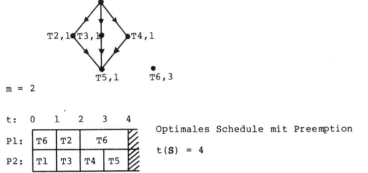

Fig. 4-21 Vergleich von Preemption und Processor-Sharing

Auch hier laesst sich eine Schranke fuer das Effizienz-verhalten der beiden Verfahren angeben, wobei diese Schranke tatsaechlich erreicht werden kann:

Satz: Seien tN und tP die Laengen optimaler Schedules ohne und mit Preemption fuer einen beliebigen Graphen **G** und $m \geq 1$ Prozessoren. Dann gilt:

$$tN/tP \leq 2 - (1/m)$$

Der Beweis dieses Satzes vergleicht eine obere Schranke fuer tN mit einer unteren Schranke fuer tP.

Laesst man zu bestimmten Zeiten Preemptions der einzelnen Tasks zu, so laesst sich aus dem Algorithmus A ein allgemeiner Scheduling-Algorithmus entwickeln, der in dem Fall, dass die Zeiten fuer Preemptions beliebig dicht liegen koennen, Processor-Sharing verwendet und sonst eine Sonderform eines Algorithmus mit Preemption ist. Man kann hier gegenueber dem urspruenglichen Algorithmus A eine zum Teil nicht unerhebliche Beschleunigung erzielen; gleichzeitig hat man hier einen auf Zeitscheiben-verfahren ("Time-Slicing") anwendbaren Algorithmus. Die Verbes-serung gegenueber Algorithmus A wird durch das folgende Beispiel demonstriert:

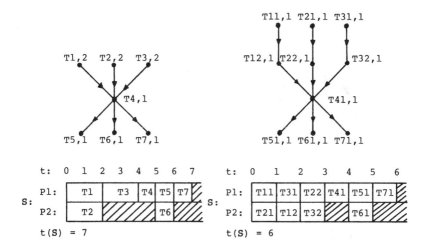

Fig. 4-22 Anwendung von Preemption auf Algorithmus A

Algorithmus C: Weise jedem Prozessor eine Task der hoechsten Ebene zu. Falls hier b Tasks auf a Prozessoren mit a < b zu verteilen sind, weise jeder der Tasks a/b eines Prozessors zu. Erneuere die Zuweisungen, wenn

- eine Task beendet wurde

- Weiterarbeit ohne Neuverteilung der Tasks dazu fuehren wuerde, dass Tasks auf unteren Ebenen schneller bearbeitet wuerden als Tasks auf hoeheren Ebenen.

Die folgende Abbildung zeigt ein Beispiel eines C-Schedule in zwei verschiedenen Realisierungen:

- mit Processor-Sharing

- mit Preemption

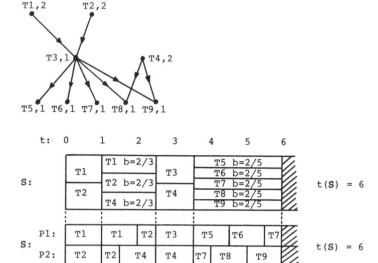

Fig. 4-23 Beispiel fuer ein C-Schedule

Da auch Algorithmus B bei der Einfuehrung von Zeitscheiben-
verfahren in Algorithmus C uebergeht, gilt der

Satz: Algorithmus C erzeugt Schedules minimaler Laenge, wenn m =
2 oder G ein Baum ist.

Falls diese Bedingungen nicht erfuellt sind, muss C keine
optimalen Schedules liefern, wie das folgende Beispiel zeigt:

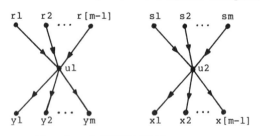

$t_i = 1$, m Prozessoren

Fig. 4-24 Beispiel fuer ein nicht optimales C-Schedule

Es gilt: $t(SC) = (2m-1)/m + 1 + (2m-1)/m = 5 - (2/m)$. Ein
optimales Schedule hat dagen die Laenge $t_0 = 4$, wie man leicht
sieht, wenn man die Tasks in der Reihenfolge

(sl,...,sm;   rl,...,r[m-1],u2;   ul,xl,...,x[m-1];   yl,...,ym)
rechnet.

4.2.7 Systeme verschiedener Prozessoren

Wenn die Prozessoren, die einem Scheduling-Algorithmus unterworfen werden sollen, verschiedene Eigenschaften bzw. verschiedene Aufgaben haben, ist es oft nicht moeglich, Tasks beliebigen dieser Prozessoren zuzuweisen, sondern bestimmte Tasks muessen festen Prozessoren zugewiesen werden. Die Entscheidungsfreiheit im Scheduling-Algorithmus kann dadurch erheblich eingeschraenkt werden, was den Algorithmus (bzw. seine Betrachtung) nicht unwesentlich erschweren kann. Die einzige bekannte Loesung dieses Scheduling-Problems, die noch effizient realisierbar ist, ist auf $m = 2$ beschraenkt, und auf den Fall, dass die Tasks Ketten aus je zwei Elementen bilden, deren erstes jeweils auf dem Prozessor P1 und deren zweites auf P2 auszufuehren ist:

Sei Ci fuer $1 \leq i \leq n$ eine Menge solcher Task-Paare, deren Elemente Ausfuehrungszeiten Ai bzw. Bi haben. Durch geeignetes Umsortieren der Tasks auf P1 kann man nun aus einem gegebenen Schedule S ein hoechstens gleichlanges Schedule S' mit den folgenden Eigenschaften erzeugen:

- Kein Prozessor, fuer den eine Task bereitsteht, ist je frei.

- Die Reihenfolge der Tasks auf beiden Prozessoren ist identisch.

Fuer ein Schedule S, das diese beiden Bedingungen erfuellt, gilt der

Satz: S ist von minimaler Laenge, wenn fuer alle i und j Ci genau dann vor Cj gerechnet wird, wenn $\min\{Ai,Bj\} < \min\{Aj,Bi\}$ gilt.

Dieser Satz ist etwa auf den Fall anwendbar, dass nacheinander ein E/A- und ein Rechen-Prozessor (oder umgekehrt) zu bedienen sind.

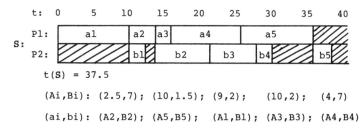

t(S) = 37.5

(Ai,Bi): (2.5,7); (10,1.5); (9,2); (10,2); (4,7)

(ai,bi): (A2,B2); (A5,B5); (A1,B1); (A3,B3); (A4,B4)

Fig. 4-25 Beispiel fuer ein Schedule mit verschiedenen Prozessoren

Eine Erweiterung dieses Satzes auf 3 Prozessoren (was dem in der Praxis wichtigen Fall Eingabe $\longrightarrow$ CPU $\longrightarrow$ Ausgabe entspricht) ist nur unter starken Einschraenkungen (dass naemlich die E/A-Zeiten groesser als die Rechenzeiten sind) ueberhaupt noch moeglich.

4.2.8 Minimisierung der Verweilzeit

Falls man die Zeiten, zu denen die einzelnen Tasks Ti fertig werden, mit ti bezeichnet, so versteht man unter der mittleren Verweilzeit der Tasks den Wert

$$\ell = (1/n) * \sum_{i=1}^{n} ti$$

und unter der maximalen Verweilzeit den Wert

$$tM = \max \{ ti \}$$

Man kann diese beiden Werte in Verbindung setzen zu der mittleren Anzahl $\hat{n}$ noch nicht beendeter Tasks im System. Dazu ordnet man die ti zu einer monoton wachsenden Folge tj[i] um und setzt tj[0] := 0 . Man hat dann

$$\hat{n} = (1/tM) * \sum_{i=0}^{n-1} (n - i) * (tj[i+1] - tj[i])$$

da nach dem Ende der Task Tj[i] noch genau n-i Tasks nicht fertig sind. Daraus folgt:

$$\hat{n} = (1/tM) * [\sum_{i=1}^{n} (n-i+1)*tj[i] - \sum_{i=1}^{n} (n-i)*tj[i]]$$

$$= (1/tM) * \sum_{i=1}^{n} tj[i] = (1/tM) * \sum_{i=1}^{n} ti = n * (\ell/tM)$$

oder, als Verhaeltnis-Gleichung:

$$\hat{n}/n = \ell/tM$$

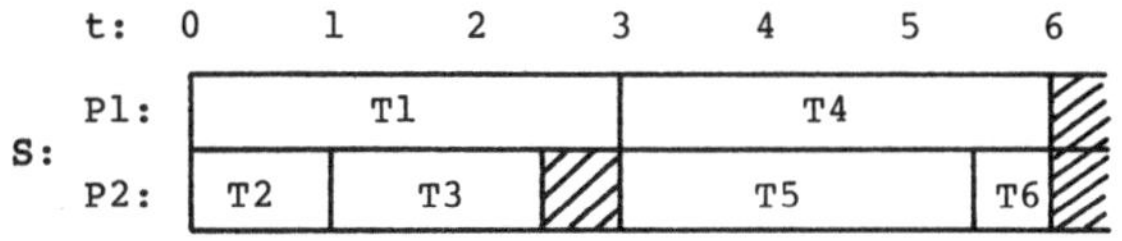

```
t:   0     1     2     3     4     5     6
```

$$t = \{ 1 + 2.5 + 3 + 5.5 + 6 + 6 \} / 6 = 4$$

$$\hat{n} = \{6*1+5*1.5+4*0.5+3*2.5+2*0.5\} / 6 = 4$$

Fig. 4-26 Zusammenhang zwischen t und $\hat{n}$

Dieses Ergebnis ist besonders wichtig, da es auch fuer dynamische Systeme, in denen Tasks hinzukommen und verschwinden, noch gilt; es ist daher auch fuer die im naechsten Abschnitt betrachteten Wahrscheinlichkeitsmodelle relevant, in denen es eine wichtige Eigenschaft statistischen Gleichgewichts beschreibt.

Falls man Scheduling nur fuer einen einzigen Prozessor betreibt, sind weder freie Zeiten noch Preemption notwendig oder sinnvoll, und tM ist konstant und gleich der Summe der Ausfuehrungszeiten. Man kann daher durch Minimierung von $\hat{n}$ die mittlere Verweilzeit t auf einen Minimalwert bringen und umgekehrt. Man kann hier nun einen effizienten Algorithmus zur Minimierung von $\hat{n}$ bzw. t angeben:

Algorithmus D: Sei Ci fuer $1 \leq i \leq r$ eine Menge voneinander unabhaengiger Taskketten Ti(1)...Ti(pi), wobei Ti(j) die Ausfuehrungszeit Ai(j) habe, und sei

$$n = \sum_{i=1}^{r} pi$$

die Gesamtanzahl der Tasks in allen Ketten.

1. Bestimme fuer jede Task

$$\hat{n}i(j) = (1/j) * \sum_{h=1}^{j} Ai(h)$$

und bestimme fuer jede Kette

$$zi(hi) = \min_{j} \{ \hat{n}i(j) \}$$

wobei hi der Index des Minimums sei.

2. Waehle eine Kette Ck mit $zk(hk) \leq zi(hi)$ fuer alle i und erweitere die Folge der schon zugeteilten Tasks um Tk(1)...Tk(hk).

3. Entferne die zugeteilten Tasks aus Ck und berechne zk(hk) neu.

4. Iteriere Schritte 2 und 3, bis alle Tasks verplant sind.

Dann gilt der

Satz: Die mittlere Verweilzeit fuer die vom Algorithmus D erzeugte Taskfolge ist minimal.

Falls die Taskketten aus nur jeweils einer einzigen Task bestehen, ergibt sich der folgende einfache Sonderfall:

Korollar: Fuer eine Menge unabhaengiger Tasks wird die mittlere Verweilzeit minimal, wenn die Tasks in der Reihenfolge wachsender Abarbeitungszeiten angeordnet werden.

Man bezeichnet dieses Verfahren daher als SPT-Scheduling ("shortest processing time"); dieses Optimierungsverfahren ist also dem LPT-Scheduling genau entgegengesetzt, was auf die Unvertraeglichkeit der verfolgten Optimierungsziele hinweist. Fuer den Fall unabhaengiger Tasks laesst sich SPT-Scheduling in naheliegender Weise auf den Fall mehrerer Prozessoren erweitern.

4.3 WAHRSCHEINLICHKEITS-MODELLE

4.3.1 Warteschlangen

Da die Anforderungen an einen Rechner im allgemeinen in unregelmaessiger und in Einzelheiten nicht vorhersehbarer Weise variieren, geben Wahrscheinlichkeits-Modelle meist realistischere Aussagen als deterministische Modelle des Scheduling-Vorganges. Da Anforderungen, die nicht sofort bearbeitet werden koennen, ueblicherweise in Warteschlangen gehalten werden, beschreiben Wahrscheinlichkeits-Modelle von Rechnern im wesentlichen das Verhalten von Eintraegen in Mengen von Warteschlangen.

Die Hauptbestandteile eines solchen Warteschlangen-Modells sind:

- eine Quelle ("source"), aus der Anforderungen an das System kommen ("arrivals")

- eine (oder mehrere) Warteschlange(n) zur Zwischenpufferung nicht bearbeiteter Auftraege ("queue(s)")

- einer Instanz, die die Auftraege abarbeitet ("server").

Ein einfaches Warteschlangen-Modell hat daher folgenden Aufbau:

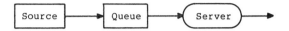

Fig. 4-27 Ein Warteschlangen-Modell

Will man Scheduling mit Preemption beschreiben, so muss vom Server ein Weg zurueck in dieselbe (oder eine andere) Eingangswarteschlange fuehren:

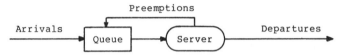

Fig. 4-28 Warteschlangen-Modell mit Preemption

Um Aussagen ueber das Verhalten solcher Systeme machen zu koennen, muessen zwei Eigenschaften der Auftraege bekannt sein:

- die Wahrscheinlichkeitsverteilung fuer das Eintreffen der Auftraege ("arrival process")

- die Wahrscheinlichkeitsverteilung der von den Auftraegen benoetigten Rechenzeiten ("service times")

Fuer die Ankunftszeiten kann man statistische Unabhaengigkeit voneinander und von der aktuellen Zeit annehmen, das heisst, fuer ein hinreichend kurzes Zeitintervall Dt gelte - unabhaengig von t und allen Ereignissen in anderen Zeitintervallen (wobei Pr[...] die Wahrscheinlichkeit eines Ereignisses "..." bezeichnet):

$$Pr[\text{ ein Auftrag in } (t,t+Dt)] = a*Dt + o(Dt)$$

$$Pr[\text{ kein Auftrag in } (t,t+Dt)] = 1 - a*Dt + o(Dt)$$

Sei nun fuer ein beliebiges t0 mit C(t) die Wahrscheinlichkeit bezeichnet, dass der naechste Auftrag erst nach der Zeit t0+t eintrifft, zu einer Zeit x > t0+t also. Sei z := x - t0, dann gilt:

$$C(t+Dt) = Pr[z > t+Dt]$$

$$= Pr[z > t] * Pr[\text{ kein Auftrag in } (t,t+Dt)]$$

$$= C(t) * [1 - a*Dt + o(Dt)]$$

Laesst man hier nun Dt gegen 0 gehen, so ergibt sich die Differentialgleichung:

$$dC(t)/dt = - a * C(t)$$

Mit der Randbedingung C(0) = 1 lautet die Loesung dieser

Gleichung:

$$C(t) = \exp(-at)$$

unabhaengig von t0. Die Wahrscheinlichkeit fuer das Eintreffen des naechsten Auftrags innerhalb der naechsten t Zeiteinheiten ist daher:

$$A(t) = 1 - C(t) = 1 - \exp(-at)$$

mit einer Dichtefunktion

$$a(t) = a * \exp(-at)$$

einem Erwartungwert

$$E(T) = 1/a$$

und einer Varianz

$$Var(T) = E(T^2) - E^2(T) = 1/(a^2)$$

Durch Aufteilen eines laengeren Intervalls in Teilintervalle und Betrachtung aller moeglichen Kombinationen fuer die Verteilung der Ankunftszeiten auf diese Teilintervalle erhaelt man [10]:

$$\Pr[\ n\ \text{Auftraege in einem Intervall der Laenge T }]$$

$$= (a*T)^n *\ \exp(-aT)\ /\ n!$$

Man bezeichnet den Parameter a als die Ankunftsrate ("arrival rate"), die Verteilung selbst als Poisson-Verteilung. Die wesentlichsten Eigenschaften dieser Verteilung sind:

- die Unabhaengigkeit vom Ursprung der Zeitmessung ("kein Gedaechtnis")

- die Unabhaengigkeit der Auftraege voneinander

- die zeitliche Konstanz der Ankunftsrate

- die Additivitaet voneinander unabhaengiger Poisson-Prozesse ($a = \sum ai$)

- die Moeglichkeit der Verteilung eines Poisson-Prozesses gegebener Ankunftsrate a auf eine Menge von Poisson-Prozessen nach einer Menge {pi} von Wahrscheinlichkeiten; die einzelnen Poisson-Prozesse haben dann die Raten ai = a*pi.

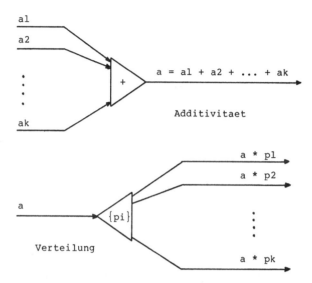

Fig. 4-29 Kombination von Poisson-Prozessen

Additivitaet und Zerlegbarkeit von Poisson-Prozessen spielen eine besondere Rolle fuer die Einteilung eintreffender Auftraege in Klassen und die Verteilung parallel bearbeitbarer Auftraege auf mehrere Prozessoren.

Fuer die Verteilung der Rechenzeit-Anforderungen kann man im Prinzip eine beliebige Verteilungsfunktion $B(t)$ annehmen. In der Praxis spielt auch hier eine Verteilung

$$B(t) = 1 - \exp(-bt)$$

also eine Poisson-Verteilung mit einer Anforderungsrate ("service rate") b wegen ihrer Unabhaengigkeit vom zeitlichen Ursprung eine besondere Rolle: Die noch zu erwartende Anforderung an Rechenzeit ist hier unabhaengig von der bereits erhaltenen Rechenzeit. Diese Eigenschaft macht die Poisson-Verteilung gut geeignet zur Modellierung von Situationen, in denen der echte Rechenzeit-Bedarf im voraus nicht bekannt ist. Erwartungswert und Varianz der Rechenzeit-Anforderung ergeben sich als

$$E(Ts) = 1/b \quad \text{und} \quad Var(Ts) = 1/(b^2)$$

Ziel der folgenden Ueberlegungen ist es, aus den bekannten (bzw. als bekannt angenommenen) Verteilungsfunktionen $A(t)$ und $B(t)$ Aussagen ueber

- die Verteilungsfunktion fuer die Anzahl der Benutzer im
  System

- die Verteilungsfunktion   fuer   die   Wartezeiten   der
  einzelnen Anforderungen

- die Verteilungsfunktion fuer die Laengen der Zeiten, die
  ein Prozessor belegt ist

zu finden.

Wahrend eine Beschreibung der Gesamtdynamik solcher Systeme
oft sehr schwierig oder sogar undurchfuehrbar ist, lassen sich
Aussagen ueber den   Fall   statistischen   Gleichgewichts   mit
vertretbarem Aufwand machen.

4.3.2 Das M/M/1-System

Von grundlegender Bedeutung fuer das Verstaendnis der Warte-
schlangenmodelle ist das sogenannte M/M/1-System, bei dem "M" fuer
Markov-Verteilung (=   Poisson-Verteilung)   fuer   Ankunft   und
Anforderung und "1" fuer die Anzahl der Server steht.

Sei fuer t $\geq$ 0 : X(t) die Anzahl der Jobs im System (sowohl
wartend als auch in Bedienung). Da die Uebergaenge X(t) --> X(t')
fuer t' > t von den Verteilungsfunktionen A(t) und B(t) bestimmt
werden, bezeichnet man X(t)   als stochastischen oder Zufalls-
Prozess. Es soll nun die Verteilung

p[n](t) := Pr[X(t)=n] fuer t > 0 und n = 0,1,2,...

unter den Randbedingungen

p[n](0) = 1 fuer X(0) = n, 0 sonst

bestimmt werden. Dazu bestimmt man die Uebergangswahrscheinlich-
keiten fuer X(t) --> X(t+Dt) fuer hinreichend kleines Dt aus den
Eigenschaften der Poisson-Verteilungen A(t) und B(t) (unter
Vernachlaessigung aller Terme o(Dt)):

Pr[X(t+Dt)=X(t)+1] = Pr[1 eintreffender, 0 beendete Jobs in Dt]
  = [a*Dt+o(Dt)] * [1-b*Dt+o(Dt)] = a*Dt + o(Dt)

Pr[X(t+Dt)=X(t)] = Pr[0 eintreffende, 0 beendete Jobs in Dt]
  = [1-a*Dt+o(Dt)] * [1-b*Dt+o(Dt)] = 1 - (a+b)*Dt + o(Dt)

Pr[X(t+Dt)=X(t)-1] = Pr[0 eintreffende, 1 beendeter Job in Dt]
  = [1-a*Dt+o(Dt)] * [b*Dt+o(Dt)] = b*Dt + o(Dt)

$$\text{==> } p[n](t+Dt) = p[n](t) * [1 - (a+b)*Dt + o(Dt)]$$
$$+ p[n+1](t) * [b*Dt + o(Dt)]$$
$$+ p[n-1](t) * [a*Dt + o(Dt)]$$

$$\text{==> } p[n]'(t) = dp[n](t)/dt = \lim_{Dt \to 0} \{(p[n](t+Dt) - p[n](t)) / Dt\}$$

$$= b*p[n+1](t) - (a+b)*p[n](t) + a*p[n-1](t)$$

Fuer n = 0, also X(t) = 0, gibt es keine zu beendenden Jobs, so dass der Term b*p[0](t) weggelassen werden kann, was zu folgender Gleichung fuehrt:

$$p[0]'(t) = b*p[1](t) - a*p[0](t)$$

Zusammen mit der Normierungsbedingung

$$\sum_{n=0}^{\infty} p[n](t) = 1$$

beschreiben diese als "birth-and-death-equations" bekannten Gleichungen das Verhalten des M/M/1-Systems vollstaendig. Eine Loesung dieses Gleichungssystems ist nur schwierig zu erhalten und dazu noch schwer zu interpretieren.

Daher sollen hier nur die Gleichungen fuer statistisches Gleichgewicht (t $\longrightarrow \infty$) betrachtet werden. Sei

$$p[n] := \lim_{t \to \infty} p[n](t)$$

Wegen

$$\lim_{t \to \infty} p[n]'(t) = 0$$

gilt

$$b*p[n+1] - (a+b)*p[n] + a*p[n-1] = 0 \text{ fuer } n > 0$$

$$b*p[1] - a*p[0] = 0$$

Dies sind Gleichgewichts-Gleichungen, die verlangen, dass in einen Zustand n im Mittel ebensoviele Uebergaenge erfolgen wie aus diesem Zustand heraus. Mit

$$r := a / b$$

ergibt sich

$$p[n] = r^n * p[0] \quad \text{fuer } n \geq 0$$

Die Normierungsbedingung fuer die p[n] ergibt

$$1 = \sum_{n=0}^{\infty} p[n] = p[0] * \sum_{n=0}^{\infty} r^n = p[0] * 1/(1-r)$$

Daraus folgt schliesslich:

$$p[n] = (1-r) * r^n$$

Da die geometrische Reihe nur fuer $r < 1$ konvergiert, kann ein Gleichgewicht nur fuer $a < b$ erreicht werden. Dies laesst eine anschauliche Interpretation von r zu:

Die mittlere Anzahl der in einem Zeitintervall T ankommenden Jobs ist aT. Da jeder Job im Mittel die Rechenzeit E(Ts) = 1/b braucht, ist die gesamte in T benoetigte Rechenzeit aT * 1/b = rT, so dass r den Auslastungsgrad ("utilistaion factor" oder auch "traffic intensity") des Servers angibt. Fuer die mittlere Anzahl der Jobs im System und ihre Varianz ergibt sich:

$$\hat{n} = E(n) = r/(1-r)$$

$$Var(n) = r/(1-r)^2$$

Diese Resultate sind auf alle Scheduling-Verfahren anwendbar, die Jobs nicht nach vorher bekannten Ausfuehrungszeiten sortieren.

Verzichtet man auf die Annahme einer Poisson-Verteilung fuer die Anforderungen, so kommt man zu den allgemeineren M/G/1-Systemen ("G" steht fuer "general"), bzw. bei mehreren Servern zu M/G/n-Systemen. Die mathematische Behandlung dieser Systeme wird zunehmend schwieriger, ebenso die Interpretation der Ergebnisse einer Analyse. Daher sollen im folgenden nur fuer spezielle Verfahren die Ergebnisse solcher Analysen betrachtet werden. Hier interessiert insbesondere das Verhalten zweier Groessen:

- der mittleren Reaktionszeit U eines Jobs von seinem Eintritt in das System bis zu seiner voelligen Beendigung;

- der Varianz V dieser Reaktionszeit.

Dabei ist (unabhaengig vom Scheduling-Verfahren) die mittlere Reaktionszeit U mit der mittleren Anzahl $\hat{n}$ von Jobs im System durch die folgende Gleichung, bekannt als "Little's Resultat" [10], verknuepft:

$$\hat{n} = a * U$$

Diese Gleichung beschreibt die Tatsache, dass im Gleichgewicht ein neu ankommender Job ebensoviele Jobs im System vorfindet ($\hat{n}$), wie er bei seiner Beendigung zuruecklaesst (a*U). Angewendet auf die Wartezeit W in der Warteschlange (vor Beginn der Bearbeitung) und die mittlere Laenge $\hat{n}q$ der Warteschlange lautet Little's Resultat:

$$\hat{n}q = a * W$$

Ebenso laesst sich diese Gleichung auf eine Situation anwenden, in der die Jobs auf mehrere Warteschlangen verteilt sind; die Gleichung gilt dann fuer jede Warteschlange separat.

4.3.3 Scheduling-Verfahren

Die verschiedenen Scheduling-Verfahren lassen sich unterscheiden:

- nach dem Verfahren der Prioritaetszuteilung an konkurrierende Bewerber

- in statische/dynamische Prioritaetsvergabe

- in Verfahren mit/ohne Preemption

Fuer die einzelnen Verfahren sollen nun die wesentlichen Ergebnisse statistischer Analysen angegeben werden; diese Ergebnisse sind weitgehend der Uebersicht in [29] entnommen:

4.3.3.1 First-Come-First-Serve (FCFS) - In diesem, auch als FIFO (First-In-First-Out) bezeichneten Verfahren werden die einzelnen Benutzer in der Reihenfolge ihrer Anforderungen bedient, und zwar ohne Preemption bis zur Beendigung ihres Jobs. Es gilt:

$$W[FCFS] = a*E(Ts^2)/\{2*(1-r)\}$$

$$V[FCFS] = a*E(Ts^3)/\{3*(1-r)\} + \{a*E(Ts^2)\}^2/\{4*(1-r)^2\}$$

mit $r = a*E(Ts)$ und $E(Ts^n) := \int_0^\infty t^n dB(t)$ (als Moment n-ter Ordnung). Nimmt man fuer die angeforderten Rechenzeiten eine Poisson-Verteilung

$$B(t) = 1 - \exp(-bt)$$

an, so folgt $r = a/b$ und

$$W[FCFS] = a / \{b^2*(1-r)\} = \{1/b\} * \{r/(1-r)\}$$

$$U[FCFS] = W[FCFS] + 1/b = \{1/b\} * \{1/(1-r)\}$$

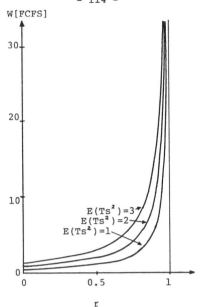

Fig. 4-30 Mittlere Wartezeit fuer FCFS-Scheduling

Anmerkungen: Fuer r ⟶ 1 gehen W[FCFS] und V[FCFS] gegen unendlich. Wegen Var(Ts) = $E(Ts^2) - E^2(Ts)$ ist bei festem E(Ts) die Wartezeit W[FCFS] proportional zu $E(Ts^2)$; sie waechst also linear mit der Varianz der angeforderten Rechenzeiten. Dies bedeutet, dass die Streuung der Rechenzeiten fuer die Wartezeiten verantwortlich ist!

4.3.3.2 Shortest-Job-First (SJF) - Hier wird jeweils der Auftrag mit der kuerzesten Rechenzeit als naechster gerechnet, und zwar ohne Preemption. Dieses Verfahren setzt also a-priori-Kenntnis der Rechenzeiten voraus. Hier gilt:

$$W[SJF] = a*E(Ts^2)/\{2*(1-r(t))^2\} \text{ mit } r(t) = a*\int_0^t x\, dB(x)$$

abhaengig von der Rechenzeit t der betrachteten Benutzer. Fuer kleines t ist r(t) << 1, also

$$W[SJF](t) \approx a*E(Ts^2)/2 < W[FCFS]$$

Fuer grosses t ist dagegen r(t) ≈ a*E(Ts) konstant und damit

$$W[SJF](t) \approx a*E(Ts^2)/\{2*(1-r)^2\} > W[FCFS]$$

Hier werden also kurze Jobs schneller behandelt, waehrend lange Jobs, besonders fuer r nahe 1, lange Wartezeiten in Kauf nehmen muessen.

Beispiel: Sei a = 2 und

B(t) = p*[1-exp(-b1*t)] + (1-p)*[1-exp(-b2*t)]

eine hyperexponentielle Verteilung mit dem Mittelwert p/b1 + (1-p)/b2. Fuer p = 0.6, b1 = 10 und b2 = 1 hat man dann folgende Wartezeiten:

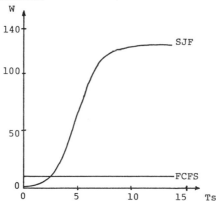

Fig. 4-31 Vergleich der FCFS- und SJF-Wartezeiten

Fuer die Varianz der Wartezeiten gilt:

$$\lim_{t\to\infty} V[SJF](t) = \{a*E(Ts^2)\}^2/\{2*(1-r)^3\} + V[FCFS]/\{(1-r)^2\}$$

$$> V[FCFS] \quad (>> V[FCFS] \text{ fuer } r \longrightarrow 1).$$

4.3.3.3 Shortest-Remaining-Time (SRT)

- Wendet man beim SJF-Verfahren Preemption an, so muss jederzeit der Job gerechnet werden, der die geringste verbleibende Restrechenzeit hat (SRT-Scheduling), was zu Preemption beim Eintreffen neuer Jobs fuehren kann, wenn diese eine kuerzere (Rest-)Rechenzeit als der gerade bearbeitete Job haben. Mittelwert und Varianz der Wartezeiten verhalten sich hier noch extremer als bei SJF-Scheduling, und die mittlere Wartezeit aller Benutzer ist noch kleiner; es laesst sich sogar zeigen, dass diese Groesse beim SRT-Verfahren minimisiert wird.

4.3.3.4 Externe Prioritaeten

- Hier werden die ankommenden Jobs in Prioritaetsklassen 1,...,K (mit abnehmender Prioritaet) eingeteilt, wobei die Ankunftsverteilung fuer jede Klasse i einer Poisson-Verteilung mit einer eigenen Ankunftsrate ai entspricht:

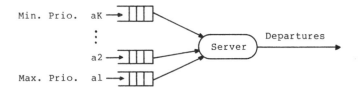

Fig. 4-32 Warteschlangen-Modell mit externen Prioritaeten

Ohne Preemption werden jeweils die Jobs derjenigen Warteschlange, die von allen nicht leeren Warteschlangen die hoechste Prioritaet hat, in FCFS-Reihenfolge abgearbeitet; mit Preemption kann ein neu eintreffender Job hoeherer Prioritaet den aktuellen Job unterbrechen. Die mittlere Reaktionszeit fuer Jobs der Klasse k ist (ohne Preemption) [10]:

$$Uk = \{ \sum_{i=1}^{K} ai*E(Tsi^2) \} \ / \ \{ 2*[1-\sum_{i=1}^{k-1} ri]*[1-\sum_{i=1}^{k} ri] \} \quad \text{mit ri = ai*E(Tsi)}$$

Die mittlere Reaktionszeit aller Jobs ist:

$$U = \sum_{k=1}^{K} (ak/a)*Uk \quad \text{mit } a = \sum_{k=1}^{K} ak \text{ und } r = \sum_{k=1}^{K} rk < 1.$$

Weist man hier die Prioritaeten so zu, dass E(Ts1) <...< E(TsK) gilt, so wird die mittlere Wartezeit aller Benutzer minimisiert.

4.3.3.5 Dynamische Prioritaeten - Die Verwendung dynamischer Prioritaeten soll zunaechst an einem Beispiel demonstriert werden:

Beispiel: Sei Ts = 1 mit einer Wahrscheinlichkeit p[1] = 0.5 und Ts = 10 mit p[10] = 0.5. Eine Strategie zur Minimisierung der Wartezeit ueber ein SJF-Verfahren, bei dem aber die Anforderungen an Rechenzeit im voraus nicht bekannt sind, koennte so aussehen:

- Ein neu eintreffender Job erhaelt zunaechst hohe Prioritaet und eine Sekunde Rechenzeit.

- Ist der Job nach einer Sekunde noch nicht fertig, so wird er einer Preemption unterworfen und in eine niedrige Prioritaet eingeordnet.

Charakteristisch fuer ein solches Scheduling-Verfahren ist, dass die Prioritaet der einzelnen Jobs sich veraendern und damit neuen Betriebsbedingungen anpassen kann. Eine wichtige Anwendung hierfuer ist das sogenannte "Deadline-Scheduling", bei dem erreicht werden soll, dass ein gegebener Job zu einer bestimmten Zeit td fertig ist. Eine moegliche Strategie zur Einhaltung dieser Vorgaben ist ein Scheduling nach Prioritaeten, die umso hoeher sind, je naeher td ist und je mehr Rechenzeit dieser Job noch aufzunehmen hat, und die sich diesem Kriterium entsprechend dynamisch aendern.

Es sollen nun in den folgenden Abschnitten eine Reihe solcher Verfahren betrachtet und verglichen werden:

4.3.3.6 Round-Robin (RR) und Processor-Sharing (PS) - Bei Round-Robin-Scheduling erhaelt jeder Job ein bestimmtes Quantum Q an Rechenzeit; wird er waehrend dieser Zeit fertig, so verlaesst er das System; andernfalls erfolgt Preemption, und er wird wieder am Anfang der Warteschlange fuer ein neues Quantum eingereiht.

Nimmt man fuer die Preemption vernachlaessigbaren Overhead an, so kann man $Q \longrightarrow 0$ gehen lassen und erhaelt im Grenzwert PS-Scheduling.

Falls die Wahrscheinlichkeit, dass ein Job k Quanten benoetigt, durch eine geometrische Verteilung

$$gk = \Pr[(k-1)*Q < Ts \leq K*Q] = \tilde{s}^{k-1} * (1-\tilde{s}) \quad \text{fuer } 0 < \tilde{s} < 1$$

(das diskrete Gegenstueck zur Poisson-Verteilung) gegeben ist, so gilt fuer die Reaktionszeit der Jobs, die k Quanten brauchen [10]:

$$Uk = U1+(k-1)*Q/(1-r) + Q*\{a*U1 + \tilde{s}*\hat{n} - r/(1-r)\}*(1-\tilde{a}^{k-1})/(1-\tilde{a})$$

mit

$$U1 = \{(1-r)/2\} * Q + \hat{n} * Q$$

$$\hat{n} = r + \{(1-\tilde{s})*r^2\}/\{2*(1-r)\}$$

$$\tilde{a} = a*Q + \tilde{s}$$

$$r = a*Q / (1-\tilde{s})$$

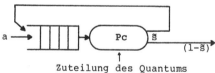

Zuteilung des Quantums

Fig. 4-33 Das Round-Robin-System

Setzt man hier t := k*Q und laesst $Q \longrightarrow 0$ gehen, so verschwindet nur der zweite Summand von Uk nicht, so dass die reine Wartezeit in der Warteschlange vor der Verarbeitung

$$W[PS](t) = U(t) - t = t/(1-r) - t = r*t/(1-r)$$

und ihre Varianz

$$V[PS](t) = \{2*r*E(Ts)*t\}/\{(1-r)^3\}$$
$$- \{2*r*E(Ts^2)\}/\{(1-r)^4\} * \{1 - \exp(-(1-r)*E(Ts))\}$$

wird. Die Gesamtverweilzeit U(t) im System ist direkt proportional zu der benoetigten Rechenzeit mit dem Faktor 1/(1-r), so
dass jeder Job einen Server der Kapaziatet 1-r sieht. Als
mittlere Wartezeit erhaelt man

$$W[PS] = \int_0^\infty W[PS](t)dB(t) = r * E(Ts)/(1-r)$$

Damit gilt $W[PS] < W[FCFS]$ genau dann, wenn $Var(Ts) > E^2(Ts)$
ist. Dies bedeutet, dass PS- und RR-Scheduling nur bei grosser
Varianz kuerzere Wartezeiten als FCFS-Scheduling ergibt, da es
kuerzere Jobs favorisiert.

Das naechste Diagramm zeigt die mittleren Wartezeiten fuer
die beiden Extremfaelle des RR-Scheduling, naemlich PS fuer Q = 0
und FCFS fuer Q ⟶ ∞ :

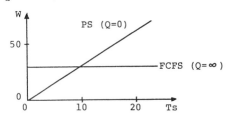

Fig. 4-34 Mittlere Wartezeit fuer PS- und FCFS-Scheduling

Waehrend auch die Varianz fuer FCFS konstant ist, waechst sie
fuer PS mit der angeforderten Rechenzeit:

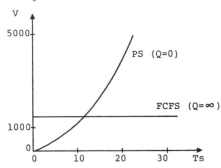

Fig. 4-35 Varianz der Wartezeit fuer PS- und FCFS-Scheduling

Echtes RR-Scheduling liegt zwischen diesen Extremen: die
Wartezeit waechst stufenweise mit der Anzahl der benoetigten
Quanten:

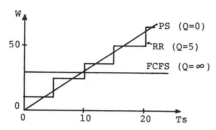

Fig. 4-36 Vergleich der Wartezeit fuer RR mit PS und FCFS

Wenn man die Anzahl der aufzunehmenden Jobs begrenzen will, kann man beim RR-Scheduling die Warteschlange durch eine Trennlinie in zwei Teile zerteilen [29]; RR-Scheduling erfolgt nur im rechten Teil der Warteschlange, waehrend neue Jobs links eingefuegt werden:

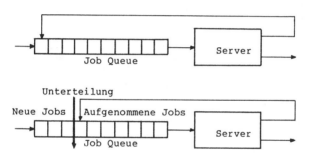

Fig. 4-37 Modifikation des RR-Scheduling

Neue Jobs werden nur aufgenommen, wenn ihre Prioritaet durch Warten soweit angewachsen ist, dass sie die der schon aufgenommenen Jobs erreicht hat, die alle auf derselben Prioritaet gehalten werden. Diese neuen Jobs werden durch Verschieben der Trennlinie in die Bearbeitung aufgenommen. Bei linearem Prioritaetsanwachsen laesst sich dies folgendermassen verdeutlichen:

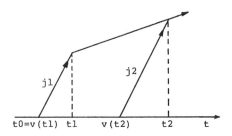

Fig. 4-38 Prioritaet neuer und aufgenommener Jobs

Durch geeignete Wahl der Prioritaetsfunktion laesst sich mit diesem Verfahren sowohl RR- als auch FCFS-Scheduling realisieren [29]. Man bezeichnet das hier beschriebene Verfahren als SRR-Scheduling ("selfish round robin"); es steht zwischen RR- und FCFS-Scheduling in seinem Verhalten.

4.3.3.7 Highest-Response-Ratio-Next (HRN) - Dieses Verfahren versucht, ohne Preemption jedem Job einen Server der Kapazitaet $1/C$ in der Weise zu geben, dass versucht wird, das Reaktionsverhaeltnis

$$C = \{W[HRN](t)+t\} \ / \ t = U[HRN](t) \ / \ t$$

dadurch konstant zu halten, dass jedem Job als Prioritaet dieses Verhaeltnis (mit $W(t)$ = aktuelle Wartezeit, $t = Ts$) zugeordnet wird. Damit haben kurze Jobs hohe Prioritaet, aber lange Jobs werden nicht so stark verzoegert wie bei SJF-Scheduling. Eine echte Analyse dieses Verfahrens wurde noch nicht gemacht, aber eine gute Approximation ist gegeben durch [29]:

$$W[HRN](t) = a*E(Ts^2)/2 + \{r^2/[2*(1-r)]\}*t$$

$$\text{fuer } t \leq a*E(Ts^2)/r$$

$$W[HRN](t) = a*E(Ts^2) \ / \ \{2*(1-r)*[1-r+a*E(Ts^2)/t]\}$$

$$\text{fuer } t > a*E(Ts^2)/r$$

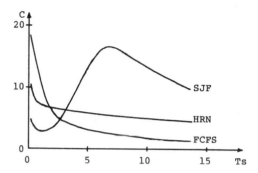

Fig. 4-39 Reaktionsverhaeltnis bei FCFS-, SJF- und HRN-Scheduling

4.3.3.8 Shortest-Elapsed-Time (SET) - Eine andere Moeglichkeit, kurze Jobs bevorzugt zu behandeln, verbindet RR-Scheduling mit Warteschlangen verschiedener Prioritaet: Ein neuer Job wird in die Warteschlange hoechster Prioritaet eingeordnet und erhaelt hier ein Quantum; ist er dann noch nicht fertig, so erhaelt er ein Quantum der naechst niedrigeren Prioritaet. Die niedrigste Prioritaet wird im RR-Verfahren abgearbeitet:

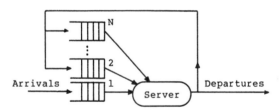

Fig. 4-40 Prioritaets-gesteuertes Warteschlangen-Modell

Der Prozessor wird dabei jeweils der hoechsten nicht-leeren Prioritaet zugewiesen.

Dieses Verfahren beguenstigt kurze Jobs staerker als das RR-Verfahren, auf Kosten laengerer Jobs. Fuer die Reaktionszeiten der Jobs, die k Quanten benoetigen, ergibt sich, analog zu dem Ergebnis fuer RR-Scheduling [10]:

$$U_k = a * \left\{ E[k](S^2) + Q^2 * \sum_{i=k}^{\infty} (1-G(i)) \right\} / \left\{ 2 * [1-a*E[k-1](S)] * [1-a*E[k](S)] \right\}$$

$$+ (k-1)*Q / \{1-a*E[k-1](S)\} + Q$$

Wk = Uk - k*Q

$$= a*[E[k](S^2)+Q^2*\sum_{i=k}^{\infty}(1-G(i))]\}/\{2*[1-a*E[k-1](S)]*[1-a*E[k](S)]\}$$

$$+ \{a*E[k-1](S)*(k-1)*Q\}/\{1-a*E[k-1](S)\}$$

mit

$$G(i) = \sum_{j=1}^{i} gj = \sum_{j=1}^{i} [\check{s}^{j-1}*(1-\check{s})] = 1-\check{s}^{i}$$

$$E[k](S) = \sum_{i=1}^{k} (i*Q)*gi + k*Q*[1-G(k)]$$

$$E[k](S^2) = \sum_{i=1}^{k} (i*Q)^2*gi + (k*Q)^2*[1-G(k)]$$

4.3.3.9 Shortest-Attained-Service-First (SASF) - Laesst man im SET-Verfahren Q $\longrightarrow$ 0 gehen, so erhaelt man als Analogon zum PS-Scheduling das SASF-Verfahren, das ein aehnliches Verhalten wie das SET-Verfahren zeigt:

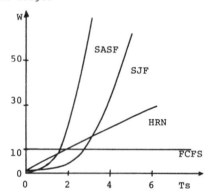

Fig. 4-41 Wartezeiten fuer FCFS-, SJF-, SASF- und HRN-Scheduling

Die Reaktionszeit ergibt sich hier als:

$$U(t) = \{(a/2)*\int_0^{\infty} x^2 dB(x)\} / \{1-a*\int_0^t x dB(x)-a*t*[1-B(t)]\}$$
$$+ t / \{1-a*\int_0^t x dB(x)-a*t*[1-B(t)]\}$$

4.3.3.10 Strategie-Kurven - Scheduling-Strategien lassen sich
direkt in Scheduling-Verfahren uebersetzen, wenn man eine Funktion
f(t) vorgibt, die bestimmt, wieviel Rechenzeit ein Job, der t
Zeiteinheiten im System ist, erhalten haben sollte. Durch
Vergleich der tatsaechlich erhaltenen Rechenzeit R(t) mit der
Vorgabe f(t) kann der Scheduler entscheiden, welche Jobs
"kritisch" sind, also weniger erhalten haben, als ihnen zusteht,
und diesen dann weitere Rechenzeit zuweisen. Die Prioritaet der
einzelnen Jobs haengt daher davon ab, wie weit sie vor oder hinter
der Vorgabe liegen:

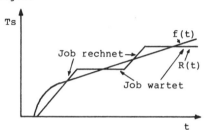

Fig. 4-42 Strategie-Kurve und Fortschritt eines Jobs

Ein einfacher Ansatz fuer die Prioritaet waere

f(t) - R(t),

doch wuerde dies dauernde Neuberechnung der Prioritaeten erfordern
und damit zu hohen Aufwand verursachen. Ein einfacheres Verfahren
geht davon aus, dass ein Job, der t Zeiteinheiten im System ist
und in dieser Zeit r Zeiteinheiten Rechenzeit aufgenommen hat,
diese Rechenzeit in F(r) Zeiteinheiten erhalten haben sollte,
wobei F die Umkehrfunktion von f ist. Daher kann man als seine
Prioritaet

t - F(r)

ansetzen, ein Ausdruck, der genau dann > 0 ist, wenn der Job
kritisch ist. Man assoziiert daher mit jedem Job drei Groessen:

- die Ankunftszeit a des Jobs

- die schon erhaltene Rechenzeit r

- die Zeit CT, zu der der Job die Rechenzeit r erhalten
  haben sollte ("kritische Zeit")

Es gilt

CT = a + F(r);

und nur fuer Jobs, die Rechenzeit erhalten haben, aendern sich r
und CT, waehrend a konstant ist; nach Erhalt eines Quantums Q
gilt:

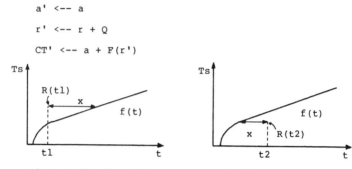

```
a' <-- a

r' <-- r + Q

CT' <-- a + F(r')
```

nicht-kritischer Job
Prioritaet = -x

kritischer Job
Prioritaet = x

Fig. 4-43 Prioritaeten kritischer und unkritischer Jobs

Um zu vermeiden, dass bei geringer Systemlast Jobs, die vor ihrer Vorgabe liegen, Preemption erleiden, ohne dass ein kritischer Job dies noetig machte, und dass bei hoher Systemlast Jobs, die hinter ihrer Vorgabe liegen, schon vor Verlassen des kritischen Gebietes Preemption erleiden, empfiehlt sich die folgende Regel fuer das Vorgehen beim Scheduling:

    o Falls der Job, der gerade ein Quantum erhalten hat, hinter seiner Vorgabe liegt, oder

    o falls der Job hoechster Prioritaet vor seiner Vorgabe liegt, dann

  - weise dem zuletzt bearbeiteten Job ein weiteres Quantum zu.

  - Weise in allen anderen Faellen das naechste Quantum dem Job mit der hoechsten Prioritaet zu.

Dieses Scheduling-Verfahren laesst sich auf verschiedene Weise verfeinern und verallgemeinern:

  - durch Einbezug weiterer Betriebsmittel in die Entscheidung; hier ist statt der Rechenzeit ein gewichtetes Mittel der betrachteten Betriebsmittel als Grundlage fuer die Strategie-Kurve einzusetzen;

  - durch Verwendung verschiedener Strategie-Kurven fuer verschiedene Klassen von Jobs, etwa Batch/Timesharing:

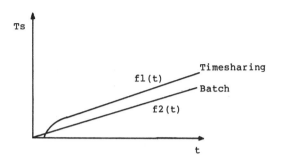

Fig. 4-44 Strategie-Kurven fuer Batch und Timesharing

- durch Einbeziehung des Unterschieds zwischen residenten
  und ausgelagerten Jobs, etwa in folgender Weise:

  o Ein Job, der auf Terminal-Eingabe wartet, erhaelt
    generell minimale Prioritaet.

  o Ein kritischer Job kann nicht ausgelagert werden.

  o Ein ausgelagerter, nicht-kritischer Job kann keinen
    residenten Job verdraengen.

  o Ein ausgelagerter kritischer Job verdraengt einen
    residenten nicht-kritischen Job.

Vergleiche strategiegesteuerten Schedulings mit RR-Scheduling
zeigten eine Reduktion der mittleren Wartezeiten gegenueber dem
RR-Verfahren [29].

4.3.4 Scheduling von Timesharing-Systemen

Bei Timesharing-Systemen bilden sich durch die oft sehr
langen Wartezeiten fuer Terminal-Eingaben verschiedene Klassen,
zwischen denen die Jobs dynamisch wechseln:

- rechnend

- wartend auf Betriebsmittel

- wartend auf Terminal-Eingabe

In ein Scheduling-Modell dieser Systeme sollte daher zweckmaessigerweise dieser Unterschied im Aktivitaetsgrad der Jobs
aufgenommen werden:

Terminal Queues

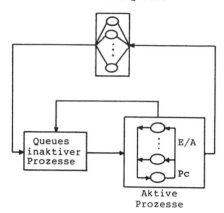

Fig. 4-45 Modell eines Timesharing-Systems

Man kann fuer solche Systeme relativ einfach die Reaktions-
zeit U auf eine Eingabe bestimmen, wenn man annimmt, dass das
System N Benutzer bedient, von denen jeder im Mittel E(Tw)
Zeiteinheiten bis zu seiner naechsten Anforderung einer Rechenzeit
E(Ts) wartet. Unter einer (relativ hohen) Auslastung r des
Rechners werden Anforderungen in einer Rate

$$b = r \: / \: E(Ts)$$

erfuellt, waehrend N Benutzer zusammen zu einer Ankunftsrate

$$a = N \: / \: \{ \: U + E(Tw) \: \}$$

fuehren. Da bei hoher Systemlast $a \approx b$ angenommen werden kann,
gilt fuer die Reaktionszeit bei hoher Last als asymptotisches
Verhalten:

$$U = N*E(Ts)/r - E(Tw)$$

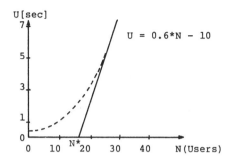

Fig. 4-46 Asymptotische mittlere Reaktionszeit

Fuer

$$N \gtrsim N^* := r * E(Tw)/E(Ts)$$

waechst U etwa linear mit dem Faktor $E(Ts)/r$, so dass N^* als "Saettigungspunkt" des Systems bezeichnet werden kann. Geht man von einem RR-Scheduling-Verfahren aus, dessen Quantum Q so gewaehlt wurde, dass kurze Anforderungen innerhalb eines Quantums abgearbeitet werden koennen, so gilt fuer die mittlere Reaktionszeit auf solche interaktiven Anforderungen

$$Ui = ñ * q̂ / r$$

wobei $q̂ < Q$ die mittere von diesen Anforderungen benoetigte Rechenzeit bezeichnet. Nach Little's Resultat gilt fuer die Anzahl ñ unbearbeiteter Anforderungen

$$a * U = ñ ==> b * U = ñ$$

Daraus folgt

$$ñ = N - r * E(Tw)/E(Ts)$$

und damit

$$Ui = q̂*N/r - q̂*E(Tw)/E(Ts)$$

als asymtotisches Verhalten fuer interaktive Anforderungen. Der Saettigungspunkt ist derselbe wie fuer alle Anforderungen zusammen, doch ist die Steigung der Asymptoten um $q̂/E(Ts)$ niedriger. Es geht also hier nur der Mittelwert der interaktiven Anforderungen ein, der leicht unter einem Zehntel des Gesamt-mittelwertes liegen kann:

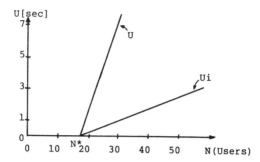

Fig. 4-47 Asymptotische mittlere Reaktionszeit bei RR-Scheduling

Dieses Ergebnis haengt in kritischer Weise von der Wahl der richtigen Groesse fuer das Quantum Q ab; in der Praxis haben sich Werte in der Groessenordnung von 30 msec bewaehrt. Eine Aufteilung der Anforderungen in interaktive und langdauernde ist von Vorteil, weil die tatsaechliche Verteilung der Anforderungslaengen sehr stark von einer exponentiellen oder einer gleichmaessigen Verteilung abweicht; ueblicherweise ist nur ein kleiner Prozentsatz der Anforderungen fuer den groessten Teil der angeforderten Rechenzeit verantwortlich [4]:

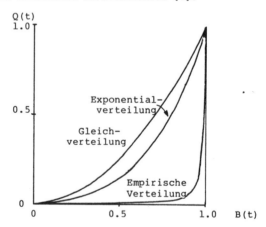

Fig. 4-48 Verteilungskurven

Um zu verhindern, dass die Abarbeitung weiterer Quanten laengerer Anforderungen neu eintreffende interaktive Anforderungen behindert oder verzoegert, kann man SET- statt RR-Scheduling verwenden, doch liegen ueber dessen Verhalten noch keine analytischen Ergebnisse vor.

4.4 SCHEDULING VON PERIPHERIE-SPEICHER-ZUGRIFFEN

4.4.1 Latenz durch Rotation

Die Abspeicherungsform der Daten auf einem Platten- oder Trommelspeicher (siehe Abschnitt 6.1.2) hat zur Folge, dass entlang eines Umfanges des Speichermediums N Datenbloecke gleicher Groesse gespeichert sind. Zugriff auf einen bestimmten dieser Bloecke kann nur erfolgen, wenn sich dessen Anfang unter dem Lese-/Schreibkopf des Speichergeraets befindet.

Geht man davon aus, dass die Anforderungen fuer E/A-Vorgaenge einer Poisson-Verteilung mit einer Ankunftsrate a unterliegen und Zugriffe auf Bloecke mit einer Winkelposition wi und Datenuebertragungszeiten ti - als unabhaengige stochastische Variable, wi mit Gleichverteilung ueber alle moeglichen Werte - genuegen, so ist der Erwartungswert fuer die Bedienung einer Anforderung i, also die Reaktionszeit fuer diese Anforderung:

$$Ui = T/2 + ti$$

wobei T die Periode der Umdrehung des Speichermediums ist. Nimmt man fuer die Verteilung der ti Momente $E(t)$ und $E(t^2)$ an, so folgt fuer den Erwartungswert der Reaktionszeit, falls die Anforderungen in der Reihenfolge ihres Eintreffens bearbeitet werden (FCFS-Verfahren) [10]:

$$U[FCFS] = E(t)+T/2 + \{a*[E(t^2)+T*E(t)+T^2/3]\}/\{2*a*[1-a*(E(t)+T/2)]\}$$

Die maximale Transferrate ergibt sich zu:

$$C = 1 / [E(t)+T/2]$$

Dieser Wert laesst sich erheblich verbessern, wenn man die Anforderungen nicht in der Reihenfolge ihres Eintreffens, sondern in der Reihenfolge wachsender Winkelpositionen wi (modulo 360 Grad) abarbeitet. Man bezeichnet dieses Verfahren als SATF-Scheduling ("shortest access time first"). Das mathematische Modell [10] spaltet den Strom ankommender Anforderungen in N Stroeme fuer je einen der moeglichen Sektoren auf und ergibt als mittlere Reaktionszeit

$$U[SATF] = T*[(N+2)/(2*N)] + a*T^2/[2*(n-a*T)]$$

$$[= T * \{n̂/N + [(N+2)/(2*N)]\} \quad \text{fuer ein festes n̂ }]$$

Nimmt man dagegen fuer das FCFS-Verfahren eine konstante Uebertragungszeit T/N, also Einzel-Block-Uebertragung, an, so gilt:

$$U[FCFS] = T*[(N+1)/(2*N)]$$

$$+ \{a*T^2/[2*N-a*(N+1)*T]\} * \{(N+1)*(2*N+1)/(3*N)\}$$

$$[= T * (n̂+1) * [(N+2)/(2*N)] \quad \text{fuer ein festes n̂ }]$$

Fuer gegebenes N folgt daraus, dass das SATF-Verfahren eine Kapazitaet hat, die um den Faktor (N+1)/2 hoeher ist als die des FCFS-Verfahrens.

Um die Effekte irgendwelcher Verzoegerungen, die eine direkte Implementierung in Einzelfaellen ausschliessen koennen, zu umgehen, kann man bei jeder Umdrehung des Mediums nur jeden m-ten Sektor (fuer ein geeignetes m > 1) bedienen. Man bezeichnet solche Verfahren als "Praezessions-Verfahren"; sie werden zum Beispiel bei Magnetfolien-Speichern (Floppy-Disc) angewendet.

4.4.2 Latenz durch Positionierung

Bei Plattenspeichersystemen muss (fast) jeder Datenueber-tragung eine Positionierung des Lese-/Schreibmechanismus auf diejenige Spur der Platte, die vom E/A-Vorgang adressiert wurde, vorausgehen. Mathematische Analysen dieses Adressierungsvorganges deuten darauf hin, dass von einer gemeinsamen Optimierung der Wartezeiten bezueglich Positionierung und Rotation wenig Vorteile zu erwarten sind, so dass beide Vorgaenge getrennt untersucht werden koennen. Dies gilt umso mehr, da in vielen Systemen die Positionierungszeit so hoch ist, dass eine Optimierung der Latenz-zeit bezueglich der Rotation nur noch wenig Beschleunigung bringt; ansonsten hat sich hierfuer das SATF-Verfahren in der Praxis bewaehrt.

Das einfachste Verfahren zur Bedienung der Suchauftraege ist wieder das FCFS- (oder FIFO-) Verfahren, das die Auftraege in der Reihenfolge ihrer Ankunft abarbeitet. Die Analyse ergibt, dass fuer jeden Auftrag bei statistisch gleichverteilten Zugriffen auf N Spuren im Mittel N/3 Spuren ueberquert werden muessen [10].

Auch hier kann die Durchsatzrate des Plattenspeichers durch Umsortieren der Auftraege erheblich erhoeht werden. Ein Analogon zum SATF-Verfahren ist hier das SSTF-Verfahren ("shortest seek time first"), bei dem als naechster Auftrag jeweils der Zugriff bedient wird, dessen Spur am naechsten bei der aktuellen Position des Lese-/Schreibkopfes liegt. Eine Analyse dieses Verfahrens ergibt jedoch sehr schlechtes Zugriffsverhalten fuer die Spuren am aeusseren und inneren Rand der Platte, da sie im allgemeinen weite Zugriffsbewegungen erfordern. Dennoch ist - zumindest bei niedriger Systembelastung - das SSTF-Verfahren dem FCFS-Verfahren deutlich ueberlegen. Um die Benachteiligung der aeusseren und inneren Spuren zu vermeiden, kann man die Auftraege nach der folgenden, als SCAN-Regel bezeichneten Weise abarbeiten:

- Wenn der Kopf sich in einer bestimmten Richtung bewegt, so bediene als naechsten Zugriff den, der sich aus dem SSTF-Verfahren fuer diese Richtung ergibt.

- Aendere die Richtung der Kopf-Bewegung, wenn:

   o die letzte Spur in der alten Richtung erreicht wurde, oder

o in der alten Richtung keine weiteren Auftraege mehr
   vor dem Kopf liegen.

Eine Abaenderung des SCAN-Verfahrens, bezeichnet als **FSCAN-Regel**, arbeitet nach jedem Entscheidungspunkt alle Auftraege in einem SCAN in einer Richtung ab; diese Richtung ergibt sich daraus, welche der extremen Spuren, fuer die Auftraege vorliegen, zum Zeitpunkt der Entscheidung naeher an der aktuellen Position liegt. Auftraege, die waehrend dieses SCAN neu eintreffen, werden erst am naechsten Entscheidungspunkt beruecksichtigt. Der Kopf wird jeweils zu der naeheren dieser Extremspuren bewegt und laeuft von da aus zu der entfernteren; hat er dann eine Position nahe einem der Raender der Platte erreicht, so ist die Wahrscheinlichkeit hoch, dass der neue Extremwert fuer den Start in der Naehe desselben Randes liegt und dass der folgende SCAN in umgekehrter Richtung erfolgt.

Fuer die SCAN-Regel erhaelt man als mittlere Wartezeit fuer einen Zugriff auf die Spur n (mit $0 \le n \le N$):

$$\hat{W}[SCAN](n) = [P/2] * [1 + (1-2*n/N)^2] / [1-a*T]$$

$$\le P / [1-a*T]$$

und fuer die FSCAN-Regel

$$\hat{W}[FSCAN](n) = [P + (a*T^2/2)] / [1-a*T]$$

$$> P / [1-a*T]$$

wobei T die mittlere Zeit zur Bedienung eines Auftrages, also Rotations-Latenzzeit + Uebertragungszeit + sonstige Wartezeiten nach der Spur-Auswahl ist (hier als konstant angenommen), a die Ankunftsrate der Auftraege und P die Zeit fuer eine Ueberquerung der Platte ohne Bedienung von Auftraegen.

Es gilt daher:

$$\hat{W}[SCAN](n) < \hat{W}[FSCAN](n)$$

fuer alle n, doch ist $\hat{W}[FSCAN](n)$ unabhaengig von n, waehrend $\hat{W}[SCAN](n)$ fuer n = 0 und n = N maximal wird, also die extremen Spuren gegenueber den mitteren benachteiligt.

4.5 BEISPIEL EINES SCHEDULERS

Zum Abschluss der Scheduling-Betrachtungen soll als Beispiel eines implementierten Schedulers das Scheduling-Verfahren im Betriebssystem VAX/VMS beschrieben werden. Dieser Scheduler hat das Ziel, einen effizienten Parallelbetrieb von Realzeit- und Timesharing-Anwendungen zu unterstuetzen. Dazu werden die zu verwaltenden Prozesse unterteilt in:

- zeitkritische (Realzeit-)Prozesse

- unkritische (Timesharing-)Prozesse

Dabei erhalten zeitkritische Prozesse eine feste, hohe Prioritaet, werden also einem Scheduling nach externen Prioritaeten unterworfen, waehrend Timesharing-Prozesse eine variable, niedrige Prioritaet erhalten und einem Scheduling mit dynamischen Prioritaeten unterworfen werden:

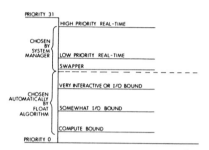

© Digital Equipment Corporation

Fig. 4-49 Prozess-Prioritaeten unter VAX/VMS

Die Entscheidungen des Schedulers sind abhaengig von:

- der Prozess-Prioritaet

- dem Vorkommen von Ereignissen ("system events") und daraus folgendem Zustandswechsel von Prozessen

- dem Verbrauch an Rechenzeit fuer Timesharing-Prozesse ("quantum overflow"); dabei wird fuer Scheduling-Entscheidungen strenggenommen nicht die echte Rechenzeit, sondern die Zeit der Belegung des Hauptspeichers beruecksichtigt.

Die Scheduling-Regel lautet hier: "Der auszuwaehlende Prozess ist immer der naechste Prozess in der Warteschlange, die von allen nicht-leeren Warteschlangen die hoechste Prioritaet hat." Scheduling erfolgt in jedem Fall durch einfachen Aufruf des Dispatchers, wenn ein System-Ereignis erfolgt; der Dispatcher startet dann gemaess der Scheduling-Regel den naechsten Prozess, ohne weitere Kriterien zu beruecksichtigen.

Die eigentlichen Scheduling-Entscheidungen wurden schon vorher implizit bei der Zuordnung der Prozess-Prioritaeten getroffen. Die Entscheidung zum Aufruf des Dispatchers, die ebenfalls durch eine Reihe von Regeln festgelegt ist, stellt in diesem Sinn ebenfalls eine Scheduling-Entscheidung dar. Der Dispatcher wird aufgerufen, wenn eine der folgenden Bedingungen eintritt:

- Der gerade laufende Prozess geht in einen nicht-ausfuehrbaren Zustand ueber oder beendet sich.

- Ein Prozess hoeherer Prioritaet als der gerade laufende
Prozess geht in den Zustand "ausfuehrbar" (COM, s.
Abschnitt 2.3.1) ueber.

- Ein Timer stellt fest, dass das Zeitquantum fuer den
gerade laufenden Prozess abgelaufen ist; hiervon sind
jedoch nur Timesharing-Prozesse betroffen.

Die Prioritaet eines vom Dispatcher einer Preemption unter-
worfenen Prozesses wird nach folgenden Regeln neu festgesetzt:

- Die Prioritaet zeitkritischer Prozesse bleibt unveraendert.

- Jedes System-Ereignis, das einen Timesharing-Prozess in
den Zustand "ausfuehrbar" bringt, erhoeht dessen
Prioritaet um einen fuer dieses Ereignis festgelegten
Wert, nie jedoch auf einen der Werte, die Realzeit-
Prozessen vorbehalten sind.

- Jeder Ablauf eines Zeitquantums erniedrigt die Prioritaet
des laufenden Timesharing-Prozesses um 1, sofern diese
Prioritaet hoeher als die bei Prozess-Beginn zugeordnete
ist:

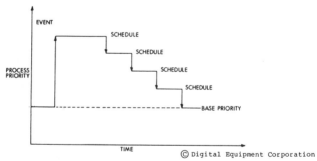

Fig. 4-50 Modifikation der Prioritaet

Die Regeln fuer die Abrechnung des Zeitquantums sind
schliesslich die folgenden:

- Prozesse koennen waehrend ihres Quantums beliebig oft
einer Preemption unterworfen werden.

- Wenn ein Prozess in einen nicht-ausfuehrbaren Zustand
uebergeht, weil er auf ein Betriebsmittel wartet, so wird
ihm diese Wartezeit auf sein Quantum angerechnet, als
waere es Rechenzeit.

- Ein Prozess, der aus einem "ausgelagerten" in den Zustand "ausfuehrbar" uebergeht, erhaelt ein erstes Quantum; er wird fruehestens dann wieder ausgelagert, wenn er dieses erste Quantum verbraucht hat oder wenn ein nicht-residenter zeitkritischer Prozess bedient werden muss.

  Man bezeichnet dabei die Menge der residenten Prozesse als den aktuellen "balance set" und betrachtet das Ein- und Auslagern von Prozesses als Hinzufuegen in bzw. Wegnehmen aus diesem balance set.

Dieser Scheduler laesst sich etwa folgendermassen charakterisieren:

- striktes Prioritaets-Scheduling ohne Preemption fuer zeitkritische Prozesse

- modifiziertes SET-Scheduling fuer Timesharing-Prozesse

- Trennung zwischen Scheduling und Dispatching.

Die damit angestrebten Optimierungsziele sind die folgenden:

- Moeglichkeit der Prioritaetssteuerung ueber externe Prioritaeten im Realzeit-Betrieb

- Bevorzugung von Realzeit-Prozessen gegenueber Timesharing-Prozessen

- Bevorzugung kurzer Prozess-Aktivitaeten

- Bevorzugung von Timesharing-Prozessen mit hoher E/A-Aktivitaet gegenueber solchen, die rechenintensiv sind

- schnelle Reaktion auf externe Ereignisse durch Abspalten der Scheduling-Entscheidung aus dem Dispatcher

- Garantierung wenigstens eines Zeitquantums fuer neu resident gemachte Timesharing-Prozesse

Untersuchungen des Reaktionsverhaeltnisses in Abhaengigkeit von der Systembelastung zeigten folgendes Verhalten des Schedulers [45]:

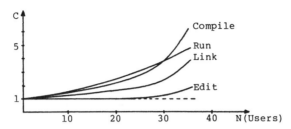

Fig. 4-51 Reaktionsverhaeltnis unter VAX/VMS

Eine vollstaendige analytische Beschreibung dieses Schedulers duerfte sehr schwierig bis unmoeglich sein, vor allem wenn man auch die Einfluesse der Auslagerung von Prozessen und der Speicherverwaltung mit beruecksichtigen wollte.

KAPITEL 5

HAUPTSPEICHER-VERWALTUNG

5.1 PROBLEMSTELLUNG

Eine effiziente Verwaltung des Hauptspeichers heutiger
Rechner ist notwendig, um in einem Speicher vorgegebener Groesse
moeglichst viel bzw. alle im Augenblick relevante Information zu
halten; dies ist aus den folgenden Gruenden wuenschenswert:

- Groesse der zu bearbeitenden Programme

- Gleichgewicht zwischen Prozessor-Geschwindigkeit und
  verfuegbarer Information

- Unterstuetzung von Multi-Programmierung und Timesharing

Um ihre Aufgaben zu erfuellen, muss die Speicherverwaltung
folgende Probleme loesen:

- Zuordnung der logischen Namen in den Programmen zu den
  ihnen entsprechenden physikalischen Speicheradressen
  ("mapping"); dies geschieht ueblicherweise in mehreren
  Stufen, von denen jedoch nicht alle immer vorhanden sein
  muessen:

    o Compiler/Assembler erzeugen ueblicherweise aus den
      Namen der Datenobjekte einzelner Programm-Moduln
      relative Adressen; Bezuege auf andere Moduln werden
      vorerst offen gelassen. Diese Vorgehensweise ermoeg-
      licht ein Zusammenfuegen mehrerer Moduln zu einem
      Programm durch den

    o Linker (auch Binder oder Montierer genannt); dieser
      fuegt die einzelnen Moduln dadurch zusammen, dass er

        + die einzelnen Teil-Adressraeume gegeneinander
          verschiebt, so dass sie sich nicht mehr ueber-
          decken,

        + Querbezuege zwischen den Moduln "absaettigt",
          d.h. aufeinander bezieht.

      Es entsteht ein einziger Adressraum, dessen Adressen
      aber noch nicht den physikalischen Adressen
      entsprechen muessen.

o Die Adressen dieses Adressraumes werden entweder
  statisch durch den Lader oder dynamisch waehrend der
  Ausfuehrung des Programms (oder gemischt) auf die
  echten physikalischen Adressen abgebildet. Man
  spricht hier von statischer bzw. dynamischer
  "Relokation". Der Vorgang der Relokation ermoeglicht
  Unabhaengigkeit der Programme von ihrer physikalischen Plazierung im Hauptspeicher; dies ist fuer
  effiziente Multi-Programmierung erforderlich.

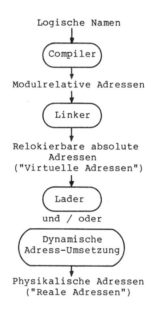

Fig. 5-1 Adress-Mapping einer Speicherverwaltung

- Ermoeglichung und Koordinierung gemeinsamen Zugriffs auf
  Speicherbereiche ("sharing"); dies ist fuer Inter-
  prozesskommunikation erforderlich.

- Bereitstellung und Zuweisung benoetigten Speicherplatzes
  an die einzelnen Prozesse ("Allokation"); hierin ist die
  Hauptaufgabe der Speicherverwaltung zu sehen.

- Schutz der Information im Hauptspeicher vor fehlerhaftem/
  unbefugtem Zugriff ("protection"); dies kann dadurch
  geschehen, dass aller Zugriff auf den Hauptspeicher der
  Kontrolle der Speicherverwaltung unterworfen wird, was
  jedoch entsprechende Hardware-Unterstuetzung voraussetzt.

Zur Unterstuetzung dynamischer Relokation werden im wesentlichen die folgenden Verfahren verwendet:

- automatische Addition von Basis-Registern zu allen
  Adressen (verwendet zum Beispiel bei der UNIVAC 1108 und
  dem KA10-Prozessor der PDP-10); ein relativ altes
  Verfahren, das jedoch automatische Durchfuehrung der
  Relokation gestattet;

- explizite Bedienung von Basis-Registern (verwendet in der
  IBM/360 und als Folge in der IBM/370 und Siemens 7.xxx);
  ein ebenfalls altes Verfahren, das zum Teil die Adressierung nicht gerade erleichtert; bei gleichzeitiger
  Verwendung virtueller Adressierungstechniken (siehe
  unten) in den neuen Maschinen im Prinzip ueberfluessig.

Bei beiden Verfahren erfolgt die Relokation durch Veraendern der
Basis-Register; eine Aenderung der Programm-Adressen kann entfallen:

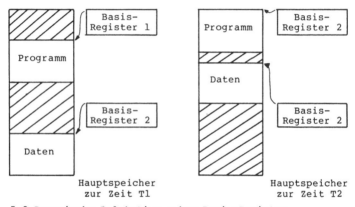

Fig. 5-2 Dynamische Relokation ueber Basis-Register

Man kann die Technik dynamischer Relokation in einfacher
Weise zur Verwaltung des Hauptspeichers fuer Multi-Programmierung
verwenden. Dazu haelt man zu jedem Zeitpunkt ein oder mehrere
Programme in jeweils zusammenhaengenden Bereichen des Hauptspeichers und tauscht nach Bedarf jeweils ganze Programme mit dem
Hintergrund-Speicher (z.B. Platten- oder Trommelspeicher) aus
("swapping"). Man kann auf diese Weise eine groessere Anzahl von
Programmen quasi-parallel bearbeiten, als es bei einer konstanten
Zuordnung des Hauptspeichers moeglich waere, die den von einem
Programm belegten Speicher erst bei Beendigung dieses Programmes
fuer andere Programme ausnutzen koennte.

Modernere Relokationstechniken teilen den verfugbaren
Speicher in Bloecke fester ("Seiten") oder variabler ("Segmente")
Groesse (oder in Kombinationen davon) auf und bilden die Programm-Adressen seiten- bzw. segmentweise auf den physikalischen Speicher
ab, ohne dass dazu vom Programm her Vorsorge getroffen werden

muesste. Man bezeichnet dieses Verfahren als "<u>virtuelle Adressie-</u>
<u>rung</u>"; es wird von fast allen modernen Rechnern (ausser manchen
Kleinrechnern und Mikroprozessoren) zur Relokation verwendet.
Daher werden in den folgenden Abschnitten hauptsaechlich die
virtuelle Speicherverwaltung und Moeglichkeiten zu ihrer Implementierung besprochen.

5.2 GRUNDLAGEN DER SPEICHERVERWALTUNG

5.2.1 Speicher-Hierarchie

Da Speicher umso teurer sind, je schneller und je groesser
sie sind, ist es ueblich, den Speicher eines Rechners hierarchisch
aus mehreren Teilen aufzubauen, die zum Prozessor hin immer
kleiner und schneller werden:

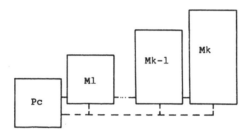

Fig. 5-3 Speicher-Hierarchie

Maximal unterscheidet man (in der Reihenfolge wachsender
Kapazitaet/abnehmender Geschwindigkeit) folgende Speicher-Ebenen:

- Cache

- Hauptspeicher

- Massenkernspeicher

- Trommel

- Platte

- Magnetband

Normalerweise sind wenigstens zwei dieser Ebenen vorhanden (Hauptspeicher und Platte), doch sind auch vier Ebenen durchaus nicht
ungewoehnlich. Das Problem der Speicherverwaltung besteht nun
darin, zu jedem Zeitpunkt eine optimale Verteilung der Information
auf die einzelnen Ebenen zu bestimmen und durchzufuehren. Dabei
sind vor allem zwei Schnittstellen fuer die Verteilung von
Bedeutung:

- zwischen Cache und Hauptspeicher

- zwischen Primaerspeicher (Cache + Hauptspeicher) und
  Sekundaerspeicher (Peripherie)

    Da die erste dieser beiden Verteilungen normalerweise
automatisch von der Hardware durchgefuehrt wird und daher fuer die
Programmierung transparent ist, gehoert ihre Behandlung zum
Problemkreis der Rechner-Architektur, und hier ist im wesentlichen
nur die zweite dieser Verteilungen zu behandeln.

    Es gibt zwei Ansaetze zur Entscheidung, welche Speicher-Ebene
welche Informationen enthalten sollte:

- der statische Ansatz, der davon ausgeht, dass

    o die Verfuegbarkeit des Speichers vorgegeben oder zu
      bestimmen ist

    o die Folge der Zugriffe auf den Speicher (der
      "Referenz-String") eines Programms bekannt ist (durch
      Preprocessing oder Analyse durch den Compiler)

- der dynamische Ansatz, der von der Nichtverfuegbarkeit
  dieser Informationen ausgeht.

    In den meisten heutigen Systemen sind die Voraussetzungen
fuer den statischen Ansatz aus mehreren Gruenden nicht mehr
gegeben:

- von der Struktur der Programme her:

    o Trennung zwischen logischem und physikalischem
      Adressraum durch die Relokations-Mechanismen

    o maschinenunabhaengige Programmierung

    o modulare Programmierung

    o Verwendung dynamischer Datenstrukturen (z.B. Listen)

- vom Betriebssystem her, das oft folgende Leistungen
  erbringen soll:

    o Laden von Programmen in Speicher beliebiger Groesse

    o Starten von nur zum Teil geladenen Programmen

    o Veraenderung der Ausdehnung eines Programms im
      Speicher

    o Verschieben von Programmen im Speicher

o Erzwingen von Programmstarts innerhalb vorgebener Zeiten (zu denen etwa gerade der benoetigte Speicher nicht verfuegbar ist)

o Austausch von Hardware und/oder System—Software ohne Neu-Compilation der Benutzerprogramme oder gar deren Neu-Schreiben

Der dynamische Ansatz kann auf zwei Arten realisiert werden:

- unter expliziter Kontrolle des Programmierers (z.B. ALGOL-Stack, PL/I-Allocate, Overlay-Techniken)

- automatisch durch Verteilung des logischen Adressraums auf die beiden Speicherebenen nach geeigneten Kriterien; dieses Verfahren wird als "one-level-store" oder "virtueller Speicher" bezeichnet und soll im Folgenden hauptsaechlich betrachtet werden.

Dabei sind vor allem zwei Gesichtspunkte zu unterscheiden:

- die **Mechanismen** zur Speicherverwaltung, unterteilt im wesentlichen in:

  o Segmentierung: Aufteilung des Speichers in logische Einheiten verschiedener Groesse

  o Paging: Aufteilung des Speichers in gleichgrosse Bloecke ohne Beachtung ihres Inhalts

- die **Strategien** zur optimalen Verwaltung dieser Speicher- einheiten.

Ein Einsatz virtuellen Speichers ist aus mehreren Gruenden nicht ganz unproblematisch:

- Ineffizienz von Programmen, die in unguenstiger Reihen- folge auf grosse virtuelle Speicherbereiche zugreifen

- Entstehen nicht benutzbarer Speicherbereiche durch soge- nannte "Fragmentierung"

- Ineffizienz stueckweisen Programm-Ladens ausgelagerter Programme (speziell bei Multi-Programmierung und im Time- sharing-Betrieb)

- System-Quasi-Stillstand bei Ueberverplanung des realen Speichers ("Thrashing")

Diese Schwierigkeiten sind ueblicherweise Folgen schlechter Speicherverwaltungsstrategien; sie koennen durch einen guten System-Entwurf weitgehend verhindert bzw. in kontrollierbaren Grenzen gehalten werden.

5.2.2 Virtueller Speicher

Der physikalische Aufbau des virtuellen Speichers besteht
normalerweise aus einer zweistufigen Hierarchie aus Primaer- und
Sekundaerspeicher:

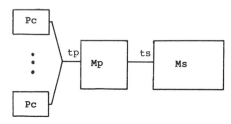

Fig. 5-4 Prinzipieller Aufbau eines Rechners

Ein wesentlicher Aspekt dieses Systems ist der grosse Unterschied in den Zugriffszeiten auf die beiden Speicherebenen:

- Primaerspeicher: ca. 1 Mikrosekunde =: tp

- Sekundaerspeicher: $\gtrsim$ 10 Millisekunden =: ts

was zu Geschwindigkeitsverhaeltnissen ts/tp von 10000 und mehr
fuehrt. (Diese Werte sind einem laufenden Wandel unterworfen und
unterscheiden sich auch sehr stark von Rechner zu Rechner; fuer
die folgende Diskussion ist dies jedoch unerheblich, da es hier
nur darauf ankommt, dass der Wert des Verhaeltnisses ts/tp sehr
gross ist, was allgemein gilt.) Falls nun der Primaerspeicher **m**
Elemente hat, so werden diese durch einen "Speicherraum" (=
physikalischen Adressraum)

$$M = \{0,1,\ldots,m-1\}$$

beschrieben. Geht man davon aus, dass zur Spezifikation einer
Programm-Adresse maximal k Bits vorgesehen sind, so kann ein
Programm

$$n = 2^k$$

Speicherzellen spezifizieren, die zusammen den (logischen)
"Adressraum" (oder auch "Namensraum")

$$N = \{0,1,\ldots,n-1\}$$

dieses Programms bilden. Hebt man die Identitaet zwischen M und N
auf, so muss bei jedem Speicherzugriff eines Programms eine
Abbildung

$$f : N \longrightarrow M \cup \{\emptyset\}$$

der angesprochenen logischen Adresse die zugehoerige physikalische
Adresse zuordnen, was den Adressierungsvorgang nicht unerheblich
verkompliziert:

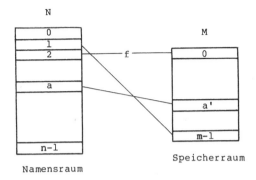

Fig. 5-5 Abbildung des Adressraums auf den Speicherraum

Die Funktion f ist dabei folgendermassen definiert:

f(a) = a' falls das Datenelement a in M auf Adresse a' steht
     = ∅ falls das Datenelement a nicht in M enthalten ist

Man bezeichnet f als "Adress-Abbildung" ("address map") bzw. "Adress-Uebersetzungs-Funktion", die man sich zunaechst ueber eine Umsetzungstabelle vorstellen koennte:

Adress-Umsetzung

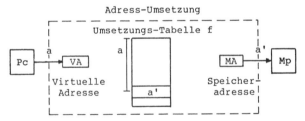

Fig. 5-6 Adress-Umsetzungs-Tabelle

Man bezeichnet a als "virtuelle Adresse", a' als zugeordnete "reale Adresse". Falls ein Zugriff auf eine virtuelle Adresse a mit

f(a) = ∅

erfolgt, so fuehrt eine automatische Speicherverwaltung folgende Operationen aus:

- Es wird ein Interrupt ("page fault", "missing item fault") erzeugt, der das laufende Programm unterbricht.

- Falls M voll ist, schafft die Speicherverwaltung Platz, indem sie ein Datenelement b aus M entfernt, indem sie es auf den Sekundaerspeicher uebertraegt. Man bezeichnet das dazu noetige Auswahlverfahren als "Ersetzungs-Strategie" ("replacement policy"). Es wird

$$f(b) := \emptyset$$

gesetzt.

- Die Speicherverwaltung uebertraegt das Datenelement a vom Sekundaerspeicher in eine freie Stelle a' des Primaerspeichers und setzt

$$f(a) := a'$$

Man bezeichnet das dazu noetige Auswahlverfahren als "Positionierungs-Strategie" ("placement policy").

- Der unterbrochene Zugriff kann jetzt zu Ende gefuehrt werden.

Noch eine weitere Strategie ist fuer den Ablauf dieses Verfahrens von Bedeutung: die sogenannte "Lade-Strategie" ("fetch policy"), die entscheidet, wann Datenelemente aus dem Sekundaerspeicher zu laden sind. Man unterscheidet hier:

- "demand fetch": Es wird prinzipiell nur dann geladen, wenn ein Zugriff auf ein nicht-residentes Datenelement erfolgte, und es wird dann auch nur dieses Element geladen.

- "anticipatory fetch": Es werden Datenelemente geladen, auch ehe ein Zugriff auf sie versucht wurde; dabei wird angenommen, dass auf diese Datenelemente bald ein Zugriff erfolgen wird.

Eine einfache Implementierung der Adress-Uebersetzung wuerde eine Tabelle enthalten, deren a-tes Element den Wert a' enthielte oder leer waere, je nachdem, ob $f(a) = a'$ oder $= \emptyset$ gilt. Fuer $n \gg m$ waere jedoch der groesste Teil dieser Tabelle leer, so dass hier relativ viel Speicherplatz verschwendet wuerde. Abhilfe kann hier ein Assoziativspeicher bringen, dessen Elemente die Paare (a,a') nur fuer die im Primaerspeicher vorhandenen Datenelemente enthalten; ein Assoziativspeicher ist hier noetig, damit die Adress-Uebersetzung mit einem einzigen Tabellenzugriff erfolgen kann und damit schnell genug ist.

Anmerkung

Waehrend die Verwendung eines Assoziativspeichers fuer die tatsaechliche Implementierung der Adress-Umsetzung virtuellen Speichers keine praktische Bedeutung hat, sondern nur als theoretisches Modell von Interesse ist, wird diese Form der Adress-Umsetzung mit verschiedenen Abwandlungen zur Implementierung der

Adress-Logik   von   Cache-Speichern
verwendet.

Beachtung verdienen schliesslich noch die Werte m und n
selbst und die Bedeutung des Begriffs "Datenelement": Wuerde man
als Datenelemente die einzelnen Maschinenworte oder Bytes
ansprechen, so haette die Uebersetzungs-Tabelle einen Umfang in
der Groessenordnung des gesamten Hauptspeichers oder sogar noch
erheblich darueber. Es ist daher erforderlich, von der Speicherverwaltung aus nur groessere zusammenhaengende Datenmengen als
verwaltbare Datenelemente zu behandeln; ueber die optimale
Groesse dieser Datenelemente werden im Folgenden noch eingehendere
Betrachtungen angestellt. Man hat bei vielen neueren Maschinen
n > m, doch sind auch die Relationen n = m (Siemens 7.xxx) und
n < m (viele kleinere Prozessrechner, z.B. PDP-11, AEG 80-20)
vorhanden.

5.2.3 Segmentierung

Eine Moeglichkeit, die Groesse der von der Speicherverwaltung
zu bearbeitenden Datenelemente festzulegen, geht davon aus, dass
Programme im allgemeinen schon aus logisch zusammenhaengenden
Teilen bestehen. Diese Unterteilung wird normalerweise vom
Programmierer verwendet, um folgende Ziele zu erreichen:

- Modularitaet der Programme

- Unterstuetzung von Datenstrukturen variablen Umfangs

- Zugriffsschutz einzelner Datenstrukturen/Programm-Teile

- Zugriffskoordination fuer Parallelzugriff auf bestimmte
  Daten/Programm-Teile

Diese Ziele koennen von der Verwaltung des virtuellen
Speichers dadurch unterstuetzt werden, dass der Gesamt-Adressraum
in eine Menge voneinander unabhaengiger Teil-Adressraeume, genannt
"Segmente", zerlegt wird. Die Adresse des w-ten Maschinenwortes
bzw. Bytes im Segment s ist dann gegeben durch das Paar (s,w).
Die einzelnen Segmente werden jeweils in zusammenhaengende
Speicherbereiche geladen, deren Anfangsadresse a jeweils ueber
eine sogenannte "Segment-Tabelle" aus dem Segmentnamen bestimmt
wird. Diese Segment-Tabelle enthaelt ueblicherweise auch noch die
Laengen b der Segmente, die also die erlaubten Maximalwerte fuer w
bestimmen, sowie Schutzbits, die die erlaubten Zugriffsarten
spezifizieren:

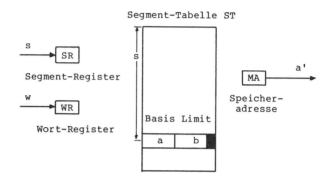

Fig. 5-7 Adress-Umsetzung bei Segmentierung

Ueblicherweise wird die Segment-Tabelle im Hauptspeicher gehalten und nur ihre Anfangsadresse in einem speziellen Register, dem "Deskriptor-Basis-Register" abgespeichert. Die Tabelle selbst stellt in diesem Kontext selbst ein Segment dar, das "Deskriptor-Segment". Um den zusaetzlichen Speicherzugriff fuer die Adress-Umsetzung einzusparen, kann man einen kleinen Assoziativspeicher vorsehen, der die zuletzt benutzten Zellen der Segment-Tabelle enthaelt; in der Praxis hat es sich gezeigt, dass ein Speicher mit 8 bis 16 Eintraegen hierzu ausreicht.

Ablauf: SR := s; WR := w; MA := A+s; MR := <A+s>;
        if <MR> empty ==> missing segment fault;
        a := MR<Basis>; b := MR<Limit>;
        if w > b ==> overflow fault; MA := a + w;

Fig. 5-8 Segmentierung mit Tabelle im Hauptspeicher

Ein virtueller Speicher dieses Typs wurde zum Beispiel bei der Burroughs B5000 implementiert. Eine (bei Multics [12] implementierte) Erweiterung dieses Konzepts sieht vor, auch Dateien als Segmente des virtuellen Speichers zu behandeln.

5.2.4 Paging

Eine einfache Methode zur Verwaltung des virtuellen Speichers
besteht darin, Haupt- und Peripherie-Speicher in Bloecke gleicher
Groesse ("Seiten") zu zerteilen, deren Laenge fast immer eine
Zweierpotenz ist; die Adress-Umsetzung erfolgt im wesentlichen
wie bei der Segmentierung:

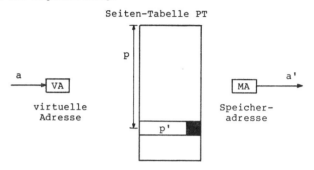

Ablauf: VA := a;   ! Seitenlaenge 2**z, n = 2**k
        p := a<k-1:z>; w := a<z-1:0>;
        if <PT[p]> empty ==> missing page fault;
        p' := <PT[p]>; MA := p' + w;

Fig. 5-9 Adress-Umsetzung bei Paging

Die Verwendung einer Zweierpotenz als Seitenlaenge hat den
Vorteil, dass die Adresse eines Maschinenwortes bzw. eines Wortes
im Programm-Adressraum als bitweise Konkatenation der Seitennummer
p im Adressraum bzw. f im Speicherraum und der Adresse w des
Wortes innerhalb der Seite aufgebaut werden kann:

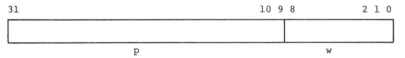

Fig. 5-10 Zerlegung einer Adresse bei Paging

In diesem Fall besteht die Adress-Umsetzung einfach aus einem Austausch der hoechstwertigen Bits in der vom Programm spezifizierten
Adresse p|w, die dadurch zur realen Adresse f|w wird; dabei muss
die Aufteilung der Adresse in die Teile p und w nicht einmal im
Programm spezifiziert sein. Paging ist die wohl haeufigste Form
der Implementierung virtuellen Speichers.

5.2.5 Kombinierte Verfahren

Um die Vorteile der Segmentierung (Unterstuetzung der Programmstruktur) mit denen des Pagings (einfache und effiziente Speicheraufteilung und Adress-Umsetzung) miteinander zu verbinden, kann man beide Verfahren kombinieren. Dazu wird jedes Segment separat dem Paging unterworfen und besitzt eine eigene Seiten-Tabelle; die Segment-Tabelle enthaelt dabei die Verweise auf diese Seiten-Tabellen:

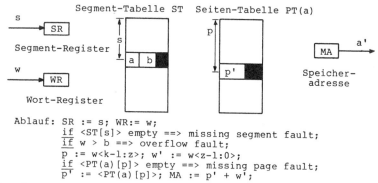

Ablauf: SR := s; WR:= w;
       <u>if</u> <ST[s]> empty ==> missing segment fault;
       <u>if</u> w > b ==> overflow fault;
       p := w<k-l:z>; w' := w<z-l:0>;
       <u>if</u> <PT(a)[p]> empty ==> missing page fault;
       <u>p'</u> := <PT(a)[p]>; MA := p' + w';

Fig. 5-11 Adress-Umsetzung bei Segmentierung mit Paging

Eine andere Form der Kombination von Segmentierung und Paging unterteilt den Hauptspeicher gleichfoermig in Seiten, assoziiert aber zu jeder dieser Seiten bestimmte Zugriffsrechte, um so die Probleme des Zugriffsschutzes und des Parallelzugriffs zu loesen. Segmentierung erfolgt durch Aufteilung des Programm-Adressraums auf Seiten mit geeigneten Zugriffscharakteristika, was durch Ausrichten ("alignment") bestimmter Daten auf Seitengrenze geschieht. Dieses Verfahren wird unter anderem in den Betriebs-systemen BS3, TENEX und VAX/VMS verwendet.

5.3 STRATEGIEN ZUR SPEICHERVERWALTUNG

5.3.1 Speicherbelegung

Waehrend Ersetzungs- und Lade-Strategie bei Paging und Segmentierung im wesentlichen identisch ablaufen und vergleichbare Wirkungen haben, spielt die Positionierungs-Strategie nur bei Segmentierung eine Rolle, da beim Paging wegen der gleichen Seitengroesse alle freien Hauptspeicher-Seiten aequivalent sind.

Sei in einem System mit Segmentierung ein Hauptspeicher von **m** Worten verfuegbar. Zu bestimmten Zeiten werden durch die Ersetzungs-Strategie Segmente aus dem Hauptspeicher entfernt, was zur Bildung von "Loechern" fuehrt; zu anderen Zeiten werden durch die Lade-Strategie Segmente in irgendwelche Loecher geladen, was die Anzahl der Loecher

- erhoehen (bei Einfuegung in die Mitte des Lochs)

- unveraendert lassen (bei Einfuegung am Rand des Lochs)

- oder erniedrigen (bei exakter Einfuegung)

kann. Die erste dieser Moeglichkeiten kann durch die Positionierungs-Strategie verhindert werden, die letzte tritt nur mit verschwindend kleiner Wahrscheinlichkeit auf. Auch Loeschen eines Segmentes kann die Anzahl der Loecher

- erhoehen (falls das Segment von zwei Segmenten umgeben war)

- unveraendert lassen (falls es von einem Segment und einem Loch umgeben war)

- erniedrigen (falls es von zwei Loechern umgeben war).

Im Gleichgewicht enthaelt der Hauptspeicher Loecher und Segmente in statistischer Verteilung ("checkerboarding"):

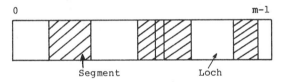

Fig. 5-12 Checkerboarding des Hauptspeichers

Dabei liegt im Gleichgewicht eine Verteilung vor, die folgenden Regeln genuegt [13]:

- **50%-Regel** (Knuth): Falls im Gleichgewicht fuer grosses n und h die Anzahl der Segmente n und die der Loecher h ist, so gilt:

$$h \approx n/2$$

Beweis: Die Wahrscheinlichkeit, dass ein Segment ein Loch als rechten Nachbarn hat, ist p = 0.5, da im Mittel die Haelfte der Operationen rechts neben diesem Segment Einfuegungen und die Haelfte Loeschungen sind. Die Anzahl der Segmente mit Loechern als rechten Nachbarn und damit die Anzahl der Loecher ist also n/2.

- **Regel ueber unbenutzten Speicher:** Falls die mittlere Groesse der Segmente im Gleichgewicht s und die mittlere Groesse der Loecher $\geq$ k*s fuer ein k > 0 ist, so ergibt sich fuer den Bruchteil f des Speichers, der von den Loechern eingenommen wird:

$$f \geq k / (k+2)$$

Beweis: Die Loecher belegen zusammen den Platz **m − n*s,** so dass die durchschnittliche Lochgroesse x = (m−n*s) / h

$= 2/n * (m-n*s)$ ist. Aus $x \geq k*s$ folgt:

$$s * n/m \leq 2 / (k+2)$$

und damit

$$f = (m - n*s) / m = 1 - s * n/m \geq 1 - 2/(k+2) = k / (k+2)$$

Dies hat zur Konsequenz, dass der Speicher umso schlechter ausgenutzt wird, je groessere Loecher vorhanden sind, also je einfacher die Verwaltung des Speichers ist. Da jedoch oft die Varianz der Lochgroessen nicht unerheblich ist, kann in der Praxis oft $k \approx 1/4$ und damit $f \approx 1/10$ gehalten werden.

Die Funktion der Positionierungs-Strategie besteht in diesem Zusammenhang in der Auswahl eines Loches geeigneter Groesse fuer die Abspeicherung eines neuen Segments. Hier sind vier Verfahren gebraeuchlich:

- **"best fit"**: Auswahl des kleinsten Loches, das das Segment aufnehmen kann [d.h. hoechste Besteuerung fuer die Armen]; diese Strategie laesst einerseits grosse Loecher lange bestehen, waehrend sie andererseits eine Vielzahl kleiner und nutzloser Ueberreste erzeugt.

- **"worst fit"**: Auswahl des jeweils groessten Loches [d.h. Besteuerung der Reichen, bis sie arm werden]; dieses Verfahren tendiert dazu, alle Loecher auf etwa die gleiche Laenge zu bringen, die dann eventuell aber zu klein zur Aufnahme eines bestimmten Segmentes sein kann.

- **"first fit"**: Auswahl des naechsten hinreichend grossen Loches; dieses Verfahren liegt in seinem Verhalten zwischen den beiden anderen und ist eines der effizientesten ueberhaupt - trotz seiner Einfachheit. Um zu verhindern, dass sich Loecher bestimmter Groesse an einer Stelle des Speichers haeufen, empfiehlt es sich hier, den Speicher als ringfoermig aufgebaut zu betrachten und jede neue Suche beim Ziel der vorherigen zu beginnen.

- **"buddy system"**: Die Loecher werden in k Listen so einsortiert, dass die i-te Liste jeweils Loecher der Laenge $\geq 2**i$ fuer $i = 1,...,k$ enthaelt; dabei koennen zwei nebeneinanderliegende Loecher der i-ten Liste zu einem Loch der i+1-ten Liste zusammengefuegt werden, und umgekehrt kann ein Loch der i-ten Liste in zwei gleich-grosse Loecher der i-1-ten Liste aufgeteilt werden. Ein Loch der Laenge $> 2**i$ kann mit folgendem Programm aufgefunden werden [13]:

```
procedure gethole(i) is
   begin if i = k + 1 then < report failure >;
         if i-list empty then
            begin hole := gethole(i+1);
                  < split hole into buddies >;
                  < place buddies in i-list >;
            end;
            gethole := first hole in i-list;
   end;
```

5.3.2 Kompaktifizierung

Durch das Phaenomen des "checkerboarding" kann es geschehen, dass kein Platz fuer ein Segment bestimmter Groesse verfuegbar ist, obwohl viele kleine Loecher vorhanden sind, deren Platz zusammen durchaus hinreichend waere. Durch Verschieben aller Segmente im Speicher liessen sich alle Loecher zu einem grossen Loch vereinigen, das den benoetigten Platz liefern koennte:

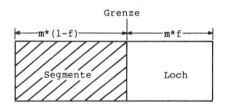

Fig. 5-13 Speicherbelegung nach einer Kompaktifizierung

Nach Simulationsergebnissen von Knuth tritt dieser Speicher-ueberlauf bei Verwendung einer guten Positionierungs-Strategie jedoch erst dann auf, wenn der Speicher sowieso schon fast voll ist, also durch das Verschieben der Segmente, die sogenannte "Kompaktifizierung" ("compaction") nur noch wenig gewonnen werden kann [13]. Eine alternative Strategie zur Speicherverwaltung bestuende darin, Speicher linear in Folge wachsender Adressen an neue Segmente zu vergeben und jedesmal dann eine Kompaktifizierung vorzunehmen, wenn das Ende des Hauptspeichers bei einer Zuweisung an ein neues Segment erreicht oder ueberschritten wuerde. Man kann fuer dieses Verfahren eine Aufwandsabschaetzung fuer diese Kompaktifizierung durchfuehren:

- **Regel fuer Kompaktifizierung:** Wenn im Gleichgewicht ein Bruchteil f des Gesamtspeichers unbenutzt ist, die durchschnittliche Segmentgroesse wieder s ist und wenn auf jedes Segment waehrend seiner Existenz im Schnitt r mal zugegriffen wird, so gilt fuer den Bruchteil F der Zeit, die das System fuer Kompaktifizierung benoetigt:

$$F \geq \{ 1 - f \} / \{ 1 - f + (f/2)*(r/s) \}$$

Der Beweis ergibt sich aus der durchschnittlichen
Geschwindigkeit, mit der der Speicher gefuellt wird, und
der Anzahl der Speicherzugriffe fuer das Verschieben der
Segmente.

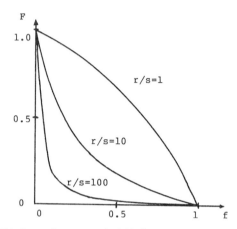

Fig. 5-14 Uneffizienz der Kompaktifizierung

Falls also Kompaktifizierung einigermassen effizient sein
soll, impliziert sie eine nicht unbetraechtliche Speicher-
verschwendung, weshalb dieses Verfahren relativ selten angewendet
wird.

Dieses Ergebnis laesst sich insgesamt auf die Segmentierungs-
Verfahren anwenden, die - ausser bei der Burroughs B5000 und
einigen CDC 6600-Installationen - daher wenig gebraeuchlich sind,
obwohl sie fuer Spezialanwendungen mit gutem Erfolg eingesetzt
wurden.

5.3.3 Fragmentierung

Alle Systeme mit virtuellem Speicher lassen einen Teil des
Hauptspeichers ungenutzt, der - aus verschiedenen Gruenden -
keinen virtuellen Adressen zugewiesen werden kann. Man bezeichnet
dieses Phaenomen als "Fragmentierung" und unterscheidet hier drei
verschiedene Formen:

- **externe Fragmentierung** in Systemen mit Segmentierung:
  Segmenten, deren Laenge die des groessten Loches ueber-
  steigt, kann kein Speicher zugewiesen werden; die
  Wahrscheinlichkeit hierfuer waechst mit der Segment-
  Laenge:

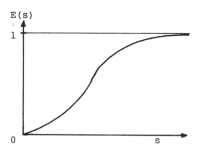

Fig. 5-15 Wahrscheinlichkeit externer Fragmentierung

- **interne Fragmentierung** in Paging-Systemen: Alle
  Speicheranforderungen muessen auf die naechste ganze
  Anzahl von Seiten aufgerundet werden; der Rest der
  letzten Seite, die nur zum Teil belegt ist, geht
  verloren:

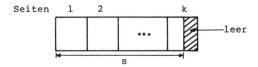

Fig. 5-16 Interne Fragmentierung

Die interne Fragmentierung ist ein wesentlicher Faktor
zur Bestimmung der optimalen Blockgroesse fuer das
Paging, da sie mit dieser Groesse und mit abnehmender
mittlerer Segmentgroesse anwaechst:

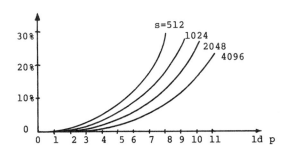

Fig. 5-17 Interne Fragmentierung und Seitenlaenge

- **Tabellen-Fragmentierung** in allen Systemen: Hierunter ist
der durch die Verwaltung des virtuellen Speichers
bedingte Verlust an nutzbarem Speicher zu verstehen, der
durch die Segment- bzw. Seiten-Tabellen verursacht wird;
dieser Verlust waechst mit abnehmender Segment-/Loch-
bzw. Seiten-Groesse.

Simulationsergebnisse zeigen, dass externe Fragmentierung in
einem reinen Segmentierungs-System gravierender ist als interne
Fragmentierung in einem Paging-System [13], doch lassen sich diese
Ergebnisse nicht ohne weiteres auf kombinierte Systeme ueber-
tragen. Durch geeignete Wahl der Seiten-Groesse laesst sich der
Einfluss der Fragmentierung in Paging-Systemen in Grenzen halten.

5.3.4 Einfluss der Seitenlaenge

Der durch interne Fragmentierung verlorene Speicherplatz
waechst mit der Seiten-Groesse, so dass vom Standpunkt der
Speicherausnutzung eine moeglichst kleine Seitenlaenge optimal
waere. Dem steht entgegen, dass fuer jeden Seitentransport ein
bestimmter Overhead noetig ist, der auch bei kleinen Seiten nicht
unterschritten werden kann, so dass die Effizienz des Seitentrans-
ports mit der Seiten-Groesse waechst und daher eine moeglichst
grosse Seitenlaenge optimal waere. In dieselbe Richtung geht auch
der Einfluss der Tabellen-Fragmentierung, der also ebenfalls
grosse Seitenlaengen zweckmaessig sein laesst. Es ist daher sehr
wichtig, eine solche Seitenlaenge zu waehlen, dass insgesamt ein
vernuenftiger Kompromiss zustandekommt.

Nimmt man an, dass der Overhead zum Transport einer Seite so
gross ist, dass er dem reinen Informationstransport (ohne
Overhead) einer Seite von 512 Worten entspricht, so ergeben sich
die folgenden Werte fuer die Speicherausnutzung und Transport-
Effizienz in Abhaengigkeit von Segment-Groesse s und Seitenlaenge
p:

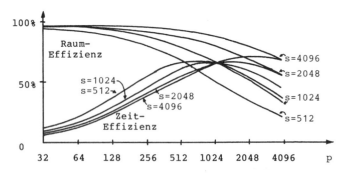

Fig. 5-18 Raum- und Zeit-Effizienz als Funktion der Seiten-Groesse

In der folgenden Tabelle [20] bezeichnet k die durchschnittliche Anzahl Seiten pro Segment und q das Verhaeltnis der durchschnittlichen Segmentlaenge s zum Transport-Overhead:

k	p	Int. Frag.	Raum-Eff.	Zeit-Effizienz				
				q=1	2	4	8	16
2	.50s	<20%	>80%	>53%	>60%	>67%	>72%	>76%
3	.33s	16	84	43	51	61	70	78
4	.25s	11	89	36	44	55	67	76
5	.20s	9	91	30	39	50	63	71
10	.10s	5	95	17	18	34	48	62

Fig. 5-19 Interne Fragmentierung und Effizienz

- ● **Resultat fuer optimale Seiten-Groesse:** Sei p die Seitenlaenge und s die durchschnittliche Segmentlaenge, c1 die
  Kosten pro Wort fuer Tabellen-Fragmentierung, c2 die fuer
  interne Fragmentierung und c := c1/c2. Falls p << s, so
  gilt fuer die optimale Seitenlaenge p*:

  $$p* = \sqrt{2*c*s}$$

  Beweis: Ein Segment belegt im Schnitt s/p Seiten, von
  denen die letzte im Mittel nur halb gefuellt ist. Daraus
  ergibt sich fuer den Erwartungswert der Gesamtkosten bei
  der Seiten-Groesse p:

  $$E(C|p) = c1 * s/p + c2 * p/2$$

  Aus Differentiation nach p und Aufloesen nach p folgt das
  gesuchte Ergebnis.

      Falls es moeglich ist, jeweils mehrere Segmente
  gemeinsam - ohne auf Seitengrenzen Ruecksicht zu nehmen -
  zu laden, und falls im Mittel k Segmente so zusammengefasst werden, erfolgt interne Fragmentierung jeweils
  nur am Ende jedes k-ten Segmentes, so dass sich fuer die
  optimale Seitenlaenge der Wert

  $$p* = \sqrt{2*c*k*s}$$

  ergibt.

      Nimmt man c := 1 und [k*]s ≤ 1000 an, was realistische Werte
  sind, so ergibt sich fuer die optimale Seitenlaenge p* ≤ 45, was
  einigermassen ueberraschend ist. Allerdings wurde bei dieser
  Betrachtung der mit dem Seitentransport verbundene Overhead noch
  nicht beruecksichtigt. Dieser Overhead laesst sich durch die
  Funktionen fuer die Uebertragungszeit tu fuer eine Seite
  ausdruecken:

  - **Trommel:** tu = T * (1/2 + p/w)
    [T: Umdrehungszeit, w: Anzahl Worte pro Spur]

- **Platte:** tu = ta + T * (1/2 + p/w)
  [ta: Arm-Positionierungs-Zeit]

- **Massenkernspeicher:** tu = tc * p
  [tc: Zykluszeit des Massenkernspeichers]

- **Extended core storage (ECS):** tu = ti + tp * p/v
  [ti: Initialisierungszeit, v: Anzahl pro Hauptspeicher-Zyklus tp uebertragbarer Worte]

Fuer typische Werte dieser Groessen, naemlich:

T = 16 ms fuer Trommel, 30 ms fuer Platte
w = 4000, ta = 100 ms, tc = 10 μs, tp = 1 μs
ti = 3 μs und v = 10

ergeben sich folgende Untergrenzen fuer die Zugriffszeit tu:

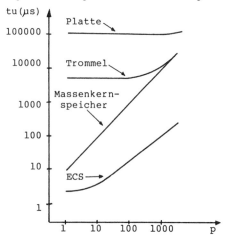

Fig. 5-20 Untergrenzen fuer Transportzeiten

Daraus ergeben sich die folgenden Obergrenzen fuer die Transport-Effizienz

e := t/tu   [t: echte Uebertragungszeit]

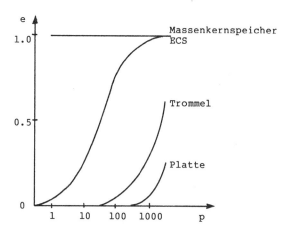

Fig. 5-21 Obergrenzen fuer die Transport-Effizienz

Diese Ergebnisse zeigen, dass Platten generell ineffizient arbeiten und dass auch Trommeln erst bei Seiten-Groessen effizient werden, bei denen die interne Fragmentierung zu schlechter Speicherauslastung fuehrt. Massenkernspeicher dagegen sind fuer die Abspeicherung sehr grosser virtueller Adressraeume zu teuer und heute auch nur mehr fuer Sonderanwendungen gebraeuchlich. CCD-Speicher ("charge coupled device") und Magnet-Blasen-Speicher ("bubble memories"), deren Charakteristika mit denen der ECS-Speicher vergleichbar sind, duerften in naher Zukunft dagegen gute Kandidaten fuer Sekundaerspeicher zur Realisierung virtuellen Speichers werden.

Eine moegliche Loesung zur Ueberwindung der Diskrepanz zwischen der fuer Fragmentierung optimalen kleinen und der fuer die Transport-Effizienz optimalen grossen Seitenlaenge koennte "partitionierte Segmentierung" sein, bei der zwei verschiedene Seitenlaengen P und p mit P >> p verwendet werden. Ein Segment der Laenge s wuerde dann aus K Seiten der Laenge P und k Seiten der Laenge p zusammengesetzt, so dass

$$K*P \leq s < (K+1)*P$$

$$k*p < s - K*P \leq (k+1)*p$$

mit $K+k \geq 1$ gilt. Interne Fragmentierung erfolgt dann nur in einer Seite der Laenge p, waehrend die Seitenlaenge P die Charakteristika des Hintergrundspeichers beruecksichtigen koennte. Eine Implementierung dieses Verfahrens haette etwa folgenden Aufbau:

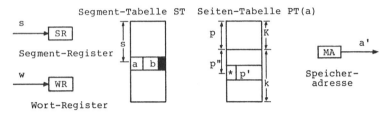

```
Ablauf: SR := s; WR:= w;   ! Seitenlaengen 2**Z bzw. 2**z
        if <ST[s]> empty ==> missing segment fault;
        if w > b ==> overflow fault;
        p := w<k-1:Z>; p" := 0; w' := w<Z-1:0>;
        if <PT(a)[p]> marked by * ==>
           [ p" := w<Z-1:z>; w' := w<z-1:0> ];
        if <PT(a)[p+p"]> empty ==> missing page fault;
        p' := <PT(a)[p+p"]>; MA := p' + w';
```

Fig. 5-22 Partitionierte Segmentierung

Damit dieses Verfahren effizient sein koennte, muesste jedoch allgemein s >> P sein, was meist nicht der Fall ist, so dass wohl nur das Warten auf neuere Speicher-Technologien wie Magnet-Blasen-Speicher zur Loesung des Problems der effizienten Implementierung virtuellen Speichers uebrigbleibt.

5.3.5 Der Kompressionsfaktor

Waehrend eines Programmlaufes wird im allgemeinen nicht auf alle Worte eines Programms zugegriffen, da zum Beispiel bestimmte Programmstuecke nicht angesprungen und daher nicht ausgefuehrt werden. Besteht ein Programm aus n Worten, so wird normalerweise nur auf n' dieser Worte (mit $n' < n$) zugegriffen, waehrend $n - n'$ Worte fuer diesen Programmlauf eigentlich ueberfluessig sind. Bei Paging-Systemen mit kleiner Seitenlaenge besteht einige Wahrscheinlichkeit, dass ein Teil dieser ueberfluessigen Worte isoliert auf Seiten steht, auf die nie zugegriffen wird, so dass diese Seiten nie in den Hauptspeicher geladen werden muessen. Man kann daher fuer einen bestimmten Programmlauf und eine gegebene Seiten-Groesse p einen Kompressionsfaktor $c(p)$ als Verhaeltnis der tatsaechlich benutzten Seiten zur Gesamtzahl aller Seiten definieren. Dabei gilt:

$$c(n) = 1 \quad \text{und} \quad c(1) = n'/n$$

Fuer $2**5 \leq p \leq 2**11$ laesst der Kompressionsfaktor sich

$$c(p) = a + b * \text{ld } p$$

approximieren mit $0.1 \leq b \leq 0.15$ (==> Halbierung der Seiten-Groesse komprimiert ein Programm um 10 - 15 %) und $0.1 \leq a \leq 0.4$

fuer $1 \leq p < 2^{**}5$ und $c(p) > 0.8$ fuer $p \geq 2^{**}9$. Daraus folgt, dass eine kleine Seitenlaenge starke Kompression vieler Programme ohne Effizienzverlust erlaubt.

5.3.6 Vergleich von Paging und Segmentierung

Ein Vergleich aller Aspekte eines virtuellen Speichers fuer Systeme mit Paging und solche mit Segmentierung ergibt klare Ueberlegenheit des Paging ausser bei der internen Fragmentierung, die jedoch durch geeignete Wahl der Seitengroesse kontrolliert werden kann:

Faktor	Paging	Segmentierung
Segmentierter Namensraum	moeglich	moeglich
Speicherzugriffe je Referenzierung:		
1. mit Paging	2	-
2. mit Segmentierg.	-	2
3. mit beiden	3	-
4. mit Assoziativ-speicher	≈ 1	≈ 1
Ersetzungs-Strategie	erforderlich	erforderlich
Lade-Strategie	ueblicherweise demand	ueblicherweise demand
Positionierungs-Str.	erforderlich, einfach	erforderl., kompliz.
Kompaktifizierung	nicht erforderlich	optional, von geringer Bedeutung
ext. Fragmentierung	keine	ja; kontr. durch Position.-Strateg. und $m > s$
int. Fragmentierung	ja; kontr. durch Seitenlaenge	keine
Tabellen-Fragment.	ja	ja
Kompressionsfaktor	<< 1 fuer kleine Seitenlaenge	normalerweise 1

Fig. 5-23 Vergleich von Paging und Segmentierung

Da gleichzeitig Paging von der Hardware einfacher und effizienter unterstuetzt werden kann als Segmentierung, stellt dieses Verfahren die am meisten verwendete Implementierungsform fuer virtuellen Speicher dar.

5.3.7 Einfluss der Lade-Strategie

Um Lade- und Ersetzungs-Strategie genauer beschreiben zu koennen, empfiehlt sich die Einfuehrung einer etwas formaleren Schreibweise [10] fuer den Vorgang des Seiten- (oder Segment-) Wechsels. Dazu wird jedem Programm ein sogenannter "Referenz-String" ("reference string")

$$w = r[1]r[2]...r[t]...$$

zugeordnet; hierbei bezeichnet $r[t] \in N$ den Zugriff auf die Seite r des Adressraums N zur Zeit $t \geq 1$. Die echte Zeit, die zwischen zwei Zugriffen $r[t]$ und $r[t+1]$ vergeht, ergibt sich als tp, falls die betreffende Seite im Hauptspeicher steht, und als $\geq$ ts + tp $\approx$ ts sonst. Erzeugt ein gegebener Referenz-String w insgesamt f Zugriffe auf Seiten, die nicht im Hauptspeicher stehen ("Seiten-fehler", "page faults"), so ergibt sich eine "Fehlerrate" ("fault rate") von:

$$F(w) = f / L(w)$$

wobei $L(w)$ die Laenge von w, d.h. die Gesamtzahl der Zugriffe in w bezeichnet. Fuer den Erwartungswert $E(tv)$ der Zeit fuer einen Zugriff auf den virtuellen Speicher ergibt sich dann:

$$E(tv) = tp * (1-F(w)) + (ts+tp) * F(w)$$

$$= tp * (1 + d*F(w)),$$

wobei d das Verhaeltnis der Zugriffszeiten $ts/tp \geq 10000$ ist. Um ein effizientes System zu erhalten, muss daher $F(w)$ moeglichst klein sein.

Jedem Referenz-String $w = r[1]r[2]...r[t]...$ entspricht eine Folge von Speicherzustaenden $S[0]S[1]S[2]...S[t]...$, ausgehend von einem Anfangszustand $S[0]$. Dabei ist jeder Zustand $S[t]$ bestimmt durch die Menge der Seiten aus N, die sich zur Zeit t im Haupt-speicher M befinden; es gilt fuer alle $t \geq 0$:

$$S[t] \subseteq N \ ; \ |S[t]| \leq \min(m,n) \ ; \ r[t] \in S[t]$$

Im allgemeinen nimmt man $S[0] = \emptyset$ an. Der Uebergang von einem Speicherzustand zum naechsten wird bestimmt durch:

$$S[t] = S[t-1] + X[t] - Y[t]$$

Dabei ist

$$X[t] \subseteq N \setminus S[t-1]$$

die Menge der geladenen Seiten und

$$Y[t] \subseteq S[t-1]$$

die Menge der ersetzten alten Seiten. Ein Paging-Algorithmus kann (in vereinfachter Form) beschrieben werden durch eine Uebergangs-funktion

$$ga(S,x) = S' \quad \text{mit } x \in S',$$

die aus einem Zustand S bei Vorliegen eines Zugriffs x einen neuen Zustand S' erzeugt. Dadurch kann ueber

$$ga(S[t-1],r[t]) = S[t] \quad \text{fuer } t \geq 1$$

die Folge der Speicherzustaende erzeugt werden.

Man bezeichnet einen Algorithmus als "Demand-Paging", wenn
fuer alle $m > 0$ aus $ga(S,x) = S'$ folgt:

$$S' = \begin{cases} S & \text{falls} \quad x \in S \\ S + x & \text{falls} \quad x \notin S \quad \text{und} \quad |S| < m \\ S + x - y & \text{falls} \quad x \notin S \quad \text{und} \quad |S| = m \end{cases}$$

Damit gilt insbesondere:

$$0 \leq |Y[t]| \leq |X[t]| \leq 1 \text{ fuer alle t.}$$

Durch die Eigenschaft eines Algorithmus, Demand Paging zu
verwenden, ist die Lade-Strategie dieses Algorithmus voellig festgelegt; offen ist lediglich noch die Ersetzungs-Strategie, die
die Auswahl der zu ersetzenden Seite

$$y = R(S,x)$$

bestimmt.

Um die Effizienz von Demand-Paging-Algorithmen abschaetzen zu
koennen, muss man die Kosten $h(k)$ fuer den Hintergrundtransport
von k Seiten kennen. Dabei sei angenommen, dass gilt:

$$h(0) = 0 \quad \text{und} \quad h(k) \geq h(1) = 1$$

In der Praxis kann man ausserdem noch annehmen, dass $h(k)$ mit k
(schwach) monoton waechst. Die Gesamtkosten fuer die Abarbeitung
eines Referenz-Strings nach einem beliebigen Paging-Algorithmus A
ergeben sich dann als:

$$C(A,m,w) = \sum_{t=1}^{T} h(|X[t]|)$$

Fuer einen Demand-Paging-Algorithmus D gilt wegen $|X[t]| \leq 1$:

$$C(D,m,w) = \sum_{t=1}^{T} |X[t]|$$

Ein Algorithmus A ist dann als optimal zu bezeichnen, wenn er
$C(A,m,w)$ fuer alle m und w minimisiert, was in der Praxis
bedeutet, dass er den Erwartungswert $C(A,m)$ ueber eine gegebene
Verteilung der w minimisieren muss.

Satz: Fuer $h(k) \geq k$ gibt es zu jedem Algorithmus A einen Demand-
Paging-Algorithmus D, so dass fuer alle m und w gilt:

$$C(D,m,w) \leq C(A,m,w).$$

Der Beweis beruht darauf, dass jede von D geladene Seite auch von
A geladen werden muss.

Die Voraussetzung zu diesem Satz, dass naemlich $h(k) \geq k$ ist, wird von Massenkernspeichern und vom Hauptspeicher selbst (in Bezug auf Cache-Speicher) erfuellt, so dass hier der Einsatz von Demand-Paging-Algorithmen zweckmaessig ist.

Fuer Platten oder Trommeln als Hintergrundspeicher gilt dagegen im allgemeinen wegen der Latenzzeiten fuer Positionierung und Rotation $h(k) < k$. In diesem Fall existiert keine einfache Bedingung dafuer, wann es einen optimalen Demand-Paging-Algorithmus gibt, so dass hier andere Lade-Strategien zweckmaessig sein koennen. Gebraeuchlich sind hier folgende Verfahren:

- _Prepaging_: Laden von Seiten, von denen fuer die Zukunft ein Zugriff vermutet wird

- _Swapping_: Uebertragung eines ganzen Adressraumes/ Segments mit einem einzigen Hintergrundzugriff; bei Ablage in nicht konsekutive Seiten des Hauptspeichers spricht man hier von "Scatter-Gather-Technik"

- _Page-Clustering_: Uebertragen jeweils mehrerer Seiten zusammen

Analytische Ergebnisse ueber das Verhalten dieser Verfahren liegen nicht vor.

5.3.8 Einfluss der Ersetzungs-Strategie

Zur formalen Beschreibung [10] der Auswahl einer Seite durch die Ersetzungs-Strategie ist es zweckmaessig, die beiden folgenden Groessen einzufuehren:

- Der "_Vorwaerts-Abstand_" ("forward distance") $d[t](x)$ einer Seite x zur Zeit t ist der zeitliche Abstand zum naechsten Zugriff auf x nach dieser Zeit t:

$$d[t](x) = k, \text{ falls } r[t+k] \text{ das erste Vorkommen von } x$$
$$\text{in } r[t+1]r[t+2]... \text{ ist}$$

$$= \infty, \text{ falls } x \notin r[t+1]r[t+2]...$$

- Analog bezeichnet der "_Rueckwaerts-Abstand_" ("backward distance") $b[t](x)$ den zeitlichen Abstand zum letzten Zugriff auf x:

$$b[t](x) = k, \text{ falls } r[t-k] \text{ das letzte Vorkommen von } x$$
$$\text{in } r[1]...r[t] \text{ ist}$$

$$= \infty, \text{ falls } x \notin r[1]...r[t]$$

Damit lassen sich die folgenden Ersetzungs-Strategien formulieren:

- LRU ("least recently used"): y ist die Seite mit dem groessten Rueckwaerts-Abstand:

$$R(S,x) = y \iff b[t](y) = \max_{z \in S} \{ b[t](z) \}$$

- B0 ("Belady's optimaler Algorithmus"): y ist die Seite mit dem groessten Vorwaerts-Abstand:

$$R(S,x) = y \iff y = \min_{z \in S^*} \{ z \}$$

$$\text{mit } S^* := \{ z \in S \mid d[t](z) = \max_{u \in S} \{ d[t](u) \} \}$$

(Die Auswahlregel fuer z stellt keine Einschraenkung dar, weil gilt:

$$d[t](z) = d[t](z') \ \& \ z \neq z' \implies d[t](z) = \infty)$$

- LFU ("least frequently used"): y ist die Seite, auf die am wenigsten zugegriffen wurde; falls mehrere Seiten diese Eigenschaft haben, wird unter diesen nach dem LRU-Verfahren ausgewaehlt:

$$R(S,x) = y \iff b[t](y) = \max_{z \in S^*} \{ b[t](z) \}$$

$$\text{mit } S^* := \{ z \in S \mid f[t](z) = \min_{u \in S} \{ f[t](u) \} \}$$

wobei $f[t](x)$ die Anzahl der Zugriffe auf x in $r[1]...r[t]$ bezeichnet.

- FIFO ("first in - first out"): y ist die Seite, die die laengste Zeit im Hauptspeicher war:

$$R(S,x) = y \iff g[t](y) = \min_{z \in S} \{ g[t](z) \}$$

mit

$$g[t](z) = i \iff i = \max_{j \leq t} \{ S[j]-S[j-1] = r[j] = z \}$$

- LIFO ("last in - first out"): y ist die Seite, die die kuerzeste Zeit im Hauptspeicher war:

$$R(S,x) = y \iff g[t](y) = \max_{z \in S} \{ g[t](z) \}$$

Waehrend die Algorithmen LRU, LFU, FIFO und LIFO ihre Auswahl ohne Beruecksichtigung von $r[t+1]r[t+2]...$ treffen ("non-look-ahead"), erfordert der Algorithmus B0 die Kenntnis der zukuenf-

tigen Referenzen ("lookahead") und wird daher als "nicht realisierbar" bezeichnet.   Dieser Algorithmus stellt   jedoch   ein
wichtiges Mass fuer die Guete aller Ersetzungs-Strategien dar,
weil gilt:

Satz: Der Algorithmus B0 minimisiert C(A,**m**,w) fuer alle **m** und w.

Um vom nicht realisierbaren Algorithmus B0 zu einem reali-
sierbaren Algorithmus zu kommen, ersetzt man ueblicherweise die
echten Vorwaerts-Abstaende der einzelnen Seiten durch die
Erwartungswerte dieser Abstaende. Eine Reihe der wichtigsten
Paging-Algorithmen unterscheidet sich nur in den Annahmen, die zur
Bestimmung dieser Erwartungswerte gemacht werden. Nimmt man etwa

$$E(d[t](x)) = b[t](x)$$

an, so ergibt sich genau der LRU-Algorithmus. Algorithmen, die
auf diese Art versuchen, den optimalen Algorithmus B0 zu approximieren, zeigen in der Praxis - abgesehen von Spezialfaellen wie
etwa vorherrschendem Datenbank-Betrieb - nahezu optimales
Verhalten.

Man kann die Fehlerwahrscheinlichkeit f(A,**m**) eines Algorithmus A aus den Fehlerraten F(A,**m**,w) fuer die einzelnen, mit
einer Wahrscheinlichkeit Pr[w] vorkommenden Referenz-Strings w
bestimmen:

$$f(A,\mathbf{m}) = \sum_w Pr[w]/L(w) * F(A,\mathbf{m},w)$$

Dabei zeigt sich, dass fuer einigermassen "sinnvolle" Alogrithmen
die Funktionen f(A,m) in der Naehe der optimalen Funktion f(B0,m)
liegen:

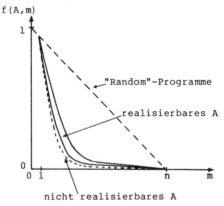

Fig. 5-24 Fehlerwahrscheinlichkeit

Speziell zeigt sich hier, dass diese Funktionen wesentlich
staerker von **m** als von A abhaengen, so dass die Auswahl der
richtigen Hauptspeichergroesse **m** auf das Verhalten eines

virtuellen Systems einen erheblich groesseren Einfluss hat als die
Auswahl des Ersetzungs-Algorithmus A; eine sinnvolle Auswahl von
m ergibt Werte in der Groessenordnung von n/2, wobei n die Groesse
des von einem relativ grossen Programm tatsaechlich belegten
Speichers bezeichnet. Insbesondere faellt auf, dass sich die
tatsaechlichen Fehlerwahrscheinlichkeiten sehr stark von der
Wahrscheinlichkeit

$$f(R,m) = (n - m) / n$$

einer Gleichverteilung der Zugriffe auf alle Seiten des Adressraums unterscheiden; diese Eigenschaft existierender Programme
wird im Abschnitt 5.4.1 noch besonders betrachtet werden.

5.3.9 Das Erweiterungs-Problem

Von einem gutartigen Paging-Algorithmus erwartet man, dass er
die mittlere Anzahl von Seitenfehlern verringert, wenn man den
Hauptspeicher vergroessert:

$$\bigwedge_w \bigwedge_m F(A,m+1,w) \leq F(A,m,w)$$

Diese Bedingung braucht nicht in jedem Fall zu gelten, wie
das folgende Beispiel fuer den FIFO-Algorithmus zeigt:

Fuer $N = \{1,2,3,4,5\}$ und **w** = 123412512345 ergibt FIFO
folgende Speicherzustaende fuer **m** = 3:

```
1  1  1  2  3  4  1  1* 1* 2  5  5*
   2  2  3  4  1  2  2  2  5  3  3
      3  4  1  2  5  5  5  3  4  4
```

und fuer **m** = 4:

```
1  1  1  1  1* 1* 2  3  4  5  1  2
   2  2  2  2  2  3  4  5  1  2  3
      3  3  3  3  4  5  1  2  3  4
         4  4  4  5  1  2  3  4  5
```

Dabei sind Zustaende ohne Seitenfehler durch * gekennzeichnet; **m** = 3 ergibt somit 9 Seitenfehler, waehrend **m**
= 4 zu 10 Fehlern fuehrt.

Dieses Verhalten ist unerwuenscht, da es zu einem unzuver-
laessigen Arbeiten der Speicherverwaltung fuehren kann. Setzt man
jedoch voraus, dass

$$\bigwedge_{1\leq m<n} \bigwedge_w S(A,m,w) \subseteq S(A,m+1,w)$$

fuer die Speicherzustaende S(A,m,w) gilt, so kann ein Zugriff auf
eine Seite x nur dann fuer **m**+1 zu einem Seitenfehler fuehren, wenn

$$x \notin S(A,m+1,w)$$

gilt. Daraus folgt aber auch:

$$x \notin S(A,m,w) \quad,$$

also ein Seitenfehler fuer m, so dass die Kosten und die Fehler-rate monoton mit m fallen. Man bezeichnet Algorithmen, die die obige Einschliessungseigenschaft haben, als "Stack-Algorithmen"; Beispiele hierfuer sind B0, LRU, LFU und LIFO, nicht jedoch FIFO, wie das folgende Beispiel zeigt:

w :	1	2	3	4	1	2	5
m = 3	1	2	3	4	1	2	5
		1	2	3	4	1	2
			1	2	3	4	1
m = 4	1	2	3	4	4	4	5
		1	2	3	3	3	4
			1	2	2	2	3
				1	1	1	2

Fig. 5-25 Beispiel von Speicherzustaenden bei FIFO-Strategie

Bezeichnet man den Stack als $s(w)$, wobei die einzelnen Komponenten $s[i](w)$ definiert sind durch

$$\{ \, s[i](w) \, \} = S(i,w) - S(i-1,w)$$

mit

$$S(0,w) = \emptyset \quad,$$

so laesst sich zu jedem Referenz-String $r[1]...r[t]$ eine Folge von Stacks konstruieren, so dass die Speicherzustaende durch die jeweils m ersten Elemente der Stacks gegeben sind. Man kann dann den "Stack-Abstand" $D[x](w)$ einer Seite x als Position von x im Stack $s(w)$ definieren:

$$D[x](w) = k, \text{ falls } s[k](w) = x$$

$$= \infty, \text{ falls } x \notin s(w)$$

Stack-Algorithmen sind durch folgende Eigenschaften zu charakterisieren:

- Die Seite, auf die zuletzt zugegriffen wurde, ist ganz oben im Stack:

$$D[x](wx) = 1$$

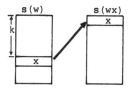

Fig. 5-26 Beispiel fuer $D[x](wx) = 1$

- Seiten, auf die nicht zugegriffen wird, bewegen sich nie im Stack nach oben:

$$y \neq x \implies D[y](w) \leq D[y](wx)$$

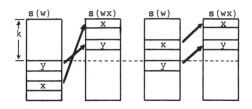

Fig. 5-27 Beispiel fuer $D[y](w) \leq D[y](wx)$

Begruendung: Beide hier gezeigten Uebergaenge sind unter Demand-Paging nicht moeglich (man nehme als Speichergroesse gerade $m = k$)!

- Seiten unterhalb der Seite, auf die zugegriffen wurde, veraendern ihre Position im Stack nicht:

$$D[x](w) < k \implies s[k](wx) = s[k](w)$$

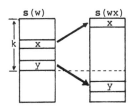

Fig. 5-28 Beispiel fuer $s[k](wx) = s[k](w)$

Begruendung: Da die Seite y nicht nach oben kommen kann, muesste sie tiefer in den Stack wandern, wenn sie ihre Position veraendern sollte; dies haette aber die - bei Demand-Paging verbotene - Konsequenz, dass eine andere Seite z hochwandern muesste.

Damit ergibt sich folgendes Gesamtbild fuer das Verhalten der Seiten im Stack:

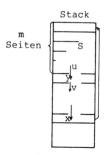

Fig. 5-29 Bewegung der Seiten im Stack

Damit gilt der

Satz: Ein Algorithmus ist genau dann ein Stack-Algorithmus, wenn gilt:

$$x \notin S + y \implies R(S+y,x) = R(s,x) \text{ oder } = y.$$

Dabei gilt die zweite Alternative genau dann, wenn die Seite y auf Position m im Stack steht, d.h. $D[y](wx) = m$. Waehlt man

$$R(S,x) = \min_{s} \left\{ S \right\},$$

so laesst sich fuer $D[x](w) = m$ der neue Zustand $s[i](wx)$ des Stacks folgendermassen bestimmen:

$$
\begin{aligned}
s[i](wx) &= x & \text{fuer } i = 1 \\[2mm]
&= \max \left\{ s[i](w), \min_{s} \left\{ S(i-1,w) \right\} \right\} & \text{fuer } 1 < i < m \\[2mm]
&= \min_{s} \left\{ S(i-1,w) \right\} & \text{fuer } i = m \\[2mm]
&= s[i](w) & \text{fuer } i > m
\end{aligned}
$$

5.4 DAS WORKING-SET-MODELL

5.4.1 Lokalitaet

Der grosse Unterschied, der sich zwischen der Fehlerwahr-scheinlichkeit realistischer Programme und der fuer gleich-verteilten Zugriff ergibt, weist auf eine sehr wesentliche Eigen-schaft der meisten Programme hin: die "Lokalitaet" ("locality"). Man versteht darunter das Verhalten eines Programms, innerhalb einer bestimmten Zeit seine Zugriffe auf eine Teilmenge aller Seiten des Adressraums zu konzentrieren. Diese Teilmenge veraendert sich zwar waehrend der Ausfuehrung des Programms, doch erfolgt die Aenderung nur langsam. Fuer dieses Verhalten sind hauptsaechlich zwei Ursachen verantwortlich:

- **Kontext:** Zu jeder Zeit arbeitet ein Programm in einem seiner Moduln; alle Zugriffe erfolgen auf die Befehle und Daten dieses Moduls sowie auf von dort erreichbare globale Daten.

- **Schleifen:** Bei der Abarbeitung von Schleifen wird oft lange Zeit auf eine bestimmte Datenmenge immer wieder zugegriffen.

Man kann dieses Verhalten durch eine "Referenzdichte" ("reference density") $a[i](t)$ jeder Seite i beschreiben:

$$a[i](t) = Pr[\ r[t] = i\ ] \quad \text{fuer } i \in N$$

mit

$$0 \leq a[i](t) \leq 1\ ; \quad \sum_{i=1}^{n} a[i](t) = 1$$

Die Seiten eines Programms lassen sich nun zu jeder Zeit t so anordnen (in Form einer Permutation $R(t) = (j1,j2,...,jn)$), dass gilt:

$$a[j1](t) \geq a[j2](t) \geq ... \geq a[jn](t)$$

Diese "Rang-Permutationen" ("rankings") werden als "strikt" be-zeichnet, wenn gilt:

$$a[j1](t) > a[j2](t) > ... > a[jn](t)$$

Eine "Rang-Aenderung" erfolgt, wenn

$$R(t) \neq R(t-1)$$

ist, und die "Lebensdauer" einer Rang-Permutation ("ranking lifetime") ist die Zeit zwischen zwei Rang-Aenderungen. Diese Lebensdauer ist lang, wenn sich die $a[i](t)$ nur langsam mit t aendern. Daher gilt nach dem oben Gesagten im allgemeinen das

Lokalitaets-Prinzip: Die Rang-Permutationen sind strikt, und die Erwartungswerte ihrer Lebensdauer sind hoch.

Dieses Prinzip gilt fuer Referenzstrings, die die folgenden Eigenschaften besitzen:

- Zu jeder Zeit verteilt ein Programm seine Zugriffe in nicht gleichfoermiger Weise ueber seine Seiten.

- Die Korrelation zwischen den Zugriffsmustern fuer unmittelbare Vergangenheit und unmittelbare Zukunft ist im Mittel hoch, und die Korrelation zwischen nicht ueberlappenden Referenz-Substrings geht mit wachsendem Abstand zwischen ihnen gegen 0.

- Die Referenzdichten der einzelnen Seiten aendern sich nur langsam, d.h. sie sind quasi stationaer.

Es muss hier betont werden, dass Programme zwar im allgemeinen diese Eigenschaften besitzen, dass aber ohne weiteres einzelne Programme das Lokalitaets-Prinzip verletzen koennen, so dass die folgenden Betrachtungen nicht oder nur mit Einschraenkungen auf sie anwendbar sind.

5.4.2 Das Working-Set-Prinzip

Aus dem Lokalitaets-Prinzip ergibt sich der Begriff des "Working Set" $W(t,T)$ eines Programms:

Definition: Der <u>Working Set</u> eines Programms zur Zeit t ist die Menge

$$W(t,T) = \{ \; i \in N \; | \; i \in r[t-T+1]...r[t] \; \}$$

der Seiten, auf die im Zeitintervall $(t-T,t]$ zugegriffen wurde. Man bezeichnet T als "Working-Set-Parameter".

Eine Seite befindet sich im Working Set, falls einer der letzten T Zugriffe auf sie erfolgte, d.h.

$$\sum_{j=t-T+1}^{t} a[i](j) \geq 1$$

Daraus laesst sich ein Wert fuer T bestimmen, wenn man etwa verlangt, dass Seiten mit $a[i](t) < a0$ fuer gegebenes a0 nicht mehr im Working Set enthalten sein sollten; man kann dann etwa $T = 1/a0$ waehlen. Der Working Set enthaelt somit die fuer den Augenblick jeweils "wesentlichsten" Seiten; fuer dem Lokalitaets-Prinzip genuegende Programme aendert er sich nur langsam. Da einerseits Seiten mit hoher Referenzdichte einen kleinen Erwartungswert $E(d[t](x))$ fuer den Vorwaerts-Abstand haben und da andererseits genau diese Seiten mit hoher Wahrscheinlichkeit dem Working Set angehoeren, gilt das

Working-Set-Prinzip: Wenn eine Speicherverwaltung so aufgebaut ist, dass

- ein Programm genau dann lauffaehig gesetzt wird, wenn sein ganzer Working Set im Hauptspeicher liegt, und

- keine Seite aus dem Working Set eines laufenden Programms aus dem Hauptspeicher entfernt werden darf,

dann approximiert diese Speicherverwaltung fuer die dem Lokalitaets-Prinzip genuegenden Programme den optimalen Ersetzungs-Algorithmus [13,14].

Dieses Prinzip stellt keine reine Speicherverwaltung mehr dar; es impliziert eine starke Korrelation zwischen Prozessor-Zuteilung und Speicherverwaltung und stellt daher eine umfassende Scheduling-Strategie dar.

5.4.3 Eigenschaften von Working Sets

Sei $w(T)$ der Erwartungswert der Groesse des Working-Set:

$$w(T) := E(|W(t,T)|)$$

Dann gilt fuer $T \geq 1$:

- trivialerweise: $1 \leq w(T) \leq \min \{ n,T \}$

- $w(T)$ ist schwach monoton wachsend: $w(T) \leq w(T+1)$

- $w(T)$ ist konkav: $w(T-1) + w(T+1) \leq 2 * w(T)$

   [**Beweis:** Diese Aussage ist aequivalent mit:

$$w(2*T) \leq 2*w(T)$$

   Wegen

$$W(t,2*T) = W(t,T) \cup W(t-T,T)$$

   gilt

$$E(|W(t,2*T)|) \leq E(|W(t,T)|) + E(|W(t-T,T)|)$$
$$= 2 * E(|W(t,T)|)$$

   letzteres, weil die Erwartungswerte zeitunabhaengig sind.]

Damit hat die Funktion $w(T)$ etwa die folgende Form:

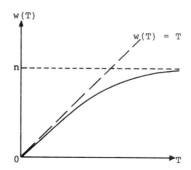

Fig. 5-30 Erwartungswert der Working-Set-Groesse

Die Wahrscheinlichkeit g(T) fuer einen Seitenfehler laesst sich sehr einfach aus der Funktion w(T) bestimmen. Erhoeht man naemlich zur Zeit t den Working-Set-Parameter T um 1, so wird ein weiterer Zugriff r[t-T] in den Working Set einbezogen. Die Groesse des Working Set aendert sich dabei um:

$$DW = \begin{cases} 1 & \text{falls } r[t-T] \notin W(t,T) \\ 0 & \text{sonst} \end{cases}$$

Damit gilt jedoch

$$E(DW) = g(T)$$

und

$$g(T) = w(T+1) - w(T)$$

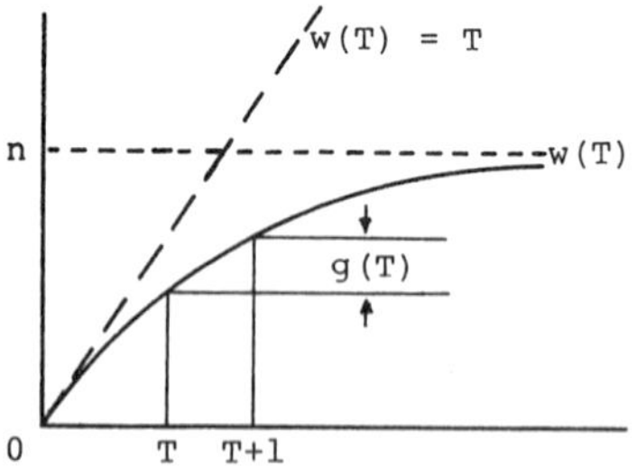

Fig. 5-31 Working-Set-Groesse und Working-Set-Parameter

In analoger Weise ergibt sich der Erwartungswert f(T) fuer den zeitlichen Abstand zwischen zwei Seitenfehlern aus der zugehoerigen Verteilungsfunktion

$$f(T) = g(T-1) - g(T)$$

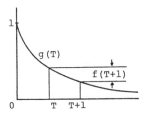

Fig. 5-32 Seitenfehler-Wahrscheinlichkeit

Man kann daher aus der Funktion w(T) Abschaetzungen fuer die Fehlerrate und die Fehlerwahrscheinlichkeit der Working-Set-Strategie ableiten.

Aus den Ergebnissen fuer den Kompressionsfaktor eines Programms folgt ausserdem noch, dass fuer die Working-Set-Groesse w(T,p) in Abhaengigkeit von der Seitenlaenge p im allgemeinen gilt:

$$p1 < p2 \implies p1 * w(T,p1) \leq p2 * w(T,p2)$$

d.h. Verringerung der Seitenlaenge fuehrt zu Verkleinerung der Working Sets [13].

Wesentlich fuer diese ganzen Betrachtungen ist das Lokalitaets-Prinzip, das aus der unmittelbaren Vergangenheit eines Programms Schluesse auf seine unmittelbare Zukunft zieht. Wie sich kontext-bezogene Programmierung und Schleifen im Einzelnen auf den Working Set auswirken, ist zur Zeit noch unbekannt, ebenso die Frage, wie man feststellen kann, ob eine Seite in naher Zukunft zum Working Set gehoeren wird, noch ehe auf sie zugegriffen wurde.

Eine praktische Realisierung des Working-Set-Prinzips kann in der Implementierung eines LRU-Verfahrens bestehen, bei dem jeweils die letzten w(T) Stack-Eintraege als Working Set betrachtet werden. Wesentlich ist hier die richtige Wahl des Zeitparameters T; Denning [15] schlaegt vor, diesen Parameter so zu waehlen, dass er etwa der doppelten Zeit fuer einen Hintergrund-Transport entspricht.

5.4.4 Thrashing

Paging-Algorithmen fuer Multi-Programmierung liegen ueblicherweise zwischen zwei Extremen:

- **Lokale Strategien,** die den Gesamtspeicher in feste Arbeitsbereiche (Mengen einem Programm zugewiesener Seiten) partitionieren, die je einem Prozess zugeordnet sind und deren Groesse normalerweise konstant gehalten wird.

- **Globale Strategien**, die den Gesamtspeicher dynamisch auf die einzelnen Prozesse verteilen, so dass deren Arbeitsbereiche statistisch ihre Ausdehnung veraendern.

Das Working-Set-Prinzip stellt in diesem Zusammenhang eine lokale Strategie dar. Globale Strategien zeigen demgegenueber suboptimales Verhalten [10], zum Teil deshalb, weil es bei ihnen keine Moeglichkeit gibt, festzustellen, wann der Hauptspeicher ueberverplant ist und wann der Arbeitsbereich fuer ein Programm nicht ausreicht, um seinen Working Set zu enthalten. Dieses Verhalten globaler Strategien kann zu einem als "Thrashing" ("Seitenflattern") bekannten Phaenomen fuehren:

Nimmt man an, dass das i-te Programm einen Arbeitsbereich der Laenge $m[i]$ und eine Fehlerwahrscheinlichkeit $f[i](m[i])$ hat, die ueber einen gewissen Zeitraum konstant ist, so kann man fuer jedes Programm die Effizienz des Paging-Verfahrens ("duty factor") bestimmen:

$$h(m) = tp / (tp + ts * f(m))$$

$$= 1 / (1 + d * f(m))$$

Da normalerweise die Fehlerwahrscheinlichkeit ansteigt, wenn der verfuegbare Arbeitsbereich kleiner wird:

$$m' \leq m \implies f(m') \geq f(m)$$

kann man folgende Abschaetzung fuer die Aenderung der Paging-Effizienz als Folge einer Aenderung des Umfangs eines Arbeitsbereiches ableiten:

$$0 \leq h(m) - h(m') \leq d * [f(m') - f(m)]$$

Da $d = ts/tp$ im allgemeinen einen sehr grossen Wert (10000 und mehr) hat, kann eine kleine Aenderung von m eine sehr grosse Aenderung von $h(m)$ bewirken. Hat man nun in einem Speicher von m Seiten $k-1$ Programme, die durch eine globale Strategie ihre Arbeitsbereiche zugewiesen bekommen, so gilt etwa:

$$m = \sum_{i=1}^{k-1} m[i]$$

Hinzufuegen eines weiteren Programms aendert die Laengen der Arbeitsbereiche von $m[i]$ auf $m'[i] \leq m[i]$, und die Gesamt-Effizienz

$$H[k-1] = \sum_{i=1}^{k-1} h[i](m[i])$$

aendert sich auf

$$H[k] = \sum_{i=1}^{k} h[i](m'[i])$$

Diese Aenderung kann abgeschaetzt werden durch:

$$H[k-1] - H[k] \leq d * \sum_{i=1}^{k-1} \{f[i](m'[i]) - f[i](m[i])\} - h[k](m'[k])$$

$$=: \quad d * F0 - h[k](m'[k])$$

Falls der Ausdruck $H[k-1] - H[k]$ in der Naehe seiner oeberen Schranke liegt und gleichzeitig $d * F0$ nicht klein ist, folgt

$$H[k] \ll H[k-1] \quad ,$$

d.h. das Hinzufuegen eines einzigen weiteren Programms fuehrt zu einem schlagartigen Zusammenbruch der Effizienz des Gesamtsystems - bedingt durch ein rapides Ansteigen der Seitenfehler, weil jedes Programm, das zusaetzliche Seiten benoetigt, diese auf Kosten anderer, ebenfalls noch benoetigter Seiten anderer Programme erhaelt, die dann ihrerseits wieder Seitenfehler produzieren.

Verwaltet man dagegen den Hauptspeicher nach dem Working-Set-Prinzip, so laesst sich die Effizienz ueber die Wahrscheinlichkeit $g(T)$, dass eine Seite nicht dem Working Set angehoert, nach unten abschaetzen:

$$h[i](T[i]) \geq 1 / \{ 1 + d * g[i](T[i]) \}$$

wegen

$$g[i](T[i]) \geq f[i](m[i]) \quad ,$$

da eine Seite, die nicht mehr dem Working Set angehoert, dennoch im Hauptspeicher verbleiben kann, waehrend eine ausgelagerte Seite keinesfalls einem aktiven Working Set angehoert. Da $g[i](T[i])$ eine monoton fallende Funktion ist, kann man $T[i]$ immer so gross waehlen, dass $g[i](T[i]) \leq g0$ fuer ein vorgegebenes $g0 \in [0,1]$ gilt, und damit:

$$h0 := 1 / (1 + d*g0) \leq h[i](T[i]) \leq 1$$

Man kann also $T[i]$ jeweils so waehlen, dass fuer das Programm i ein vorgegebener Effizienzwert $h0$ nicht unterschritten wird; dabei wird man jedenfalls $h0$ so waehlen, dass $h0 \ll 1$ nicht gilt. Hat man fuer alle Programme $T[i]$ entsprechend gewaehlt, so gilt:

$$k * h0 \leq H[k] \leq k$$

Das k-te Programm darf nur dann zu den restlichen k-1 Programmen hinzugeladen werden, wenn

$$w[k](T[k]) \leq m - \sum_{i=1}^{k-1} w[i](T[i])$$

gilt. Dieses Programm kann dann keinen Effizienzzusammenbruch
verursachen, da ein solcher

$$k * h0 \leq H[k] \ll H[k-1] \leq k-1 < k \ ,$$

also $h0 \ll 1$ implizieren wuerde, im Widerspruch zur Wahl von $h0$.

Verwendet man eine dynamische Aufteilung des Hautpspeichers
zusammen mit einer Working-Set-Strategie fuer die Speicherverwaltung, so erhaelt man einen sehr flexiblen und leistungs-
faehigen Multi-Programm-Betrieb - fuer die Programme, die gute
Lokalitaetseigenschften besitzen. Es besteht hier jedoch die
Gefahr, dass einzelne Programme, die ein erratisches Adres-
sierungsverhalten zeigen, dem Gesamtsystem zu viel Speicher
entziehen. Man kann diesen Effekt durch die Einfuehrung einer
Obergrenze fuer die Ausdehnung der Working Sets verhindern, doch
benachteiligt man dadurch alle die Programme, deren Working Set
diese Grenze ueberschreitet. Eine moegliche Loesung dieses
Problems sind einstellbare Obergrenzen, doch wuerde eine voellig
automatische Einstellung zu denselben Problemen fuehren wie eine
dynamische Aufteilung des Arbeitsspeichers, waehrend eine nicht
automatische Einstellung der Grenzen sowohl unbefriedigend als
auch Fehlbedienungen unterworfen ist.

Zur Zeit ist daher das Problem der Speicherverwaltung unter
Multi-Programmierung nicht als vollstaendig geloest zu betrachten.
Existierende Speicherverwaltungen sind meist auf ein bestimmtes
Betriebsverhalten hin entworfen, koennen jedoch immer unter
unguenstigen Umstaenden unbefriedigendes Verhalten zeigen, das
sich, je nach den verfolgten Strategien, auf verschiedene Weise
bemerkbar macht.

5.5 BEISPIEL EINER SPEICHERVERWALTUNG

5.5.1 Mechanismen

Als Beispiel einer in der Praxis realisierten Speicherverwaltung soll zum Abschluss die Speicherverwaltung im Betriebssystem VAX/VMS [37,42] kurz dargestellt werden. Es handelt sich
hier um ein virtuelles System, das mit Paging und einer Working-
Set-Strategie arbeitet, wobei der Adressraum der einzelnen
Prozesse in Segmente unterteilt ist, die zwar eigene Eigenschaften
haben, aber dem Paging gemeinsam unterworfen sind.

Jedem Programm steht ein in zwei Teile unterteilter
virtueller Adressraum zur Verfuegung:

- P0: <u>Programm-Bereich</u>; enthaelt Programme und Daten

- P1: <u>Control-Bereich</u>; enthaelt Stacks und andere temporaere Verwaltungsinformation

Nicht prozess-spezifische Informationen (also im wesentlichen
das Betriebssystem) liegen in einem weiteren Bereich des
virtuellen Adressraums, dem sogenannten <u>System-Bereich</u>, der nur
einmal auf den realen Speicher abgebildet wird, waehrend die

prozess-spezifischen Teile des Adressraums separat fuer jeden
Prozess abgebildet werden:

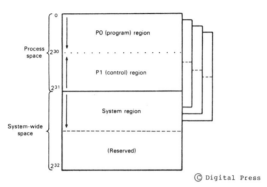

© Digital Press

Fig. 5-33 Adressraeume von System und Prozessen

Bei dieser Abbildung wird innerhalb der Adresse die Nummer
der virtuellen Seite durch die der zugeordneten realen Seite
ersetzt; die Nummer des angesprochenen Bytes innerhalb der Seite
wird ungeaendert uebernommen:

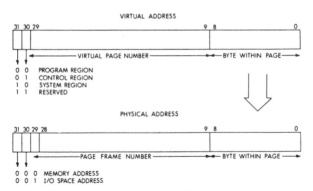

© Digital Equipment Corporation

Fig. 5-34 Virtuelle und reale Adressen

Die Umsetzung wird ueber Seiten-Tabellen vorgenommen; dabei
wird fuer den System-Adressraum eine Tabelle verwendet, und fuer
jeden Prozess-Adressraum wird eine eigene Tabelle, die in zwei
Regionen P0 und P1 unterteilt ist, verwendet:

PER-PROCESS PAGE TABLES

PROGRAM REGION PAGE TABLE
Page Table Entry for Virtual Page 0 (first entry)
PTE for VPN 1
PTE for VPN 2
PTE for VPN 3
.
PTE for Virtual Page N-1 (last entry)

SYSTEM REGION PAGE TABLE
Page Table Entry for Virtual Page 0 (first entry)
PTE for VPN 1
PTE for VPN 2
.
Page Table Entry for Virtual Page N - 1 (last entry)

CONTROL REGION PAGE TABLE
Page Table Entry for Virtual Page 2*22-N
PTE for VPN 2*22-(N-1)
PTE for VPN 2*22-(N-2)
PTE for VPN 2*22-(N-3)
.
PTE for VPN 2*22-1 (last entry)

Fig. 5-35 Struktur der Seiten-Tabellen

Da eine virtuelle Adresse ("program virtual address", PVA) in Seitennummer und Position in der Seite aufgeteilt ist:

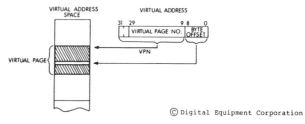

Fig. 5-36 Aufbau einer virtuellen Adresse

muessen die Eintraege in die Seiten-Tabellen ("page table entries", PTEs) nur die Nummer der jeweils zugehoerigen Hauptspeicher-Seiten ("page frame number", PFN) enthalten:

31 30	27 26 25 24 23 22 21 20					0
V	PROT	M	0	OWN	0	PFN

Fig. 5-37 Eintrag in einer Seiten-Tabelle

Zusaetzlich enthaelt jeder Seiten-Tabellen-Eintrag noch folgende Informationen (s. auch Abschnitt 8.2.2.2):

- V - Valid Bit: die Seite gehoert zu einem Working Set

- PROT - Protection Code: ein 16-wertiges Feld, das le-
  senden/schreibenden Zugriff fuer die einzelnen Prozessor-
  Zugriffsmodi freigibt bzw. sperrt (s. Abschnitt 8.2.2.2)

- M - Modify Bit: die Seite wurde geaendert, seit sie
  in den Hauptspeicher transportiert wurde

- OWN - Zugriffsmodus, der der "Eigentuemer" der betreffenden Seite ist (zur Definition software-bedienter
  Zugriffsrechte)

Ein Zugriff auf eine virtuelle Adresse beinhaltet zunaechst
die Lokalisierung der zugehoerigen Seiten-Tabelle. Diese wird im
Falle der Prozess-Seiten-Tabellen ebenfalls im virtuellen Speicher
- also einer Adress-Uebersetzung unterworfen - gehalten, damit sie
nicht physikalisch zusammenhaengend sein muss. Ihre Anfangsadresse und ihre Laenge (zur Ueberpruefung der Gueltigkeit einer
Adresse) werden in eigenen Prozessor-Registern PxBR bzw. PxLR
("P0/P1 base/length register") gehalten, die diese Tabellen im
(virtuellen) System-Adressraum lokalisieren, etwa fuer den P0-
Bereich:

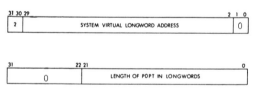

© Digital Equipment Corporation

Fig. 5-38 P0-Basis- und -Laengen-Register

Ueber die zugehoerige Seiten-Tabelle kann die Berechtigung
des Zugriffs ueberprueft und die eigentliche Adress-Umsetzung
vorgenommen werden - eventuell unter Zwischenschaltung des Pagers,
der nicht residente Seiten nachlaedt. Dabei laufen bei der
Umsetzung prozess-spezifischer virtueller Adressen die Umsetzungs-
vorgaenge im Prinzip zweimal hintereinander ab, da die Prozess-
Seiten-Tabellen im virtuellen Speicher liegen und ueber die -
durch entsprechende Register SBR bzw. SLR ("system base/length
register") real adressierte - System-Seiten-Tabelle im realen
Speicher gefunden werden, so dass sich fuer die Umsetzung einer
prozess-spezifischen Adresse insgesamt das folgende Bild ergibt
[39]:

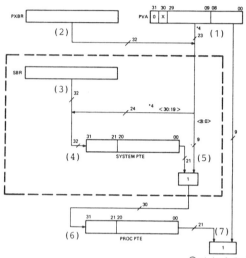

© Digital Equipment Corporation

Fig. 5-39 Adress-Umsetzung fuer den P0/P1-Bereich

Die Umsetzung fuer den System-Bereich besteht nur aus dem inneren Umsetzungs-Vorgang. Um die zusaetzlichen Speicherzugriffe fuer die Adress-Umsetzung der im virtuellen Speicher liegenden Prozess-Seiten-Tabellen einzusparen, wird ein kleiner Assoziativspeicher fuer die zuletzt benoetigten Umsetzungen verwendet.

Eine typische Adress-Umsetzung besteht aus somit insgesamt 7 Schritten fuer die prozess-spezifischen Adressen:

1. Bestimmung der virtuellen Adresse aus dem Maschinenbefehl

2. Bestimmung der virtuellen Adresse der P0/P1-Seiten-Tabelle

3. Bestimmung der realen Adresse der System-Seiten-Tabelle

4. Zugriff auf die System-Seiten-Tabelle

5. Bestimmung der realen Adresse der P0/P1-Seiten-Tabelle

6. Zugriff auf die P0/P1-Seiten-Tabelle

7. Bestimmung der realen Adresse des Operanden

5.5.2 Strategien

Die Verteilung des virtuellen Speichers auf Hauptspeicher und Peripherie wird ueber eine Working-Set-Strategie gesteuert; dabei ist die Groesse der Working Sets ueber einstellbare Schranken nach oben und unten begrenzt und kann sich zwischen diesen Groessen frei bewegen. Die Menge der Prozesse, deren Working Sets resident sind, wird als "balance set" bezeichnet. Falls der Umfang der zugehoerigen Working Sets den des verfuegbaren Speichers uebersteigt, werden einzelne Working Sets durch ein Swapping-Verfahren jeweils als Ganzes auf den Hintergrund ausgelagert, waehrend bei hinreichender Verfuegbarkeit freien Speichers ebenfalls ganze Working Sets durch Swapping mit einem Hintergrund-Zugriff in den Hauptspeicher transportiert werden. Die Entscheidung fuer den Transport eines Working Sets vom/zum Hauptspeicher wird nach drei Kriterien getroffen:

- Prozess-Zustand (ausfuehrbar/wartend)

- Prozess-Prioritaet

- Ablauf des Zeitquantums

Waehrend einerseits ganze Working Sets von einer Speicher-ebene auf eine andere transportiert werden, wird die Entscheidung, welche Seiten zu einem Working Set gehoeren oder nicht, seiten-weise getroffen; die von dieser Entscheidung betroffenen Seiten werden einzeln oder gruppenweise (ueber Page-Clustering) eingelesen bzw. auf den Hintergrund geschrieben. Die Lade-Strategie ist dabei im wesentlichen (bis auf Gruppenbildung durch Clustering) Demand-Paging, die Ersetzungs-Strategie ist normalerweise FIFO wegen der Einfachheit der Implementierung.

Ueber einen System-Generierungs-Parameter kann die Ersetzungs-Strategie jedoch einer LFU-Strategie angenaehert werden. Dabei werden beim Durchsuchen eines Working Set auf zu entfernende Seiten eine Reihe von Seiten zunaechst als moegliche Kandidaten fuer eine Ersetzung markiert. Wird vor dem naechsten Suchen noch einmal auf diese Seiten zugegriffen, so wird die Markierung entfernt, und die Seiten verbleiben bei diesem Suchen im Working Set (und werden erneut markiert). Wird jedoch nicht auf sie zugegriffen, so werden sie beim naechsten Suchvorgang endgueltig entfernt.

Seiten, die Teile einer Seiten-Tabelle enthalten, werden dabei dem Paging wie normale Prozess-Seiten unterworfen; solange sie jedoch Verweise auf Seiten in einem Working Set enthalten, wird verhindert, dass sie selbst aus dem Working Set entfernt werden. Fuer Seiten, die vom Hintergrund geladen werden, steht Platz in Form einer Liste freier, verfuegbarer Seiten ("Freiliste") bereit. Dabei werden ungeaenderte Seiten, die aus einem Working Set herausfallen, hinten an diese Liste angehaengt, waehrend benoetigte Seiten dieser Liste vorn entnommen werden. Erfolgt ein Zugriff auf eine Seite, die zwar keinem Working Set angehoert, aber noch in der Freiliste enthalten ist, so wird sie dieser entnommen, ohne dass ein Hintergrund-Transport erfolgt; die Freiliste wirkt in diesem Sinn als ein Seiten-Cache und fuehrt dabei insgesamt zu einer Ersetzungs-Strategie, die eine LRU-

Strategie approximiert.

Seiten, die waehrend ihres Aufenthaltes im Hauptspeicher geaendert wurden, werden in eine eigene Liste geaenderter Seiten eingetragen, wenn sie aus einem Working Set herausfallen. Auch auf diese Seiten kann noch solange zugegriffen werden, wie sie im Hauptspeicher sind - selbst waehrend des Zurueckschreibens auf den Hintergrund. Wurde eine geaenderte Seite auf den Hintergrund zurueckgeschrieben, so wird sie durch Einhaengen in die Freiliste wieder allgemein verfuegbar gemacht; solange sie der Freiliste noch nicht wieder entnommen wurde, kann immer noch ohne Hintergrund-Transport auf sie zugegriffen werden. Zurueckschreiben geaenderter Seiten erfolgt, wenn:

- die Laenge der Liste geaenderter Seiten eine bestimmte Schranke ueberschreitet

- die Warteschleife "rechnend" ist

Die Seiten der einzelnen Working Sets werden durch separate Listen verwaltet; dadurch wird erzwungen, dass bei Ueberlauf eines Working Sets prinzipiell nur Seiten aus eben diesem Working Set freigegeben werden. Dies wird dadurch erreicht, dass bei einem Prozess, der einen Seitenfehler hat und gleichzeitig die obere Grenze fuer seinen Working Set erreicht hat, eine Seite von der eigenen Working-Set-Liste in die Freiliste bzw. die Liste geaenderter Seiten umgehaengt und damit aus dem Working Set entfernt wird.

Bei einem Seitenfehler kann eine Seite folgendermassen in den Adressraum eingebracht werden:

- aus dem Programm-Image (fuer neue und ungeaenderte Seiten)

- neu erzeugt als Leerseite

- aus einer speziellen Paging-Datei, die alle geaenderten zurueckgeschriebenen Seiten enthaelt

- aus der Freiliste (fuer ungeaenderte und fuer geaenderte, zurueckgeschriebene Seiten, die noch nicht ueberschrieben wurden)

- aus der Liste geaenderter, noch nicht zurueckgeschriebener Seiten

- aus einer Datei, die gemeinsame Seiten mehrerer Prozesse enthaelt

Welche dieser Moeglichkeiten in jedem Fall zu waehlen ist, wird anhand des Eintrags in die Seiten-Tabelle und anhand der Verwaltungsinformation des Paging-Systems bestimmt.

Die Anzahl freier Seiten, die fuer Paging und Swapping zur Verfuegung stehen, d.h. im wesentlichen die Laenge der Freiliste, wird vom System nach Moeglichkeit innerhalb eines bestimmten Bereiches gehalten, der gegeben ist durch:

- eine Zielvorgabe fuer die Anzahl freier Seiten

- die kleinste zulaessige Anzahl freier Seiten

Wird die untere dieser beiden Grenzen unterschritten, so werden vom sogenannten "Swapper" freie Seiten dadurch erzeugt, dass der Working Set eines Prozesses geeigneten Zustandes und niedrigster Prioritaet auf den Hintergrund transportiert und seine Seiten freigegeben werden. Dieser Vorgang kann durch folgende Ereignisse verursacht werden:

- ein residenter Prozess vergroessert seinen Working Set

- ein zusaetzlicher Prozess wurde vom Hintergrund geladen

- das System benoetigt zusaetzlichen Hauptspeicher

Um den Prozessor mit ausfuehrbaren Prozessen versorgt zu halten, transportiert der Swapper, der als gewoehnlicher Prozess im System realisiert ist, Working Sets ausgelagerter ausfuehrbarer Prozesse in den Hauptspeicher; eventuell entstehendes Ungleichgewicht in der Seitenverteilung wird ueber die Steuerung der Laenge der Freiliste ausgeglichen. Die Auswahl des in den Hauptspeicher zu ladenden Prozesses geschieht rein nach den Prozess-Prioritaeten, ohne Beruecksichtigung der Groesse seines Working Set. Der Auswahl-Vorgang wird durch folgende Ereignisse angestossen:

- Erweiterung der Freiliste um benoetigte Seiten

- Ablauf des ersten Zeitquantums

- Uebergang eines Prozesses in den Wartezustand

- Uebergang eines Prozesses in den Zustand "ausgelagert ausfuehrbar" (COMO, s. Abschnitt 2.3.1)

- Freigabe blockierter Seiten

- auf expliziten Wunsch eines Prozesses

- bei Ablauf eines 1-Sekunden-Timers

Der ausgewaehlte Prozess wird geladen, wenn fuer seinen Working Set hinreichend viel Speicher bereitgestellt werden konnte. Parallel zur Auswahl zu ladender Prozesse geschieht die Auswahl auszulagernder Prozesse, jedoch in umgekehrter Prioritaets-Reihenfolge, mit den Zielen:

- die Anzahl freier Seiten auf den gewuenschten Wert einzustellen

- Platz fuer zu ladende Working Sets zu schaffen

5.5.3 Zusammenfassung

Die hier beschriebene Speicherverwaltung kann durch folgende Eigenschaften charakterisiert werden:

- Verwendung eigener virtueller Adressraeume fuer System und Benutzer

- Verwendung virtueller Seiten-Tabellen

- Anwendung einer Working-Set-Strategie

- Paging an der Grenze der Working Sets

- Swapping als Transportverfahren fuer ganze Working Sets

- lokale Strategie der Verwaltung der Working-Set-Groessen

- sehr starke Aufteilung der Speicherverwaltung

  o in relativ unabhaengige Moduln

  o unter Verwendung von Datenstrukturen zur Verwaltung des Speichers

Diese Beschreibung der einzelnen Elemente einer Speicherverwaltung - die hier stark vereinfacht dargestellt wurde ! - zeigt die Komplexitaet der Aufgaben dieses Betriebssystemteils und den Grad seiner Verwobenheit mit den meisten anderen Systemkomponenten - was kein Wunder ist, da alle Operationen in einem Rechner und auch in einem Betriebssystem zu ihrem Ablauf Speicher benoetigen.

KAPITEL 6

E/A-SYSTEME

6.1 EINFUEHRENDE DISKUSSIONEN

6.1.1 Aufgaben von E/A-Systemen

Waehrend die Beschreibung der Vorgaenge in einem Prozessor oder in einer Speicherverwaltung - bei aller Komplexitaet - doch in relativ einheitlicher Weise geschehen kann, stellt man bei der Vielzahl moeglicher Ein- und Ausgabe-Geraete eines Rechners, kurz E/A-Geraete genannt, erhebliche Unterschiede in Form und Arbeits-weise fest. Diese Unterschiede ergeben sich im wesentlichen aus der Vielfalt der bei diesen Geraeten moeglichen und sinnvollen

- Typen von Operationen

- Geschwindigkeiten der Datenueber tragung

- bearbeitbaren Datenmengen

Daraus erwachsen eine Reihe von Problemen fuer die Bedienung dieser Geraete durch die Software des Betriebssystems bzw. der sie benutzenden Anwenderprogramme. Diese Probleme sind Folgen bestimmter Ansprueche, die an die Verwaltung der E/A-Geraete, das E/A-System, gestellt werden:

- gemeinsame, eventuell sogar quasi-gleichzeitige Benutzung von Geraeten durch mehrere Prozesse

- dennoch die Moeglichkeit exklusiven Zugriffs auf einzelne Geraete

- keine Blockierung des eigenen Jobs durch Warten auf bestimmte, eventuell sehr langsame oder nur zu gewissen Zeiten aktive E/A-Geraete

- keine Blockierung des Zentralprozessors durch Warten auf E/A-Geraete

Hinzu kommt eine Vielzahl von Funktionen, die vom E/A-System zu realisieren sind:

- Umcodierung von Daten zwischen externer und interner Darstellung

- Verwaltung und Zuteilung von Kommunikationskanaelen

- Ausfuehrung der Hardware-E/A-Befehle

- Reaktion auf die Hardware-Signale der E/A-Geraete

- Behandlung von E/A-Fehlern

Aus allen diesen Randbedingungen, unter denen E/A-Systeme existieren, folgen eine Reihe ihrer hervorragendsten Eigenschaften:

- hohe Komplexitaet

- hoher Grad an Asynchronitaet und Parallelverarbeitung

- kaum klare Strukturen

- grosser Umfang

- erhebliche Unterschiede zwischen verschiedenen System-Konzepten

Um eine begriffliche Ordnung in diesen Problemkomplex zu bringen, halten wir zunaechst die folgenden Hauptgesichtspunkte fest:

- Die Hauptfunktion des E/A-Systems ist der **Transport von Information**.

- Das E/A-System uebernimmt die **Anpassung** zwischen den internen Strukturen des Prozessors und Hauptspeichers einerseits und der Aussenwelt andererseits.

- Eine Strukturierung laesst sich durch die Einfuehrung von **Ebenen** mit verschiedenem Abstand zur Hardware erreichen.

- Das **Prozess-Konzept** fuehrt auch hier zu klareren Strukturen durch Unterteilung in kleinere, logisch zusammenhaengende Einheiten.

- Durch den Mechanismus der **Interrupts** erfolgt im E/A-System eine Kommunikation zwischen Hardware und Software.

- E/A-Systeme werden zweckmaessigerweise in zwei grosse Bloecke **unterteilt**:

  o geraeteabhaengige Treiber-Programme

  o geraeteunabhaengige Datenverwaltungs-/-transport-Programme

Abschliessend sei hier noch eine E/A-Situation zur Diskussion gestellt: Wenn Daten auf einen Lochstreifen gestanzt werden, und ein Fernschreiber laeuft dabei mit, so werden:

- Daten auf einen Peripherie-Speicher ausgegeben;

- gleichzeitig Daten in lesbarer Form gedruckt.

Dabei stellt sich die

Frage: Ist hier eine Unterscheidung bzw. unterschiedliche Behandlung externer Abspeicherung und lesbarer (Ein- und) Ausgabe sinnvoll oder zulaessig?

Man kann aus diesem Beispiel eigentlich nur die Konsequenz ziehen, dass eine solche Unterscheidung, wie sie in vielen aelteren Betriebssystemen noch getroffen wird, zwar historisch zu verstehen, vom Inhalt jedoch keinesfalls gerechtfertigt ist. Es ist dagegen zweckmaessig, eine einheitliche Behandlung jeder Art von E/A anzustreben.

Im Folgenden werden aus dieser Erwaegung heraus nur solche Strukturen fuer E/A-Systeme beschrieben, die diese Einheitlichkeit erreichen lassen, und die aelteren Verfahren der sogenannten "Zugriffsmethoden", die eine einheitliche Behandlung der E/A verhindern oder zumindest sehr erschweren, werden uebergangen.

6.1.2 Technologie von Peripherie-Speichern

Zum besseren Verstaendnis einiger der Probleme, die sich in E/A-Systemen stellen, ist es sinnvoll, sich zunaechst die Technologie der heute verfuegbaren E/A-Geraete zu vergegenwaertigen, wobei nur die wichtigsten dieser Geraete kurz charakterisiert werden.

Man kann E/A-Geraete grob unterteilen in:

- gedaechtnislose Geraete wie Terminals, Kartenleser oder Drucker, und

- Peripherie-Speicher-Geraete wie Platten oder Bandgeraete,

wobei diese Unterteilung nicht strikt ist, wie die vorangegangene Diskussion gezeigt hat.

Bei den Speichern muss man wiederum unterscheiden zwischen:

- den Speicher-Geraeten, d.h. der zur Speicherung verwendeten Hardware, wie etwa:

  o Magnetband-Geraete
  o Platten-Geraete
  o Floppy-Disc-Geraete usw.

- und den Speichermedien, d.h. dem Material, auf dem die Daten gespeichert werden, wie etwa:

  o Magnetband

o Lochstreifen
o Plattenstapel
o Film
o Diskette (Floppy-Disc, Magnetfolie)
o Lochkarte
o Magnetkassette
o Magnet-Blasen-Speicher (bubble memory)
o bedrucktes Papier (???)

Dabei sind die Medien in zwei grosse Gruppen unterteilbar:

o entfernbare ("removable") Medien (wie etwa Magnetbaender oder Wechselplatten)
o festinstallierte ("fixed") Medien (wie etwa Blasenspeicher oder Winchester-Platten)

Weiterhin ist eine Unterteilung der Medien nach den Methoden moeglich, mit denen auf die gespeicherten Daten zugegriffen werden kann:

o sequentielle Medien (wie etwa Magnetbaender oder Lochstreifen)
o Direktzugriffs-Medien (wie etwa Trommel- oder Plattenspeicher); diese Medien erlauben jedoch trotz ihres Namens keinen echten Direktzugriff: direkte Positionierung ist nur auf den Anfang einer bestimmten Datenmenge moeglich; diese Menge wird dann aber sequentiell uebertragen

Wegen der zur Zeit ueberragenden Bedeutung magnetischer Datentraeger muss schliesslich noch eine wesentliche Eigenart dieser Speichermedien erwaehnt werden: Um die Information auf diesen Medien lokalisieren zu koennen, benoetigt die Hardware der Speichergeraete relativ ausgedehnte (auf Magnetband z.B. bis 1.5 cm) unbeschriebene Stellen auf dem Datentraeger, die sogenannten "Gaps" ("Kluefte") zwischen den einzelnen Datenaggregaten. Eine effiziente Ausnutzung des Speichermediums erfordert Beruecksichtigung dieses Aufbaus.

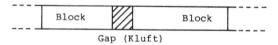

Gap (Kluft)

Fig. 6-1 Aufbau von Magnetspeichern

6.1.3 Einige Begriffe

Um die weitere Diskussion von E/A-Systemen in einem einheitlichen begrifflichen Rahmen durchfuehren zu koennen, empfiehlt es sich, einige Definitionen anzugeben:

Datenstruktur: irgendein Feld, Liste, Queue, Stack, Baum usw.,

dessen Format und Zugriffskonventionen fuer die Bearbeitung durch
ein oder mehrere Programme wohldefiniert sind

E/A-Geraet ("device"): allgemeiner Name fuer irgendeinen physikalischen Anschluss an einen Rechner, der in der Lage ist, Daten
zu senden, zu empfangen oder zu speichern

Beispiele:

- E/A-Geraete mit Satz-(Record-)Struktur:

    o Kartenleser
    o Zeilendrucker
    o Terminal
    o Mailbox

- Geraete mit Massenspeicher-Charakteristik:

    o Bandgeraete
    o Plattenspeicher
    o Magnet-Blasen-Speicher

- E/A-Kommunikationsgeraete:

    o Interfaces zu Terminal-Leitungen
    o Rechnerkopplungen

Datentraeger ("volume"): ein Massenspeicher-Medium wie zum
Beispiel eine Platte oder ein Band

Aufspannen ("mount") eines Datentraegers:

- Laden eines Magnetbandes oder einer Wechselplatte auf ein
  Geraet und on-line-Schalten des Geraetes (wird vom
  Operateur oder Benutzer gemacht)

- logische Assoziation eines Datentraegers mit dem physikalischen Geraet, in das er physikalisch geladen ist
  (wird auf Auffordern durch den Benutzer bzw. Operateur
  von der System-Software gemacht)

Datei ("file"): eine logisch verwandte Ansammlung von Daten, die
als physikalische Einheit behandelt wird und einen oder mehrere
Bloecke auf einem Datentraeger einnimmt. Eine Datei kann ueber
einen vom Benutzer zugeordneten Namen identifiziert werden. Sie
besteht normalerweise aus einem oder mehreren Datensaetzen.

Block: die kleinste adressierbare Datenmenge, die ein E/A-Geraet
in einer E/A-Operation uebertragen kann.

Datensatz ("record"): eine Menge zusammenhaengender Datenelemente, die logisch als Einheit behandelt werden. Ein Datensatz
kann beliebige, vom Programmierer spezifizierbare Laenge haben.

6.1.4 Programmier-Schnittstellen der E/A

E/A wird auf den unterschiedlichen Ebenen des Betriebssystems und eines darauf realisierten Programmiersystems verschieden behandelt:

- **Systemkern:** Durch spezielle Maschineninstruktionen, die im allgemeinen privilegiert sind, bzw. durch Instruktionen, die spezielle (reservierte) Adressen ansprechen, werden E/A-Vorgaenge direkt in geraetespezifischer Form angestossen. Oft werden diese E/A-Vorgaenge intern durch Mikroprogramme in speziellen Prozessoren, den sogenannten E/A-Prozessoren, abgewickelt. Die Kontrolle auf dieser Ebene ist sehr nahe an der Hardware-Struktur und von dieser Struktur in hohem Masse abhaengig. Programme, die diese Form der Kontrolle durchfuehren, werden als "Treiber-Programme" (oder kurz "Treiber", "driver") bezeichnet.

- **Assembler:** Zur Abwicklung von E/A-Vorgaengen stehen hier meist Makros zur Verfuegung, die die Treiber mit den benoetigten Parametern versorgen, oder spezielle Trap-Instruktionen, die sogenannte "Systemdienste" (auch "Supervisor Call", SVC, genannt) anstossen. Durch geschickte Parametrisierung kann diese Schnittstelle zum E/A-System schon geraeteunabhaengig sein, indem etwa Datenwege durch logische Bezeichnungen und nicht mehr durch Hardware-Adresse identifiziert werden. Besonders im Multi-Programm-Betrieb ist dies die unterste Schnittstelle, die einem normalen Benutzer noch zur Verfuegung steht.

- **Hoehere Programmiersprachen:** Hier unterscheidet man im wesentlichen zwei Grundkonzepte:

  o In Sprachen wie Pascal werden Speicherinhalte durch Zuweisung an Variable speziellen Typs uebertragen; hinter diesen Variablen verbergen sich die tatsaechlichen E/A-Geraete. Man bezeichnet diese Form der E/A als "virtuelle E/A".

  o In anderen Programmiersprachen stehen spezielle Operatoren oder Bibliotheks-Unterprogramme zur Verfuegung, die die E/A-Vorgaenge spezifizieren.

  Zur Identifizierung der Datenwege, ueber die die E/A abzuwickeln ist, stehen bei hoeheren Programmiersprachen ebenfalls zwei Grundkonzepte zur Verfuegung:

  o logische Kanaele, die auf E/A-Geraete bezogen werden

  o Umschaltung vordefinierter Datenwege

- **Kommandosprache** ("Job Control Language", JCL): Auf dieser obersten Ebene werden Datenwege identifiziert, bereitgestellt ("allokiert"), Datentraegern zugewiesen und schliesslich wieder freigegeben. Dabei werden folgende Verfahren in verschiedenen Betriebssystemen angewendet:

o Assoziation logischer Kanaele zu E/A-Geraeten; dieser Vorgang wird in einigen Systemen als "Linken" bezeichnet (Vorsicht: Gefahr von Missverstaendnissen!).

o Umschaltung vordefinierter Datenwege auf andere Kanaele; hier koennen Probleme im Zusammenspiel mit den Mechanismen hoeherer Programmiersprachen entstehen.

o (Neu-)Definition logischer Pseudo-E/A-Geraete (bzw. Speichermedien); durch dieses Verfahren ist eine voellig konfigurationsunabhaengige Programmierung moeglich, wobei gleichzeitig der tatsaechliche E/A-Bedarf genau spezifiziert werden kann.

6.1.5 Beispiel eines E/A-Systems

Um einen Eindruck von den Komponenten eines E/A-Systems zu vermitteln, sollen kurz die verschiedenen Ebenen charakterisiert werden, aus denen die E/A im Betriebssystem VAX/VMS (bei Verwendung der Programmiersprache FORTRAN) aufgebaut ist:

Kommando-Ebene: Datenwege werden durch logische Namen identifiziert; diese Namen verweisen letztlich auf Dateien, Dateimengen oder Geraete. Zur Manipulation der Datenwege stehen zum Beispiel die folgenden Kommandos zur Verfuegung:

$ ALLOCATE : Geraete-Reservierung und Zuweisung logischer Namen

$ ASSIGN : Definition logischer Namen fuer Geraete

$ CLOSE : Schliessen einer Datei auf Kommandosprachen-Ebene

$ DEASSIGN : Loeschen von ASSIGN, ALLOCATE und DEFINE

$ DEFINE : Definition aequivalenter logischer Namen

$ DISMOUNT : Entladen eines externen Datentraegers

$ MOUNT : Laden und Zuordnen eines externen Datentraegers

$ OPEN : Eroeffnen einer Datei auf Kommandosprachen-Ebene

$ READ : Lesen eines Datensatzes auf Kommandosprachen-Ebene

$ UNLOCK : Freigabe einer Datei, deren Bearbeitung

durch einen Fehler nicht abgemeldet wurde

$ WRITE :   Schreiben eines Datensatzes auf Kommando-
sprachen-Ebene

FORTRAN-Ebene: Datenwege werden durch Kanalnummern identifiziert,
die statisch vor Programmstart oder dynamisch waehrend des
Programmlaufs logischen Namen zugewiesen werden. Zur Abwicklung
der E/A stehen die folgenden Sprachmittel zur Verfuegung:

OPEN :   Erzeugen/Eroeffnen einer Datei; Spezifikation von Datei-Attributen

CLOSE :   Schliessen/Loeschen einer Datei

INQUIRE: Bestimmen der Attribute einer Datei/eines
Kanals

READ :   Lesen(/Formatieren) eines Datensatzes
(auch: ACCEPT)

WRITE :   (Formatieren/)Schreiben eines Datensatzes
(auch: TYPE, PRINT)

FIND :   Positionieren in einer Datei (auch:
REWIND, BACKSPACE)

DEFINE FILE : Spezifikation der Satzstruktur einer Datei

ENDFILE :   Schreiben einer Dateiende-Marke

ENCODE/DECODE: Virtuelle E/A im Speicher

Assembler-Ebene: Hier wird die E/A ueber Datenstrukturen im
virtuellen Speicher beschrieben. Zur Durchfuehrung der E/A stehen
zwei Moeglichkeiten unterschiedlicher Abstraktion und unterschiedlichen Komforts zur Verfuegung:

- Aufrufe der Datei-Verwaltung RMS ("record management
  system") ueber Assembler-Makros unter Verwendung
  spezieller Datenstrukturen als Schnittstelle:

  o File Access Block FAB
  o Record Access Block RAB

- Kommunikation direkt mit den Treiber-Programmen ueber
  $QIO-Makros oder -Unterprogrammaufrufe ("queue I/O");
  zur Synchronisation werden dabei folgende Verfahren angewandt:

  o Event Flags
  o Status-Bloecke
  o Software-Interrupts ("ASTs", "asynchronous system
     traps")

Systemkern: Hier wird die E/A durch direkten Zugriff auf die
Hardware-Register der Geraete (die bei der VAX-Architektur im
virtuellen Speicher liegen) realisiert. Die entsprechenden
Treiber-Programme erledigen dabei die folgenden Aufgaben:

- Initialisierung von Geraeten

- Vorbereitung der E/A

- Start der E/A

- Interrupt-Behandlung

- Fehler-Behandlung

- Fehler-Protokollierung

- Beenden der E/A

- Synchronisation mit dem Anwender-Programm

- Abbruch der E/A

Eine eventuell notwendige Umsetzung von sogenannten "virtuellen",
d.h. dateirelativen Blocknummern in echte physikalische Platten-
adressen wird dabei von speziellen Hilfsprozessen, den ACPs
("ancillary control processes"), durchgefuehrt, die dabei mit den
Treibern kommunizieren.

Damit ergibt sich folgender globaler Aufbau dieses E/A-
Systems:

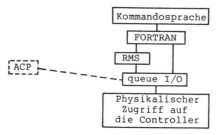

Fig. 6-2 Aufbau des VAX-E/A-Systems

Man macht bei der Betrachtung dieses E/A-Systems einige Be-
obachtungen:

- Das System ist in verschiedene Ebenen aufgeteilt, deren
  Abstraktion mit dem Abstand von der Hardware waechst.

- Durch Aufteilung in separate Komponenten mit wohldefi-
  nierten Schnittstellen wird die Komplexitaet des gesamten
  E/A-Systems reduziert und zugleich die Uebersichtlichkeit
  erhoeht.

- Dabei sind zum Teil aequivalente Schnittstellen auf verschiedene Ebenen verteilt.

o Hierdurch wird die Anpassung an verschiedene Aufgabenstellungen erleichtert.

o Andererseits fuehrt dies zu einer Erhoehung des Overhead durch Mehrfach-Implementierung gleicher Schnittstellen; dieser Effekt kann jedoch durch geeigneten gegenseitigen Bezug in vertretbaren Grenzen gehalten werden.

6.2 ELEMENTE VON E/A-SYSTEMEN

Anmerkung

Dieser Abschnitt ist sehr stark von der Hardware-Architektur des zugrundegelegten Rechners abhaengig. Um die Konsistenz der gebrachten Beispiele sicherzustellen, wird daher weitgehend die VAX-Architektur zugrundegelegt. E/A-Systeme anderer Rechner koennen voellig verschieden von den hier angegebenen Beispielen aussehen, doch sind die Prinzipien, die ihnen unterliegen, weitgehend dieselben. Bei den folgenden Darstellungen ist daher immer zwischen Prinzip und Realisierung zu unterscheiden, was jedoch gerade bei E/A-Systemen oft sehr schwierig ist.

6.2.1 Interrupts

6.2.1.1 Programmierte E/A - Wir sahen im Abschnitt 3.2.1, dass durch "busy waiting" die nach einem E/A-Vorgang notwendige Synchronisierung zwischen Zentralprozessor und E/A-Geraet auf sehr einfache Weise realisiert werden kann:

```
        read(CHAR);
    M:  if not READY then goto M fi
```

Man spricht hier von "programmierter E/A". Dem offensichtlichen Vorteil einfacher Programmierung steht jedoch als gravierender Nachteil gegenueber, dass der Zentralprozessor waehrend der ganzen Dauer des E/A-Vorgangs blockiert ist, was zu einer unzumutbaren Auslastung des Gesamtrechners fuehrt, wie wir schon gesehen haben (s. Abschnitt 1.2.2). Als Konsequenz wird programmierte E/A im wesentlichen nur in kleinen Ein-Benutzer-Systemen verwendet, in denen der Prozessor waehrend des Wartens auf den Abschluss einer angestossenen E/A sowieso keine sinnvolle Arbeit erledigen kann.

In allen anderen Faellen wird somit ein Mechanismus gebraucht, der es dem Zentralprozessor erlaubt, andere Aufgaben zu erledigen, waehrend ein E/A-Vorgang laeuft, und sich bei Ende der E/A wieder mit dem E/A-Geraet zu synchronisieren. Wir sahen schon, dass der Interrupt-Mechanismus dies leistet, und wollen nun diesen Mechanismus etwas genauer betrachten.

6.2.1.2 Charakteristika von Interrupt-Systemen - Zu bestimmten Zeiten kann es notwendig werden, dass der Prozessor gewisse Software-Teile ausserhalb des normalen, durch ein Programm spezifizierten Kontrollflusses ausfuehrt; man stellt folgende Eigenschaften dieser Situation fest:

- Es erfolgt in jedem Falle ein zwangsweiser Transfer der Kontrolle durch den Prozessor.

- Die Unterbrechung erfolgt zeitlich (normalerweise) unabhaengig vom gerade laufenden Prozess.

- Es gibt keine sprachliche Verbindung zwischen laufendem Prozess und eingeschobenen Taetigkeiten.

- Die Ursachen fuer die Programm-Unterbrechung koennen liegen:

    o im laufenden Prozess selbst: Man spricht dann von einem "Alarm" ("exception"); diese Bedingung entsteht im allgemeinen durch einen Zugriff auf eine nicht zugewiesene Adresse oder durch eine unzulaessige oder vom System abgefangene Operation ("trap")

    o im Rest des Systems, verursacht durch die Hardware: Man spricht dann von einem "Interrupt" ("Unterbrechung")

    o in einer Botschaft, die (auf Veranlassung desselben oder eines anderen Prozesses) durch das System als eine Art Software-Interrupt zugestellt wird: Man spricht dann von einem "Asynchronous System Trap" ("AST").

- Die Durchfuehrung der eingeschobenen Taetigkeiten erfolgt:

    o im Kontext des laufenden Prozesses bei Alarmen

    o im globalen System-Kontext bei Interrupts

6.2.1.3 Vektorisierung – Bei Eintreffen von Interrupts wahrend der Bearbeitung eines Interrupts koennen Vorrang-Probleme entstehen: Ein "schneller" Interrupt (etwa eines Plattengeraetes) waehrend der Bearbeitung eines "langsamen" Interrupts (etwa eines Terminals) muss vorgelassen werden, umgekehrt jedoch nicht. Diese Ueberlegung fuehrt zur Einfuehrung von Interrupt-Prioritaeten ("Interrupt Priority Level", IPL). Man bezeichnet eine derartige Interrupt-Behandlung als Mehr-Ebenen-Interrupt.

Gerade in Rechnern fuer Realzeit-Systeme muss oft sehr schnell bei Eintreffen eines Interrupts festgestellt werden, von wo er verursacht wurde, damit die entsprechende Routine zu seiner Bearbeitung ausgewaehlt und gestartet werden kann. Man fuehrt zu diesem Zweck sogenannte "vektorisierte Interrupts" ein. Dabei versteht man unter einem "Vektor":

- einen dem System bekannten Speicherplatz, der die Start-adresse der Interrupt- oder Alarm-Routine enthaelt, bzw.

- einen vom Benutzer dem System bekanntgemachten Speicher-platz, der die Startadresse einer benutzereigenen Alarm-Routine enthaelt.

Um die Auswahl des richtigen Vektors schnell treffen zu koennen, wird:

- fuer jede Interrupt-Quelle (im allgemeinen jeden Geraete-"Controller") und fuer jede Alarm-Klasse ein Vektor definiert

- durch das den Interrupt erzeugende Geraet eine Information uebermittelt, die die Identifikation dieses Geraetes und damit die Auswahl des zugehoerigen Vektors ermoeglicht (zweckmaessigerweise durch die Hardware).

Um prioritaetsgerechte Abarbeitung der anstehenden Interrupts zu gewaehrleisten, wird:

- von der Interrupt-Routine die Prioritaet des bearbeiteten Interrupts in ein spezielles Register, zum Beispiel das Prozessor-Status-(Lang-)Wort (PSL) eingetragen;

- ein neu eintreffender Interrupt nur dann bearbeitet, wenn seine Prioritaet hoeher als die in PSL angegebene ist; andernfalls wird er vom Prozessor nicht abgenommen, bleibt also anstehen, bis die Interrupt-Prioritaet IPL weit genug abgesunken ist.

6.2.1.4 Interrupt-Bearbeitung – Hardwareseitig spielen sich bei der Bearbeitung eines Interrupts die folgenden Vorgaenge ab:

1. Ein Geraet gibt ein Signal auf die "Interrupt-Request-Leitung".

2. Der zustaendige Controller quittiert.

3. Das Geraet sendet das es identifizierende Interrupt-
   Signal; dieses bestimmt:

   o die Prioritaet des Interrupts
   o den auszuwaehlenden Vektor

4. Bei Beendigung der gerade ausgefuehrten Maschinen-In-
   struktion bzw. beim Erreichen des naechsten Aufsetz-
   punktes innerhalb dieser Instruktion unterbricht der
   Zentralprozessor bei ausreichender Prioritaet des
   Interrupts seinen Befehlsabarbeitungszyklus ("fetch
   execute cycle", s. Abschnitt 1.1.2).

5. Der Zentralprozessor startet die "Interrupt-Sequenz", die
   zum Beispiel ein spezielles Mikroprogramm sein kann;
   diese

   o rettet den Maschinenzustand (Programmzaehler PC und
     Status PSL)

   o laedt aus dem Vektor, den das Interrupt-Signal
     bestimmt, den neuen Wert fuer den Programmzaehler PC

   o erzeugt einen neuen Status PSL, der insbesondere die
     Prioritaet IPL enthaelt

6. Damit laeuft die "Interrupt-Service-Routine", und zwar im
   Systemkern-Modus.

7. Am Ende der Interrupt-Service-Routine wird der alte
   Systemzustand wiederhergestellt.

Wesentlich ist hierbei, dass die Interrupt-Bearbeitung in
einem systemweiten Kontext, nicht im Kontext irgendeines
Prozesses, ablaeuft. Dagegen erfolgt die Bearbeitung von Alarmen
im Kontext des Prozesses, in dem der Alarm aufgetreten ist, und
zwar im System-Modus.

6.2.1.5 Beispiel eines Interrupt-Systems - Um einen besseren Ein-
blick in die Vorgaenge, die beim Entstehen und bei der Bearbeitung
von Interrupts ablaufen, soll die Behandlung von Interrupts und
Alarmen im Betriebssystem VAX/VMS [36,42] etwas eingehender
betrachtet werden.

Dazu ist es zweckmaessig, zunaechst einmal die in diesem
System definierten Interrupt-Vektoren zu betrachten:

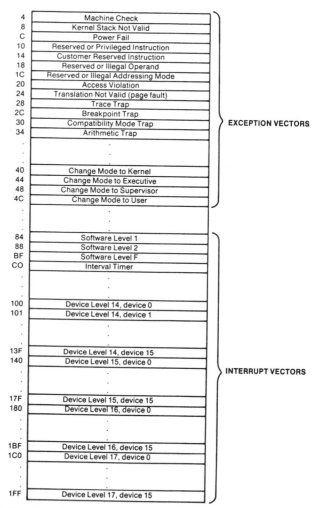

Offset from System Control Block Base Register (HEX)

Fig. 6-3 System Control Block

Die Vektoren sind in einem speziellen Speicherbereich, dem "System Control Block" (SCB) enthalten, der ueber ein spezielles privilegiertes Maschinen-Register (SCBB) adressiert wird. Dabei bestimmen die Bits <1:0> jedes Vektors, in welchem Kontext die durch den ausgewaehlten Vektor bestimmte Routine laeuft:

0 - Die Routine laeuft im Prozess-Kontext; es sei denn, die
    Maschine arbeitet schon im System-Kontext; dieser
    bleibt dann erhalten.

1 - Die Routine laeuft im System-Kontext; wenn die Unter-
    brechung ein Alarm ist, wird die Prioritaet IPL auf den
    maximalen Wert '1F' (=31) gesetzt.

2 - Die Routine laeuft im benutzer-kontrollierten Mikro-
    programmspeicher.

3 - Reserviert.

Bei den Codes 0 und 1 enthalten die Bits <31:2> die Start-
adresse der Interupt-Service-Routine. Bei Software-Interrupts
wird fuer jeden anstehenden Interrupt ein Bit in einem speziellen
Maschinen-Register, dem "Software Interrupt Summary Register"
(SISR) gesetzt; die verlangte Prioritaet wird in ein zweites
Register, das "Software Interrupt Request Register" (SIRR)
eingetragen. Diese beiden Register entsprechen den Interrupt-
Leitungen bei Hardware-Interrupts.

Da Alarme synchron zum gerade laufenden Prozess entstehen,
braucht fuer sie keine Prioritaets-gesteuerte Auswahl getroffen zu
werden; es kann ja jederzeit nur ein Alarm entstehen. Da
andererseits Interrupts asynchron erzeugt werden, ist es durchaus
moeglich, dass zum selben Zeitpunkt zwei Interrupts vorliegen oder
dass waehrend der Bearbeitung eines Interrupts ein zweiter
eintrifft. Aus diesem Grund sind Interrupt-Prioritaeten nur fuer
Interrupts, nicht aber fuer Alarme definiert.

Der VAX-Prozessor kennt 31 Interrupt-Prioritaeten, von denen
die 16 hoechsten fuer Hardware-Interrupts, die 15 niedrigsten fuer
Software-Interrupts vorgesehen sind. Benutzer-Software laeuft
dagegen im Prozess-Kontext, dem die Interrupt-Prioritaet 0 zugewiesen ist; diese Prioritaet bedeutet also, dass zur Zeit kein
Interrupt vorliegt und ist somit im strengen Sinne eigentlich
keine "Interrupt"-Prioritaet.

Die Interrupt-Prioritaeten sind folgendermassen festgelegt:

PRIORITY		HARDWARE EVENT
Hex	Decimal	
1F	31	Machine Check, Kernel Stack Not Valid
1E	30	Power Fail
1D	29	Processor,
1C	28	
1B	27	Memory, or
1A	26	
19	25	Bus Error
18	24	Clock
17	23	UNIBUS BR7
16	22	UNIBUS BR6
15	21	UNIBUS BR6
14	20	UNIBUS BR4 — Device Interrupt
13	19	
12	18	
11	17	
10	16	
PRIORITY		SOFTWARE EVENT
0F	15	
0E	14	Reserved for
0D	13	DIGITAL
0C	12	
0B	11	
0A	10	Device
09	09	Drivers
08	08	
07	07	Timer Process
06	06	Queue Asynchronous System Trap (AST)
05	05	Reserved for DIGITAL
04	04	I/O Post
03	03	Process Scheduler
02	02	AST Delivery
01	01	Reserved for DIGITAL
00	00	User Process Level

Fig. 6-4 Interrupt-Prioritaeten

6.2.1.6 Beispiel einer Interrupt-Bearbeitung - Um einen Eindruck von den Vorgaengen, die sich bei der prioritaetsgesteuerten Bearbeitung von Interrupts verschiedener Prioritaeten abspielen, und von der Komplexitaet dieser Vorgaenge zu vermitteln, sei der zeitliche Verlauf der Interrupt-Prioritaet fuer eine Menge geschachtelter Hardware- und Software-Interrupts dargestellt. Dabei sollen waehrend der Bearbeitung eines Interrupts auf der Prioritaet IPL = 5 der Reihe nach Software-Interrupts auf den Prioritaeten 8, 3, 7, 9 und ein Hardware-Interrupt auf Prioritaet 17 eintreffen; ferner soll waehrend der Abschlussbearbeitung des Software-Interrupts der Prioritaet 8 die Prioritaet explizit auf 5 herabgesetzt werden. Damit ergibt sich das folgende Bild fuer den zeitlichen Verlauf der Interrupt-Prioritaet [36]:

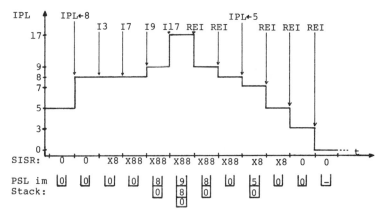

Fig. 6-5 Prioritaeten geschachtelter Interrupts

Weiterhin wollen wir den Ablauf einer durch Trace, arith-
metischen Alarm und Interrupt mehrfach unterbrochenen Instruktion
betrachten; auch dieses Beispiel legt wieder die VAX-Architektur
zugrunde und ist [36] entnommen:

1. Die Instruktion endet und speichert ihre Ergebnisse ab,
   oder sie erreicht einen definierten Unterbrechungspunkt,
   an dem ihr gesamter Zustand in den Registern enthalten
   und daher aus diesen rekonstruierbar ist.

2. Der arithmetische Alarm wird festgestellt, und die
   entsprechende Sequenz (ein Mikroprogramm) wird
   angestossen; diese:

   a. speichert PC und PSL mit dem "Trace Pending"-Bit
      TP = 1 in den Stack;
   b. laedt ein neues PC aus dem Vektor;
   c. erzeugt ein neues PSL.

3. Der Interrupt wird festgestellt, und die Interrupt-
   Sequenz wird angestossen; diese:

   a. speichert PC und PSL in den Stack;
   b. laedt ein neues PC aus dem Vektor;
   c. erzeugt ein neues PSL.

4. Wenn ein Interrupt hoeherer Prioritaet festgestellt wird,
   wird dessen Bearbeitung jetzt in analoger Weise einge-
   schoben.

5. Die Interrupt-Service-Routine laeuft und kehrt mit dem
   Befehl REI ("Return from Exception or Interrupt")
   zurueck.

6. Die Alarm-Routine laeuft, kehrt mit REI zurueck und findet ein PSL mit TP = 1. Dadurch wird die Trace-Sequenz angestossen; diese:

   a. speichert PC und PSL mit TP = 0 in den Stack;
   b. laedt ein neues PC aus dem Vektor;
   c. erzeugt ein neues PSL.

7. Die Trace-Routine laeuft und kehrt mit REI zurueck.

8. Die naechste Intruktion des Prozesses (bzw. der Rest der unterbrochenen Instruktion) wird gestartet.

Waehrend der (durch ein Mikroprogramm abgewickelten und damit zeitlich begrenzten) Initialisierung einer solchen Service-Routine, der Interrupt- bzw. Alarm-Sequenz, sind immer die Interrupts abgeschaltet ("disabled"), damit das Umschalten in den Service-Kontext korrekt durchgefuehrt werden kann und damit der Rueckweg in den unterbrochenen Prozess gesichert ist. Die eigentliche Service-Routine kann dann jedoch mit eingeschalteten ("enabled") Interrupts laufen, um so Interrupts hoeherer Prioritaet einschieben zu koennen. Dadurch ist eine sofortige Bearbeitung jedes Interrupts gewaehrleistet, der nicht durch einen Interrupt hoeherer Prioritaet verzoegert wird. Dies fuehrt zu einer fuer Realzeit-Systeme typischen sehr schnellen Reaktionsfaehigkeit des Systems, die im Mikrosekunden-Bereich liegt.

6.2.1.7 Allgemeine Bemerkungen - Diese relativ komplexen Beispiele, die hier noch stark vereinfacht dargestellt wurden, zeigen deutlich, dass der Fetch-Execute-Zyklus heutiger Rechner viel von seiner urspruenglichen Einfachheit eingebuesst hat. (Man vergleiche die Darstellung im Abschnitt 1.3.1!) Durch diese Aufweitung des Fetch-Execute-Zyklus ist es jedoch moeglich geworden, die dem Betriebssystem gebotene Hardware-Schnittstelle erheblich komfortabler und leistungsfaehiger zu gestalten, als dies mit einer einfacheren Form der Befehlsabarbeitung moeglich waere. Dieser Fortschritt ist im wesentlichen durch Mikroprogrammierung moeglich geworden, also durch die Realisierung des Fetch-Execute-Zyklus durch Programme einer niedrigeren Ebene der Rechner-Architektur, und nicht mehr durch direkte "Verdrahtung" der Befehle, wie sie in aelteren Rechnern ueblich war.

Waehrend diese Beispiele sich auf eine bestimmte Rechner-Architektur bezogen, um konkrete Ablaeufe darstellen zu koennen, sind doch die zugrundegelegten Prinzipien in vielen heutigen Rechnern zu finden, wenn auch die Realisierung dieser Prinzipien sich von Rechner zu Rechner erheblich unterscheiden kann. Man stellt jedoch als allgemeine Eigenschaften der Interrupt-Bearbeitung die folgenden fest:

   - sehr stark abhaengig von der Hardware-Architektur eines Rechners

- teils hardware-, teils software-maessig durchzufuehren

- umso schneller, je staerker die Hardware-Unterstuetzung
  ist

- von hoeheren Programmiersprachen aus eventuell
  beschreibbar, jedoch kaum programmierbar, oder zumindest
  kaum effizient programmierbar, weil:

  o Compilierung zu einer Software-Bearbeitung der
    Interrupts fuehrt und damit zu langsam ist;

  o direkte Uebersetzung in einen einzigen
    Hardware-Befehl nur fuer eine Rechner-Architektur
    jeweils moeglich ist;
    ==> keine maschinenunabhaengige Compilierung und dazu
        noch hoehere Komplexitaet in der Programmier-
        sprache als auf Maschinenebene
    ==> ungeeignet!

  o effiziente Abarbeitung nur auf Mikroprogramm-Ebene
    oder darunter moeglich ist.
    ==> fuer normale Compiler als Zielsprache nicht mehr
        formulierbar
    ==> spezielle Hardware-Beschreibungs-Sprachen erfor-
        derlich (z.B. **ISPL**, Instruction **Set P**rocessor
        Language [5])

6.2.2 Bus-Systeme

6.2.2.1 Rechner-Architekturen - Die einzelnen Komponenten eines
Rechners sind ueber verschiedene Datenwege zur Uebertragung von
Steuerinformation, Adressen und Daten miteinander verbunden. In
einem Minicomputer hat man traditionell etwa den folgenden Aufbau:

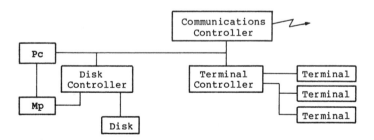

Fig. 6-6 Modell einer Rechner-Architektur

   Um einfachere, billigere und besser konfigurierbare Systeme
zu erhalten, werden oft bestimmte dieser Datenwege zusammengefasst
und als "Rueckgrat" einer Rechner-Architektur aufgebaut, die die
restlichen Komponenten um diese Datenwege herum gruppiert. Eine
Alternative zieht die Controller der E/A-Geraete (s. Abschnitt
6.2.3) mit Prozessor und Hauptspeicher zu einer Einheit, dem sogenannten "Mainframe", zusammen:

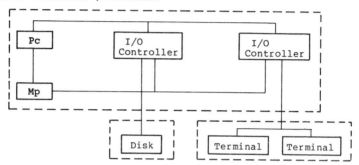

Fig. 6-7 Modell einer Mainframe-Architektur

   Die entgegengesetzte Alternative vereinigt die Hauptdatenwege
zu den einzelnen Controllern zu einem genormten Datenweg, einem
sogenannten "Bus", und gibt jedem Controller ueber festgelegte
Schnittstellen Zugriff auf diesen Bus:

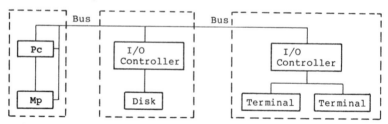

Fig. 6-8 Modell einer Bus-Architektur

   Obwohl Bus-Systeme beim Entwurf eines Rechners nach der Mainframe-Architektur nicht so explizit in Erscheinung treten, sind
sie auch dort als innere Verbindungen im Mainframe selbst und als
Verbindungen zwischen den Controllern, die bei dieser Architektur
als "Kanaele" (s. Abschnitt 6.2.3) bezeichnet werden, und den E/A-
Geraeten vorhanden, oft jedoch in reduzierter und an die jeweilige
Aufgabenstellung angepasster Form.

6.2.2.2 Aufgaben eines Bus - Die Vielfalt moeglicher und existierender Bus-Strukturen laesst sich nach den Aufgaben, die der Bus
erfuellen soll, und nach den Verfahren, nach denen er diese
Aufgaben erfuellt, klassifizieren. Durch Auflistung der einzelnen
Moeglichkeiten laesst sich daher eine gewisse Ordnung in die
diversen Moeglichkeiten zur Realisierung von Bus-Systemen bringen:

- Steuerung der Bus-Belegung ("arbitration"):

    o Ort der Steuerungslogik:

        + zentral
        + verteilt

    o Verfahren zur Steuerung:

        + Prioritaet (festgelegte Rangfolge der
        Anschluesse)
        + demokratisch (nach irgendeinem Gleichverteilungs-
        Algorithmus)
        + sequentiell (nicht unbedingt immer im Kreis
        herum)

    o Zeitpunkt der Bus-Vergabe:

        + fester zeitlicher Zusammenhang zwischen Bus-
        Anforderung und Bus-Vergabe
        + variabel (jede Verbindung kann jederzeit eine
        Anforderung stellen)

- Synchronisisierung des Datentransfers:

    o Quelle der Synchronisierung:

        + zentralisiert
        + einer der Kommunikationspartner:

            . der Sender
            . der Emfaenger

        + beide Kommunikationspartner

    o Typ der Synchronisierungssignale:

        + periodisch
        + aperiodisch

- Verfahren zur Fehlererkennung und -behebung:

    o Check bits (z.B. Parity)

o Quittierung

o Zeitueberwachung

o Wiederholung

o Fehlerprotokollierung

Die verschiedenen Vaianten von Bus-Systemen ergeben sich im wesentlichen durch Auswahl geeigneter Elemente dieser Liste, wobei fuer jede Anwendung entschieden werden muss, welche dieser Alternativen im jeweiligen Fall die gewuenschten Eigenschaften ergeben.

6.2.2.3 Beispiel eines Bus - Wegen der vielen Realisierungsmoeglichkeiten fuer Bus-Strukturen kann hier nur ein spezieller Bus als Beispiel fuer Aufbau und Funktionsweise dieses Bauelementes beschrieben werden. Der im Folgenden dargestellte Unibus [6,31] ist der zentrale Kommunikationsweg der meisten PDP-11-Kleinrechner; er repraesentiert einen relativ weit verbreiteten Bus-Typ:

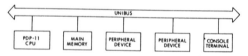

Fig. 6-9 Block-Diagramm des Unibus

Der Unibus ist ein 56 Bit breiter Datenweg zur Uebertragung von Daten und Steuerinformation, der folgende Eigenschaften gemaess dem Klassifikationsschema des letzten Abschnitts hat:

- Steuerung:

  o zentral
  o gruppenweise Prioritaet
  o variabler Zeitpunkt

- Synchronisisierung:

  o durch beide Kommunikationspartner
  o aperiodisch im "Handshake"-Verfahren

- Fehlererkennung:

  o keine Check bits (aber Signale zur Meldung von Paritaetsfehlern)

o Quittierung (ueber SSYN-Signal)
o Zeitueberwachung (ueber SSYN-Signal)
o Wiederholung ueber Software
o Fehlerprotokollierung ueber Software

Der Unibus wird eingesetzt fuer:

- programmgesteuerte Datenuebertragung (Prozessor --> Controller)

- direkte Datenuebertragung vom/zum Speicher ("**DMA**", "direct memory access")

- Interrupts (Controller --> Prozessor)

Im Folgenden bezeichnet "Master" den aktiven, "Slave" den passiven Partner einer Kommunikation. In dieser Terminologie kann man als Haupttypen der Dialoge ueber den Bus unterscheiden:

- **Interrupt**: Master sendet Adresse an Slave

- **Data In/Data In Pause**: Master spezifiziert Adresse, ab der Slave Daten an Master sendet; bei "Pause" sendet Master anschliessend Daten an Slave

- **Data Out/Data Out Byte**: Master sendet Daten-Wort/-Byte an Slave

Die Leitungen des Unibus sind in 3 Gruppen unterteilt (dabei bedeutet "->" Uebertragung zur, "<-" Uebertragung von der Bus-Steuerungslogik, dem sogenannten "arbitrator"):

- Datentransfer-Gruppe:

  <- 18 Adressleitungen (A<17:0>), ueber die Master einen Slave auswaehlt
  <-> 16 Datenleitungen (D<15:0>) zum eigentlichen Daten-transport
  <-> 2 Controlleitungen (C1,C0) zur Auswahl der Daten-transferoperation
  <-> 2 Parity-Leitungen (PA,PB) zur Anzeige von Paritaetsfehlern
  <-> 1 Master-Synchronistation (MSYN) Master --> Slave
  <-> 1 Slave-Synchronisation (SSYN) Slave --> Master (Quittung)
   -> 1 Interrupt-Leitung (INTR) zur Anzeige, dass D einen Interrupt-Vektor enthaelt

- Bus-Vergabe-Gruppe/Prioritaet:

   -> 4 Bus-Request-Leitungen (BR7 - BR4) fuer Interrupt-Anforderung
  <- 4 Bus-Grant-Leitungen (BG7 - BG4) als Quittung
   -> 1 Nonprocessor-Request-Leitung (NPR) fuer **DMA**-Anfor-derung

<-   1 Nonprocessor-Grant-Leitung (NPG) als Quittung
 -> 1 Select-Acknowledge-Leitung (SACK) als   Quittung
     fuer Grant
<-> 1 Bus-Busy-Leitung (BBSY) als Anzeige des Masters,
     dass D belegt ist

- Initialisierungs-Gruppe:

<-   1 Initialize-Leitung (INIT) zur Normierung   nach
     Spannungsausfall
<-> 1 AC-Line-Low-Leitung (AC LO) als Vorwarnung vor
     Spannungsverlust
<-   1 DC-Line-Low-Leitung (DC LO) als Anzeige   von
     Spannungsausfall

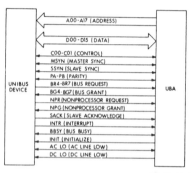

Fig. 6-10 Unibus Konfiguration

Innerhalb jeder Bus-Request-Gruppe erfolgt hardwaremaessig
eine Prioritaetssteuerung in folgender Form:

1. Ein Controller fordert den Bus mit seinem BR-Signal an.

2. Wenn die Interrupt-Prioritaet der Bus-Steuerung bzw. des
    Zentralprozessors niedrig genug ist, wird das zugehoerige
    BG-Signal gegeben.

3. Dieses Signal geht seriell durch alle Controller dieser
    Gruppe. Der erste startbereite Controller leitet das BG-
    Signal nicht weiter, sondern quittiert BG durch das SACK-
    Signal.

4. Anschliessend beginnt die Datenphase fuer diesen
    Controller.

5. Nach Abschluss der Datenuebertragung leitet der
    Controller BG weiter, so dass weitere Controller dieser
    Gruppe bedient werden koennen.

Das Zeit-Diagramm fuer die Bus-Vergabe hat somit folgenden Aufbau:

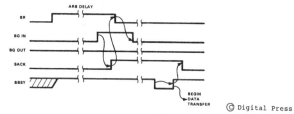

© Digital Press

Fig. 6-11 Zeitlicher Ablauf der Bus-Vergabe

Sobald BBSY negiert, der Bus also verfuegbar ist, beginnt der eigentliche Datentransfer, der fuer eine Data-Out-Operation (Datentransport vom Zentralprozessor oder Controller in den Speicher) folgendermassen ablaeuft:

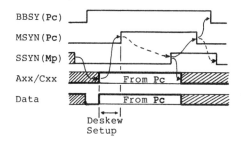

Fig. 6-12 Zeitlicher Ablauf einer Data-Out-Operation

Fuer Data-In (Datentransport vom Speicher in den Zentral-prozessor oder Controller) wird die Adresse vom Master (Zentral-prozessor bzw. Controller) spezifiziert, waehrend der Speicher als Slave die Daten sendet, so dass hier eine zeitliche Verschach-telung zwischen Adress- und Datentransfer erfolgt. Das Zeit-Diagramm sieht daher etwas anders aus:

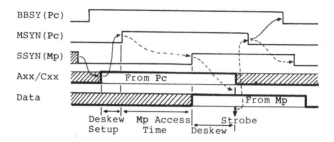

Fig. 6-13 Zeitlicher Ablauf einer Data-In-Operation

Die Datenuebertragung wird somit durch ein "Handshake"-
Verfahren mithilfe der beiden Signale MSYN und SSYN gesichert:

Signal	Data Out	Data In
MSYN	A/C/D liegt an	A/C liegt an
SSYN	D (von Slave) gelesen	D liegt an
MSYN	Ende Senden von D/BBSY	D von Master gelesen; Ende Senden von BBSY
SSYN	-	Ende Senden von D

6.2.3 Kanaele

Wie schon im Abschnitt 6.2.2.1 dargestellt, sind zum
Anschluss der zentralen Komponenten **Pc** (Zentralprozessor) und **Mp**
(Hauptspeicher) eines Rechners an externe Geraete spezielle
Elektronik-Baugruppen noetig, die die beiderseitige Anpassung
vornehmen. Dabei wird ueblicherweise hier an irgendeiner Stelle
eine normierte Schnittstelle vorgesehen, die den Anschluss frei
waehlbarer E/A-Geraete an dieser Stelle ermoeglicht. Diese
Schnittstelle kann, je nach System-Architektur, an beiden Seiten
der Anpassungs-Elektronik liegen:

- **Mainframe-Architektur:** Hier sind Elektronik und Zentralprozessor zu einem Block zusammengezogen, so dass als
  Schnittstelle sinnvollerweise die Grenzen des Mainframe-
  Blockes definiert werden. Die Anpass-Elektronik bietet
  hier also definierte Schnittstellen nach aussen (zur E/A
  hin). Man bezeichnet sie in diesem Fall als "Kanal".

- **Minicomputer-Architektur:** Hier bietet schon der Bus eine
  definierte Anschluss-Schnittstelle, so dass zweckmaessig
  die Anpass-Elektronik definierte Schnittstellen am Bus,
  also nach innen (zum Prozessor hin) hat. Man bezeichnet
  sie in diesem Fall als "Controller".

Anmerkung

Zum Anschluss von Band- und Platten-
geraete werden wegen der kompli-
zierten Steuerung dieser Geraete
ueblicherweise auch bei der Mainframe-Architektur Controller verwendet, die dann an die Kanaele ange-
schlossen werden.

Kanaele und Controller haben somit aehnliche Aufgaben und
auch aehnlichen Aufbau, der bei Controllern jedoch starker von der
Art der angeschlossenen E/A-Geraete beeinflusst ist. Im Folgenden
sollen hier nur die drei Grundtypen von Kanaelen stichwortartig
charakterisiert werden [33]:

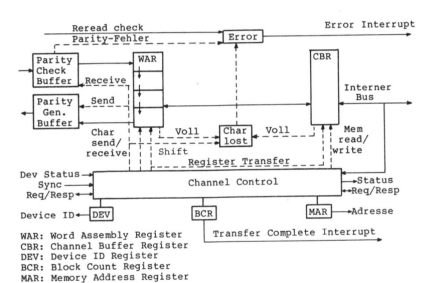

WAR: Word Assembly Register
CBR: Channel Buffer Register
DEV: Device ID Register
BCR: Block Count Register
MAR: Memory Address Register

Fig. 6-14 Architektur eines Selektorkanals

Der <u>Selektor-Kanal</u> ist als exklusiver Datenweg fuer schnelle
Uebertragung groesserer Datenmengen konzipiert. Seine wichtigsten
Eigenschaften sind die folgenden:

-   ein Arbeitsmodus: als momentan exklusiver E/A-Weg fuer
    ein schnelles E/A-Geraet, das vom Programm angewaehlt
    wurde

- kann nach Auswaehlen eines Geraetes nur von diesem benutzt werden, bis der Transfer fertig oder abgebrochen ist; speziell koennen Wartezeiten nicht von anderen Geraeten genutzt werden, wenn die Selektion erst einmal geschehen ist

- Transfer einzelner Datenbloecke zwischen **Mp** und **Ms**

- Initialisierung durch Angabe von:

  o Adresse des ersten zu uebertragenden Wortes in **Mp**
  o Laenge des zu uebertragenden Blocks
  o Identifikation des E/A-Geraetes

- nach der Initialisierung durchgefuehrte Funktionen:

  o Bestimmen und Updaten der naechsten Adresse im E/A-Puffer
  o Bestimmen und Updaten der Anzahl der noch zu uebertragenden Woerter im Block
  o Anpassung und Umcodierung der zu uebertragenden Datenelemente (z.B. Bytes <--> Worte)
  o Parity-Erzeugung/Ueberpruefung
  o Kanal-/Geraete-Status-Meldung, Fehler-Meldung
  o Interrupt-Generierung
  o Synchronisation

Der Byte-Multiplex-Kanal ist als mittelschneller Datenweg fuer die quasi-gleichzeitige Uebertragung von Daten mehrerer E/A-Geraete konzipiert. Er verfuegt ueber die folgenden Eigenschaften:

- zwei Arbeitsmodi:

  o als momentan exklusiver E/A-Weg fuer ein mittelschnelles E/A-Geraet, das vom Programm angewaehlt wurde ("burst mode")

  o als gemultiplexter Datenweg fuer zeichenweise Uebertragung der Daten mehrerer langsamer E/A-Geraete in einer Art Timesharing ("multiplex mode")

- kann aufgefasst werden als die Kombination mehrerer langsamer Selektor-Kanaele

- Speicheradressen und Blockzaehler der einzelnen Unterkanaele stehen oft nicht in Hardware-Registern, sondern in **Mp**

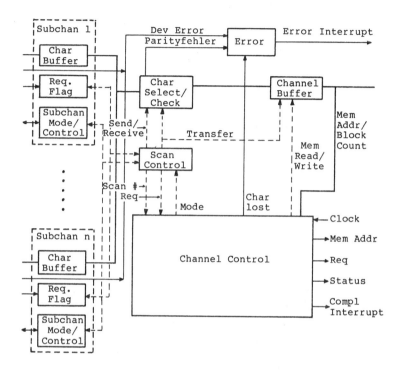

Fig. 6-15 Architektur eines Byte-Multiplex-Kanals

- arbeitet im Multiplex-Mode folgendermassen:

1. Die sogenannte "scan control" ueberprueft der Reihe
   nach die "request flag"-Flipflops der einzelnen
   Unterkanaele ("polling").

2. Wenn eines der Flipflops gesetzt ist, verlangt der
   betreffende Unterkanal Bedienung. Das zugehoerige
   "Mode"-Flipflop wird ueberprueft, um festzustellen,
   ob es sich um Ein- oder Ausgabe handelt.

3. Bei Ausgabe wird nun

   a. die Adresse des betreffenden Zeichens in **Mp**
      gelesen, inkrementiert und in die Adressliste
      zurueckgeschrieben;
   b. das Zeichen aus **Mp** in den Kanalpuffer ueber-
      tragen;

c. das Zeichen von dort in den ausgewaehlten Unterkanalpuffer uebertragen;

d. der Blockzaehler gelesen, dekrementiert und auf
Null ueberprueft;

e. bei Fehlern und bei Blockzaehler = 0 ein Interrupt erzeugt.

Die Eingabe geschieht analog; jedoch muss das
Zeichen vom Unterkanalpuffer schon in den Kanalpuffer
uebertragen werden, waehrend die Adresse des Zeichens
bestimmt wird.

4. Anschliessend kann die Scan Control den naechsten
Unterkanal abfragen.

- Im Burst-Mode wird die Scan Control angehalten, bis die
Uebertragung des jeweiligen Unterkanals beendet ist.

Der Block-Multiplex-Kanal schliesslich ist als schneller
Datenweg fuer die quasi-gleichzeitige Uebertragung von Daten
mehrerer E/A-Geraete konzipiert. Er ist folgendermassen zu
charakterisieren:

- zwei Arbeitsmodi:

o als momentan exklusiver E/A-Weg fuer ein schnelles
E/A-Geraet, das vom Programm ausgewaehlt wurde
("burst mode")

o als gemultiplexter Datenweg fuer blockweise Uebertragung der Daten mehrerer schneller oder gepufferter
E/A-Geraete im Timesharing ("multiplex mode"); dabei
kann der Kanal waehrend Wartezeiten von dem betreffenden Unterkanal logisch getrennt sein und von
anderen Unterkanaelen benutzt werden; wenn der
Datenblock dann bereitsteht, kann ueber einen (kanal-
internen) Interrupt der Unterkanal wieder angebunden
werden

- Speicheradressen und Blockzaehler der Unterkanaele in
Hardware-Registern

- uebrige Eigenschaften entsprechen jeweils dem geeigneten
der beiden anderen Kanaltypen

6.2.4 Treiber-Programme

6.2.4.1 Aufgaben eines Treibers - Die eigentliche Steuerung der Controller bzw. E/A-Geraete geschieht dadurch, dass in deren Hardware-Registern bestimmte, geraeteabhaengige Steuerinformationen abgelegt werden, die die Hardware bzw. Firmware, d.h. die Mikroprogramme, dieser Geraete veranlassen, die gewuenschten Operationen auszufuehren. Die Rueckmeldung geschieht ueber Abfrage dieser Hardware-Register oder ueber Interrupts. Da die gesamte Geraetesteuerung auf dieser Ebene voellig von dem zu betreibenden Geraet(etyp) abhaengig ist, wird sinnvollerweise fuer jede zu betreibende Geraeteklasse ein Programm vom Betriebssystem zur Verfuegung gestellt, das die Steuerung aller Geraete dieser Klasse uebernimmt und auf eine einheitliche, fuer alle Geraeteklassen gleiche E/A-Schnittstelle abbildet. Man bezeichnet dieses Programm dann als "Treiber" ("driver") der betreffenden Geraete.

Die Hauptaufgaben eines Treibers sind:

- Definition der Geraete-Eigenschaften dem Betriebssystem gegenueber

- Definition des Treibers selbst dem System-Lader gegenueber

- Initialisierung des Geraetes beim Systemstart und nach Spannungsausfall

- Uebersetzung der E/A-Auftraege in geraetespezifische Steuerinformation

- Aktivierung des Geraetes

- Reaktion auf Interrupts des Geraetes

- Meldung von Geraetefehlern

- Uebergabe von Daten und Status-Information vom Geraet an den Benutzer

6.2.4.2 Die E/A-Datenbasis - Die Kommunikation zwischen Betriebssystem und Treibern geschieht ueber eine gemeinsame Datenstruktur, die sogenannte E/A-Datenbasis ("I/O data base"), die dem Betriebssystem die Spezifikationen und Funktionen jedes Geraetes beschreibt und die im wesentlichen von den vorhandenen Treibern manipuliert wird.

Beispiel: Um einen Eindruck fuer den Aufbau einer solchen E/A-Datenbasis zu vermitteln, nehmen wir an, dass an einem Rechner als E/A-Geraete nur zwei Terminals an einem langsamen Bus und zwei Platten an einem schnellen Bus haengen. Wir haben dann den folgenden physikalischen Aufbau des E/A-Systems:

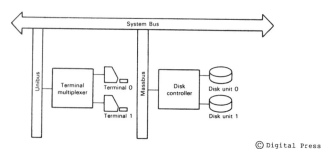

Fig. 6-16 Beipiel eines E/A-Systems

Dem entspricht dann im Betriebssystem VAX/VMS eine E/A-Datenbasis,
die in ihrem Aufbau die Hardware-Struktur genau widerspiegelt
[26,37,41]:

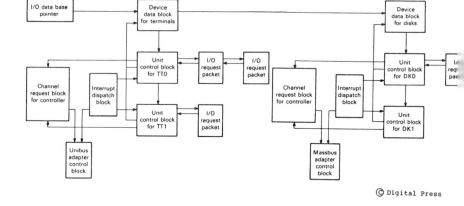

Fig. 6-17 Aufbau einer E/A-Datenbasis

Man stellt fest, dass die hier dargestellte E/A-Datenbasis im
Prinzip aus drei Teilen besteht:

- den Steuerungstabellen der einzelnen Treiber:

    o **Prolog-Tabelle:** beschreibt Treiber und Geraetetyp
    dem Systemlader gegenueber

    o **Dispatch-Tabelle:** enthaelt die Startadressen der
    Treiberroutinen und die Laenge geraetespezifischer
    Puffer (z.B. fuer Fehlerstatus)

    o **Funktions-Tabelle** ("function decision table", FDT): enthaelt alle fuer das Geraet erlaubten Funktionscodes sowie die Adressen der zugehoerigen Vorbereitungs- ("setup"-) Routinen

- den Kontrollbloecken zur Beschreibung der Hardware und der logischen Datenwege:

    o **Device Data Block** (DDB): enthaelt Geraete- und Treiber-Namen fuer die Geraete an einem bestimmten Controller

    o **Unit Control Block** (UCB): enthaelt Charakteristika und aktuellen Zustand eines einzelnen Geraets

    o **Channel Request Block** (CRB): beschreibt die augenblickliche Aktivitaet eines Controllers

    o **Interrupt Dispatch Block** (IDB): enthaelt die Charakteristika eines Controllers und Zeiger auf die daran angeschlossenen Geraete

- den Datenstrukturen zur Beschreibung der einzelnen E/A-Aktivitaeten, den sogenannten **I/O Request Packets** (IRP); diese koennen dynamisch erzeugt werden und beschreiben jeden E/A-Vorgang in standardisierter Form durch (unter anderem) folgende Informationen:

    o Puffer-Adressen
    o Zeiger auf das Ziel-Geraet
    o E/A-Funktionscodes zur Auswahl der Operation
    o weitere Zeiger auf geeignete Information in der E/A-Datenbasis
    o Felder zur Informationsuebergabe durch die Treiber (z.B. Status)

Bei Vorhandensein einer derartigen E/A-Datenbasis laesst sich die unterste Software-Ebene des E/A-Systems, die Ebene der Treiber, im wesentlichen als eine Menge von Operationen zur Transformation des Inhalts dieser Datenbasis auffassen und realisieren. Durch ein solches Vorgehen kann die Komplexitaet dieser Ebene leichter beherrscht werden, wobei es fuer das Prinzip unwesentlich ist, ob die Datenbasis nun in der Form aufgebaut ist, wie sie hier im Beispiel dargestellt wurde; wichtig ist nur das Vorhandensein einer derartigen Datenstruktur.

6.2.4.3 Aufbau eines Treibers - Legt man eine E/A-Datenbasis als zentrales Element der Treiber-Ebene zugrunde, so laesst sich ein Treiber in eine Menge von Unterprogrammen zerlegen, die relativ unabhaengig voneinander sein koennen. Im Einzelnen muessen sie die folgenden Leistungen erbringen:

- **Initialisierung:** Setzen der Hardware-Register des Geraets und Eintrag in die E/A-Datenbasis beim Laden des Treibers und nach Spannungsausfall

- **E/A-Vorbereitung** ("setup"): Formatierung der Daten, Belegung von System-Puffern, resident-halten ("locking") von Seiten im Hauptspeicher usw.

- **E/A-Start** ("startup"): Belegen der Geraete-Register und Eintrag der notwendigen Werte zum eigentlichen Geraete-start in die E/A-Datenbasis; Beenden des E/A-Vorgangs

- **Interrupt-Behandlung:** Beantwortung von Hardware-Interrupts, Lesen und Loeschen der Geraete-Register; Status-Uebergabe

- **Fehler-Behandlung:** Setzen der Geraete-Register fuer Wiederholung der E/A; Durchfuehrung von ECC-Korrekturen (ECC = "error correcting code", fehlerkorrigierender Code); Fehlerstatus-Uebergabe

- **Fehler-Protokoll:** Eintragen der Geraete-Register und anderer Information in einen Fehlerpuffer

- **E/A-Abbruch** ("cancel"): Setzen der Geraete-Register auf E/A-Abbruch

Dabei _muessen_ die Start- und Interrupt-Routinen vorhanden sein; die ueberigen _koennen_ je nach Bedarf hinzugefuegt werden.

Der Rest des Treibers sind die im vorigen Abschnitt beschriebenen Treiber-Tabellen, die das Geraet und den Treiber selbst beschreiben. Ueblicherweise werden die Entscheidungen, wann und welche Funktion auszufuehren ist, nicht vom Treiber selbst, sondern vom Betriebssystem mit Hilfe der E/A-Datenbasis und der Treiber-Tabellen getroffen; diese Tabellen ermoeglichen es dem Betriebssystem auch, die benoetigte Treiber-Routine auszuwaehlen und direkt anzustossen.

Exkurs: Die Routinen zur Beendigung einer E/A-Operation nach einem Interrupt laufen nur relativ kurz, koennen aber unter Umstaenden bei Betriebsmittelbedarf in einen Wartezustand gehen. Diese Routinen muessten also eigentlich als eigene Prozesse laufen, was jedoch einen unverhaeltnismaessig hohen Aufwand im Betriebssystem (z.B. beim Scheduling) zur Folge haette. Es bietet sich daher an, diese Routinen als Prozesse mit minimalem Kontext und eingeschraenkten Faehigkeiten (z.B. ohne Alarmbehandlung) direkt im System-Kontext dynamisch zu erzeugen, laufen zu lassen (z.B. auf festgelegten Interrupt-Prioritaeten) und wieder zu vernichten. Die Einschraenkungen dieser Prozesse haben zur Folge, dass sie resident sein muessen, da fuer sie kein Paging moeglich ist (Warum?!). Prozesse dieses Typs werden nach dem Prozess-Teilungs-Konzept des Betriebssystems UNIX (s. Abschnitt 3.2.6) als "_Fork-Prozesse_" bezeichnet.

6.2.4.4 Beispiel eines Treibers - Um die relativ komplexe Ar-
beitsweise eines Treibers in einem Timesharing-System zu demonstrieren, sollen nun die Vorgaenge betrachtet werden, die im
Betriebssystem VAX/VMS beim Schreiben auf einen Zeilendrucker
ablaufen [37,41].

Die Funktion wird gestartet durch die WRITE_VIRTUAL_BLOCK-
Funktion in einem Queue-I/O-Systemdienst, der formal folgendermassen aufgebaut ist:

```
$QIO_S CHAN=kanal,-
       FUNC=#IO$_WRITEVBLK,-
       P1=puffer_adresse,-
       P2=#puffer_laenge,-
       P4=#^X30 ; Vorschub-Steuerung
```

Den generellen Ablauf koennen wir uns am folgenden Diagramm
verdeutlichen:

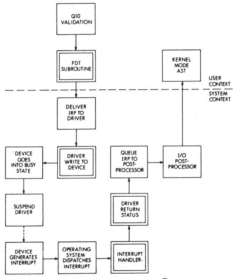

© Digital Equipment Corporation

Fig. 6-18 Ablauf einer Schreib-Operation auf einen Drucker

Im Einzelnen laufen dabei folgende Operationen ab:

- Geraeteunabhaengige Vorbereitung der E/A durch das
  Betriebssystem:

o Ueberpruefung des angegebenen Datenkanals auf Gueltigkeit (d.h. Existenz)

o Bestimmung der Startadresse der Funktions-Tabelle (FDT) des Treibers fuer den Zeilendrucker:

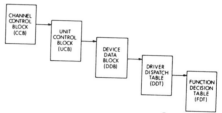

Fig. 6-19 Auffinden der Funktions-Tabelle

o Ueberpruefung der angegebenen Funktion ("IO$_WRITEVBLK") auf Gueltigkeit

o Ueberpruefung der Prozessberechtigungen (Quoten, s. Abschnitt 8.3.3), ob die Funktion ausgefuehrt werden darf

o Ueberpruefung der Zugriffsberechtigung auf den angegebenen Puffer

o Erzeugung eines I/O Request Packets (IRP) und Eintragen in die E/A-Datenbasis

- Geraeteabhaengige Vorbereitung der E/A durch den Treiber:

o Durchsuchen der FDT nach dem Funktionscode IO$_WRITEVBLK und der Startadresse der zugehoerigen FDT-Routine

o Aufruf dieser Routine; diese:

+ bestimmt die Laenge des Ausgabe-Puffers

+ besorgt einen Puffer, wenn dadurch die Berechtigungen des Prozesses nicht ueberschritten werden, und traegt dessen Adresse in das IRP ein

+ liest die Beschreibung der aktuellen Zeilen- und Seitenposition des Druckers aus dem zugehoerigen Unit Control Block (UCB)

+ formatiert die Daten entsprechend und traegt sie zusammen mit den benoetigten Drucker-Steuerinformationen in den Systempuffer ein

+ aendert Zeilen- und Seitenposition im UCB entsprechend

+ uebergibt die Kontrolle an eine Betriebssystem-Routine, die das IRP in eine Treiber-Warteschlange stellt

- Uebergabe des IRP an den Treiber und Anheben der Interrupt-Prioritaet auf den im UCB fuer dieses Geraet angegebenen Wert

- Start der E/A:

o Wenn das Geraet frei ist (wird im UCB angezeigt), startet das Betriebssystem den Treiber auf seiner E/A-Start-Adresse; diese wird ueber folgende Verweiskette bestimmt:

© Digital Equipment Corporation

Fig. 6-20 Bestimmung der E/A-Start-Adresse

o Wenn das Geraet belegt ist, traegt das Betriebssystem das IRP in eine Warteschlange fuer dieses Geraet entsprechend der Prozess-Prioritaet des aufrufenden Prozesses ein. (Vorsicht: Diese Prioritaet hat nichts mit der Interrupt-Prioritaet zu tun!)

- Geraete-Aktivierung durch den Treiber:

o Der Treiber bestimmt ueber den UCB die Adresse des Control-Status-Registers des Druckers, die auch Zugriff auf alle anderen Register des Druckers erlaubt:

© Digital Equipment Corporation

Fig. 6-21 Bestimmung der Geraete-Register-Adressen

Bei mehreren Geraeten an einem Controller muss an dieser Stelle gewartet werden, bis der Controller Zugriff auf das gewuenschte Geraet erhaelt.

o Der Treiber uebertraegt die Daten in den Geraete-Puffer, erhoeht die Interrupt-Prioritaet IPL, um alle Interrupts zu blockieren, und setzt das Interrupt-Enable-Bit im Control-Status-Register des Geraets.

o Anschliessend ruft der Treiber eine Betriebssystem-Routine, die ihn in den Wartezustand versetzt, bis ein Interrupt vom Drucker eintrifft.

o Das Betriebssystem rettet den Treiber-Kontext in den UCB und setzt dort ein Flag, das anzeigt, dass der Treiber auf einen Interrupt wartet.

o Anschliessend senkt das Betriebssystem IPL auf den Wert fuer den Treiber und uebergibt die Kontrolle an die Routine, die die E/A-Start-Routine des Treibers aufgerufen hat.

Die Verwendung der verschiedenen Interrupt-Prioritaeten bei der E/A-Bearbeitung laesst sich folgendermassen zusammenfassend darstellen:

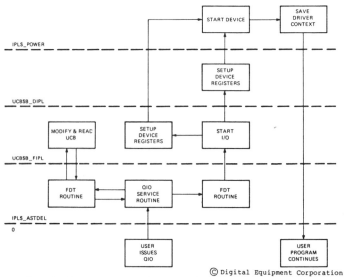

© Digital Equipment Corporation

Fig. 6-22 IPL-Konventionen bei der E/A-Bearbeitung

o Der Treiber bleibt im Wartezustand, bis:

+ der Drucker einen Interrupt erzeugt, oder

+ das Betriebssystem meldet, dass der Drucker in einer vorgeschriebenen Zeit keinen Interrupt erzeugt hat (Zeitueberwachung).

- Interrupt-Bearbeitung:

  o Wenn der Drucker einen Interrupt erzeugt, erhaelt die
    dem zugehoerigen Interrupt-Vektor entsprechende
    Interrupt-Service-Routine des Betriebssystems die
    Kontrolle.

  o Diese Routine bestimmt, welches Geraet den Interrupt
    erzeugt hat, und uebergibt den Interrupt an die
    Interrupt-Service-Routine des Treibers.

  o Diese:

    + ueberprueft durch den UCB, dass der Interrupt
      erwartet wurde;

    + restauriert den Treiber-Kontext aus dem UCB;

    + laesst den Treiber an der von ihm spezifizierten
      Stelle weiterlaufen.

    Der Treiber laeuft jetzt jedoch nicht mehr im
    Interrupt-Kontext weiter, sondern ruft das Betriebs-
    system mit dem Auftrag, einen Fork-Prozess zu
    erzeugen. Damit ist es moeglich, die weitere Bear-
    beitung mit niedrigerer Prioritaet und in einem
    anderen Kontext durchzufuehren. Dieses Verfahren zum
    Herabsetzen der Interrupt-Prioritaet hat zwei Konse-
    quenzen:

    + Der Treiber kann wichtige Operationen, z.B. den
      Start einer weiteren Ausgabe-Operation, sofort
      auf der hohen Prioritaet an die Interrupt-
      Bearbeitung anschliessen, ohne auf den Ablauf
      relativ unkritischer E/A-Abschluss-Behandlungen
      warten zu muessen.

    + Es wird vermieden, dass der Treiber-Kontext durch
      andere Interrupts niedrigerer Prioritaet
      zerstoert wuerde, die sofort durchkaemen, wenn
      der Treiber IPL explizit heruntersetzen wuerde.

  o Das Betriebssystem:

    + rettet den Treiber-Kontext in einem sogenannten
      "Fork-Block";

    + fuegt die UCB-Adresse in eine Fork-Warteschlange
      ein;

    + traegt den Fork-Block in die Warteschlange seiner
      Prioritaet ein;

    + uebertraegt die Kontrolle wieder der Interrupt-
      Routine des Treibers.

o Diese:

+ restauriert die beim Interrupt geretteten
Register;

+ loescht den Interrupt.

Diese Verzweigung des Kontrollflusses kann
folgendermassen dargestellt werden:

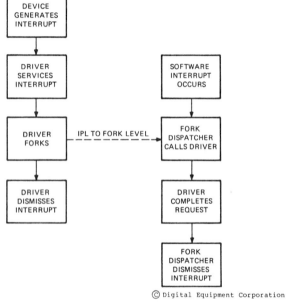

Fig. 6-23 Reaktivierung eines Fork-Prozesses

- E/A-Abschlussbehandlung:

o Die E/A-Start-Routine:

+ speichert einen Erfolgs-Status und

+ die Anzahl der uebertragenen Bytes;

+ ruft das Betriebssystem, um die Abschlussbehandlung auf niedrigerer Ebene anzustossen.

o Das Betriebssystem:

  + traegt das IRP in eine Warteschlange fuer
    Abschlussbehandlungen ein;

  + startet den Treiber mit einem neuen IRP, falls
    noch Anforderungen fuer dieses Geraet anstehen.

o Wenn IPL weit genug abgesunken ist, wird das alte IRP
  aus seiner Warteschlange entnommen, und die
  Abschlussbehandlung wird durchgefuehrt:

  + Die Verbrauchsquote des Prozesses wird ent-
    sprechend erhoeht.

  + Der System-Puffer wird freigegegeben.

  + Ein Flag zur Kennzeichnung des E/A-Abschlusses
    wird gesetzt.

  + Das IRP wird geloescht.

  + Ein spezieller AST mit dem E/A-Status als Infor-
    mation wird abgesetzt.

o Der Benutzerprozess kann durch das Flag feststellen,
  dass die E/A-Operation abgeschlossen ist.

   Die Verwendung der verschiedenen Interrupt-Prioritaeten bei
der E/A-Abschlussbehandlung laesst sich folgendermassen zusammenfassend darstellen:

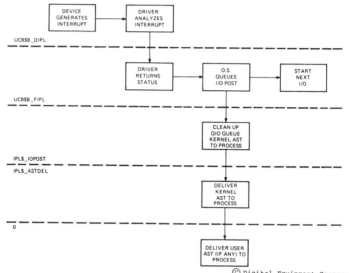

© Digital Equipment Corporation

Fig. 6-24 IPL-Konventionen beim E/A-Abschluss

Diese ganzen Operationen, die zugegebenermassen etwas kompliziert sind, erfolgen im Wechselspiel zwischen Benutzerprozess,
Treiber und Betriebssystem (genauer: Exekutive, d.h. Systemkern)
einerseits, in verschiedenen Prozessor-Zugriffsmodi (s. Abschnitt
8.2.2.2) und auf verschiedenen Interrupt-Prioritaeten andererseits. Dies fuehrt zu einem hohen Grad an Parallelitaet und damit
zu gutem Durchsatz des E/A-Systems, macht jedoch sein Verstaendnis
relativ schwierig. Das Zusammenspiel der einzelnen Operationen
und die Bedingungen, unter denen diese Operationen ablaufen, sei
deshalb hier noch einmal in einer Uebersicht zusammengestellt:

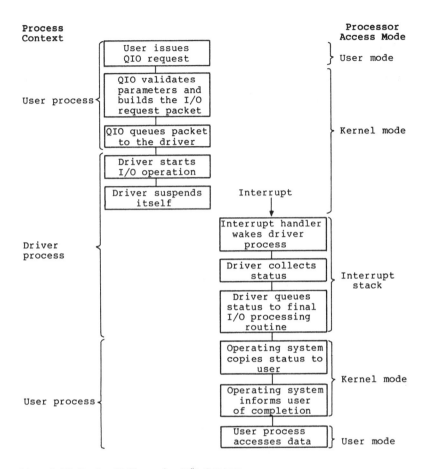

Fig. 6-25 Kontrollfluss im E/A-System

Rechner, die nicht unter Realzeit-Bedingungen oder im Timesharing arbeiten koennen muessen, haben im allgemeinen etwas
einfachere E/A-Systeme, doch ist es leichter, aus dem Verstaendnis
eines allgemeinen E/A-Systems das eines reduzierten abzuleiten als
umgekehrt, weshalb dieses etwas umfangreiche Beispiel hier in
dieser Ausfuehrlichkeit dargestellt wurde.

6.3 ALLGEMEINE VERFAHREN

6.3.1 Unterteilung in Ebenen

Ein modularer Aufbau eines E/A-Systems kann durch eine Unterteilung in Ebenen verschiedener Abstraktion von der Hardware erreicht werden, wenn bei dieser Unterteilung folgende Gesichtspunkte strikt beruecksichtigt werden:

- Die Aufgaben jeder Ebene sollten:

    o klar definiert sein;

    o jeweils einen in sich abgeschlossenen Teilbereich der E/A darstellen;

    o hardware-unabhaengiger als die der naechst-niederen, hardware-abhaengiger als die der naechst hoeheren Ebene sein (wachsendes Abstraktionsniveau).

- Bei der Implementierung dieser Ebenen-Struktur ist darauf zu achten, dass:

    o sauber definierte Schnittstellen vorliegen und eingehalten werden;

    o kein Zugriff (auch lesend!) auf interne Datenstrukturen einer anderen Ebene erfolgt ("information hiding");

    o alle notwendigen Datentransformationen fuer das Gesamtsystem:

        + eindeutig definiert sind,
        + transparent (ohne Informationsverlust) durchgefuehrt werden;

    o eventuell notwendige Restriktionen fuer die zu transportierenden Datentypen auf moeglichst hoher Ebene durchgefuehrt werden;

    o Spezialisierungen auf bestimmte Geraetetypen auf moeglichst niederer Ebene durchgefuehrt werden und fuer alle hoeheren Ebenen transparent sind.

Eine typische und sinnvolle Aufteilung in Ebenen ist die folgende:

- **Kommando-Sprache:** Definition von Datenwegen/logischen Kanaelen

↕ Interface: Kanal-Identifikationen [E/A-Definition]

- **Programmiersprachen**, Utilities (Edit, Dump usw.): Uebertragen logischer Datensaetze, Speicherinhalte, formatierter Meldungen

↕ <u>Interface</u>: logische Datensaetze [logische E/A]

- **Datei-/Prozess-Management**: Anpassung an systemweite Standardformate

↕ <u>Interface</u>: virtuelle Bloecke oft einheitlicher Groesse [virtuelle E/A]

- **E/A-Verwaltungsprozesse** ("ancillary control processes", ACPs): Koordination logischer und physikalischer (geraetebezogener) Datenstroeme, logischer Geraetezugriff

↕ <u>Interface</u>: I/O request packets (IRPs) [physikalische E/A]

- **Treiber**: Anpassung der Daten an die Geraete-Charakteristiken, Steuerung der Hardware

↕ <u>Interface</u>: Bitfolgen, Signale, Interrupts [Hardware-E/A]

- **Hardware**: Ausfuehrung der E/A-Operationen

Anmerkung

Die Bezeichnungen "logische", "virtuelle" und "physikalische" E/A werden in den einzelnen Betriebssystemen sehr unterschiedlich (und zum Teil auch vertauscht) verwendet; die oben angegebenen Bezeichnungen sind also nur der Uebersicht halber hier genannt und stellen keine allgemein akzeptierte Terminologie dar - die es leider an dieser Stelle nicht gibt.

Exkurs: Die Einfuehrung systemweiter Standardformate und die Behandlung dateibezogener E/A durch eigene Verwaltungsprozesse erlaubt es, Interprozess-Kommunikation (auch mit Prozessen auf anderen Rechnern) und E/A auf allen Ebenen oberhalb der SystemSchnittstelle (Transport logischer Datensaetze ueber logische Kanaele) fuer den Benutzer identisch zu behandeln: Man hat daher automatisch Netzwerk-Dienstleistungen in das allgemeine E/ASystem-Konzept mit einbezogen!

Beispiel: Interprozess-Kommunikation in FORTRAN unter DECnet-VAX
[37]:

<u>Sender</u>:

```
OPEN (UNIT=1,NAME='TULSA::"TASK=DST"',
*     ACCESS='SEQUENTIAL',FORM='FORMATTED',ERR=100)
WRITE(1,200) ...
READ (1,200,ERR=300,END=400) ...
         .
         .
         .
CLOSE(UNIT=1)
```

<u>Emfaenger</u>:

```
OPEN (UNIT=3,NAME='SYS$NET',
*     ACCESS='SEQUENTIAL',FORM='FORMATTED')
READ (3,100,ERR=200,END=300) ...
WRITE(3,100) ...
         .
         .
         .
CLOSE(UNIT=3)
```

6.3.2 Synchronisierung

Durch die Hardware-Architektur der E/A-Geraete und durch den
Aufbau der sie bedienenden Treiber ist es im Prinzip moeglich,
E/A-Vorgaenge auf zwei verschiedene Arten mit dem sie ausloesenden
Programm zu synchronisieren:

-   <u>Synchrone E/A</u>: Das Programm startet einen E/A-Vorgang,
    wartet, bis er mit oder ohne Erfolg abgeschlossen ist,
    und faehrt nach Empfang der Rueckmeldung mit seiner
    Verarbeitung fort. Dies entspricht den FORTRAN-
    Operationen READ bzw. WRITE.

    Vorteile: einfache Programmierung;
               Wartezeit wird bei Multi-Programmierung vom
               System genutzt, ohne dass dafuer eigens
               Vorsorge getroffen werden muss

    Nachteil: Programm wird eventuell langsam, da auch vom
               E/A-Vorgang unabhaengige Operationen erst nach
               dessen Beendigung durchgefuehrt werden koennen

-   <u>Asynchrone E/A</u>: Das Programm startet einen E/A-Vorgang
    und faehrt sofort mit der Bearbeitung anderer Daten fort.
    Spaetestens vor dem naechsten nicht unabhaegigen E/A-
    Vorgang auf demselben Datenweg bzw. vor der Verwendung
    der von dem gestarteten E/A-Vorgang zu liefernden Daten/
    freizugebenden Puffer muss das Programm sich wieder mit
    diesem E/A-Vorgang synchronisieren. Hierzu stehen im
    wesentlichen drei Verfahren zur Verfuegung:

o gelegentliche Abfrage einer Status-Variablen ("I/O completion flag")

o Aufruf einer Synchronisierungs-Routine (<u>wait</u>)

o Software-Interrupt (AST)

Im Prinzip kann auf die Synchronisierung verzichtet werden, wenn keine der sie erfordernden Bedingungen vorliegt, doch hat das Programm dann keine Kontrolle, ob der E/A-Vorgang wirklich durchgefuehrt wurde. Die asynchrone Form der E/A entspricht den Operationen BUFFERIN bzw. BUFFEROUT, die von manchen FORTRAN-Compilern unterstuetzt werden.

Vorteile: E/A-Wartezeiten koennen vom eigenen Prozess genutzt werden; ueber denselben Datenweg koennen mehrere Datenstroeme gemultiplext werden

Nachteile: aufwendigere Programmierung; Fehleranfaelligkeit bei zu fruehem Zugriff auf die verwendeten Daten/Puffer (Synchronisationsfehler); wird nicht von allen Systemen unterstuetzt (==> rechnerabhaengige Programmierung) kann im allgemeinen nicht mit logischer E/A durchgefuehrt werden (da deren Datenorganisation meist auf synchrone E/A ausgelegt ist).

6.3.3 Puffer-Verwaltung

In den seltensten Faellen ist die bitweise Repraesentation ein- oder auszugebender Daten im E/A-Geraet identisch mit der innerhalb des Benutzer-Adressraums. Dies hat zur Folge, dass die Daten vor der Ausgabe bzw. nach der Eingabe im allgemeinen neu formatiert werden muessen. Ausserdem verlangt die Struktur des E/A-Systems, speziell der Treiber, eine Entkopplung der ein- bzw. auszugebenden Speicherbereiche vom Benutzer-Adressraum (z.B. bei asynchroner E/A). Dazu muessen die vom E/A-System zu bearbeitenden Daten zwischengespeichert werden, was normalerweise in sogenannten System-Puffern geschieht. Hierfuer sind folgende Verfahrensweisen ueblich:

- **lineare Puffer** fester Laenge: verwendet bei E/A-Geraeten, deren Satzlaenge bekannt ist (Kartenleser, Zeilendrucker)

- **Wechselpuffer** ("ping pong"): ermoeglichen E/A in einem Puffer, waehrend der parallele vom Programm gefuellt/geleert wird ==> Erhoehung der Verarbeitungsgeschwindigkeit (bei asynchroner E/A bzw. Multi-Programmierung)

- **Kreispuffer:** zur Aufnahme einer Warteschlange mehrerer Datensaetze, die noch nicht verarbeitet wurden und eventuell Editier- bzw. Formatier-Information (z.B. Backspace, Delete Line usw.) enthalten ==> gerne verwendet fuer Terminaleingabe

- **Pufferlisten:** fuer Datensaetze, deren Laenge ueber grosse Bereiche variieren kann (z.B. Magnetband mit waehlbarer Blocklaenge)

Zusaetzlich ist es bei physikalischer E/A oft moeglich, Daten direkt aus dem/in den Adressraum des Benutzers zu transportieren, doch liegt dann die Verantwortung fuer die korrekte Behandlung der Daten, speziell fuer deren Formatierung, voellig beim Benutzer-Programm. Man spricht in diesem Falle von "ungepufferter E/A".

Vorteile: groesste Effizienz durch Reduzierung des Overhead; groesste Freiheit in der Bearbeitung der Anwendung; groesste Kontrolle der E/A-Aktivitaeten

Nachteile: geringe Portabilitaet wegen schlechter Unterstuetzung durch hoehere Programmiersprachen; starke Abhaengigkeit vom verwendeten System (bis zur Hardware!); Anfaelligkeit fuer Systemfehler (bis zum System-zusammenbruch!); hoher Programmieraufwand.

==> : Diese Schnittstelle des E/A-Systems ist nur fuer Spezial-loesungen bei Aufgaben mit extremen Anforderungen oder zur Realisierung vom E/A-System nicht vorgesehener Leistungen sinnvoll zu verwenden.

6.3.4 Datenstrukturen

Eine Unterteilung des E/A-Systems kann auch unter dem Gesichtspunkt der kleinsten manipulierbaren Datenmenge geschehen. Waehrend sinnvollerweise fuer die meisten Anwenderprogramme eine geraeteunabhaengige, oft satzweise Uebertragung als allgemeiner Standard im System vorzusehen ist, kann es fuer systemnahe Programme und fuer Spezialanwendungen notwendig sein, den Zugriff auf einzelne Wege im E/A-System vom Standard abweichend bzw. parametrisiert zu realisieren; doch sollte dies nur als moeglicher Weg offengehalten, nicht aber zu einem generell verwendeten Verfahren ausgebaut werden.

Solche alternativen E/A-Wege sind sinnvoll fuer folgende Anwendungen:

- Bearbeitung systemfremder Datenbestaende (Fremdbaender, Fremdplatten)

- Steuerung von Spezialgeraeten (besonders in der Prozess-steuerung)

- an der Terminal-Schnittstelle:

  o um hohe Interaktivitaet zu erreichen (byteweise Kontrolle)
  o fuer graphische Datenverarbeitung
  o fuer Transaktions-Systeme mit Formularsteuerung
  o fuer intelligente Terminals

- fuer Rechnerkopplungen mit genormten Protokollen, besonders in inhomogenen Netzen (etwa "open systems interconnect" nach dem ISO-Referenzmodell)

Als moegliche Parametrisierungen der E/A-Datenstrukturen kommen in Betracht:

- die Datenmenge:

  o Block
  o Satz
  o Byte
  o variable Strukturen bis hin zum einzelnen Bit

- der verwendete Code:

  o ASCII
  o EBCDIC
  o Spezial-Codes

- der Einsatz vordefinierter Datensequenzen (z.B. Escape-Folgen)

- die Verarbeitungsprotokolle:

  o voll-/halb-duplex
  o Handshake/Master-Slave
  o Vorhandensein bzw. Form einer Quittung
  o Eingriffsmoeglichkeiten
  o Geschwindigkeit

Es muss jedoch betont werden, dass im Interesse einer klaren Struktur des E/A-Systems und damit seiner Anwendbarkeit und Zuverlaessigkeit solche Parametrisierungen

- entweder in das E/A-System aufgenommen werden als Teil des System-Standards

- oder moeglichst ganz vermieden werden sollten.

6.4 BEISPIELE VON E/A-SYSTEMEN

6.4.1 FORTRAN-77

Unter dem neuen FORTRAN-Standard [3] werden eine Reihe von E/A-Operationen zur Verfuegung gestellt, die eine relativ weitgehende Kontrolle des E/A-Systems ermoeglichen. Diese Dienstleistungen lassen sich folgendermassen grob einteilen, wobei oft vorhandene Erweiterungen des Standards hier mit aufgefuehrt, aber in Klammern gesetzt sind:

- Definition und Manipulation von Datenwegen:

  OPEN, CLOSE, INQUIRE [, DEFINE FILE]

- Positionierung und Kontrolle von Datenwegen:

  REWIND, BACKSPACE, ENDFILE [, FIND, SKIP, "'" (direct access)]

- Definition zu bearbeitender Datenstrukturen:

  E/A-Listen, NAMELIST-Listen, listenlose FORMAT-Parameter

- Datentransfer:

  READ, WRITE [, ACCEPT, PRINT, TYPE, PUNCH, ENCODE, DECODE, REREAD, BUFFER IN, BUFFER OUT]

- Formatierung/Skalierung:

  FORMAT, listengesteuerte E/A, binaere E/A

- Status-Uebergabe:

  END-, ERR-Parameter, INQUIRE [, Q-FORMAT]

Die von einem Programm benutzten Datenwege werden durch ganzzahlige Variable identifiziert, die als "logische Kanalnummern" bezeichnet werden. Die Assoziation dieser Variablen zu den einzelnen Datenwegen kann auf drei verschiedene Arten geschehen:

- als Vordefinition in dem betreffenden Betriebssystem (ueblicherweise fuer Standardgeraete wie Kartenleser, Drucker, Terminal; keine Normung!)

- statisch ueber die Kommandosprache (ASSIGN, FILE:LINK-NAME)

- dynamisch im Programm (OPEN)

Die Eroeffnung des Datenweges geschieht bei den beiden ersten Formen der Assoziation im allgemeinen automatisch beim ersten Zugriff auf diesen Datenweg, sonst schon beim OPEN. Der Datentransfer und die Formatierung werden zur Laufzeit des Programms von einem speziellen Interpreter, dem FORTRAN-Laufzeit-System, durchgefuehrt, was eine sehr flexible Programmierung der E/A erlaubt. Der Compiler muss daher nur die folgenden Informationen erzeugen:

- aus ausfuehrbaren E/A-Anweisungen Aufrufe des Laufzeit-Systems

- aus nicht ausfuehrbaren E/A-Anweisungen Datenstrukturen zur Steuerung des Laufzeit-Systems

Folgende Eigenschaften stellen Engpaesse in diesem E/A-System dar:

- Uebertragen werden Datensaetze bzw. Gruppen von Daten-saetzen; zeichenweise Steuerung der E/A ist im allge-meinen nicht oder nur mit Schwierigkeiten moeglich.

- Die Formatsteuerung laesst nur bestimmte Ausgabeformate zu; z.B. ist keine Ausgabe sogenannter "floating characters" moeglich, also von Zeichen, deren Position im Ausgabesatz erst beim Aufbau dieses Satzes bestimmt wird.
- Die Menge der eingelesenen Daten ist nicht standard-maessig erkennbar.

- Asynchrone bzw. ungepufferte E/A ist standardmaessig nicht programmierbar.

- Gleichzeitige formatierte Ausgabe auf mehrere Geraete fuehrt im allgemeinen zu mehrfachem Durchlaufen der gleichen Formatierungsvorschriften (d.h. es ist im Standard nicht moeglich, mehrere Datenwege parallel zu betreiben).

6.4.2 Das Multics-E/A-System

Abschliessend soll noch ein E/A-System kurz geschildert werden, das in dem experimentellen Betriebssystem Multics [12,19] realisiert wurde und trotz seines Alters auch heute noch als richtungweisend bezeichnet werden kann.

Die Einbettung dieses E/A-Systems in das gesamte Betriebs-system laesst sich folgendermassen veranschaulichen:

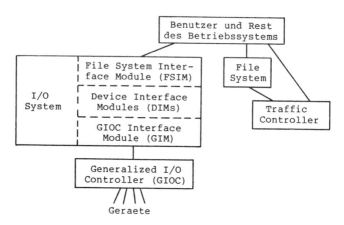

Fig. 6-26 Einbettung des Multics-E/A-Systems

Das E/A-System zerfaellt in einzelne Moduln, die in verschiedenen Ebenen angeordnet sind.   Die Beziehungen zwischen diesen
Moduln sind im folgenden Bild dargestellt:

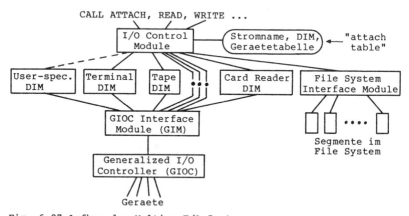

Fig. 6-27 Aufbau des Multics-E/A-Systems

E/A-Vorgaenge laufen in diesem System folgendermassen ab:

- Das anzusprechende Geraet wird dem Prozess zugeteilt, der
  den E/A-Vorgang angestossen hat.   Dabei geschieht der
  Zugriff auf die einzelnen E/A-Geraete in geraeteunab-
  haengiger Form ueber symbolische Namen.   Dies

ermoeglicht:

o geraeteunabhaengige Programmierung

o dynamischen Wechsel von E/A-Geraeten

- Auf dieses Geraet wird ueber ein ATTACH-Statement ein Datenstrom ("stream") eroeffnet; dabei wird der Strom-name in eine "attach table" eingetragen.

- E/A-Befehle werden ueber diese attach table vom soge-nannten "I/O control module" mit dem Geraet assoziiert, das augenblicklich dem Strom zugeordnet ist. Die Befehle werden an das zugehoerige "device interface module" (DIM) weitergereicht; dieses DIM kann in unserer Terminologie als Treiber bezeichnet werden.

- Das DIM erzeugt aus dem E/A-Befehl ein Programm fuer die Hardware des "generalized I/O controller" (GIOC).

- Das DIM startet anschliessend ueber das "GIOC interface module" (GIM) die Operation; diese laeuft, gesteuert durch einen Dialog zwischen DIM und GIM, ab.

- Das GIM wird durch Aufrufe eines DIM sowie durch Interrupts angestossen; alle Steuerung und Status-Uebergabe laeuft ueber das GIM.

- Dieses E/A-System laeuft unter Multi-Programmierung. Daher koennen E/A-Wartezeiten von Fremdprozessen genutzt werden, da den einzelnen DIMs der Prozessor entzogen werden kann.

Dem Benutzer werden ueber eine Unterprogramm-Schnittstelle folgende Funktionen zur Verfuegung gestellt:

- CALL ATTACH(stream-name,DIM-name,device-name);

- CALL READ (stream-name,buffer);

- CALL WRITE (stream-name,buffer);

- CALL DETACH(stream-name);

- CALL ATTACH(stream-name_1,synonym,stream-name_2);

- CALL ATTACH(stream-name,fsim,segment-name);

Dabei sind folgende Besonderheiten erwaehnenswert:

- Durch Synonyme kann man:

o E/A-Vorgaenge umdirigieren,

o gleichzeitige E/A-Vorgaenge auf mehreren Geraeten
   starten ("broadcast"),

o mit Pseudo-Geraeten arbeiten.

- Mit dem "file system interface module" (FSIM) lassen sich
  Segmente im Hauptspeicher als Pseudo-E/A-Geraete betreiben.

Das System ist sehr flexibel; neue Geraete lassen sich ohne
weiteres aufnehmen, ohne dass eine Strukturaenderung oder Umgehung
des Systems dazu erforderlich waere.

KAPITEL 7

DATEI-SYSTEME

7.1 DATEI-TYPEN

7.1.1 Grundlagen

Die auf Massenspeichern verwaltete Information wird meist in groesseren logischen Einheiten zusammengefasst, wobei oft Hierarchien solcher Einheiten gebildet werden, um die Verwaltung zu vereinfachen. Von besonderem Interesse ist dabei die logische Einheit "Datei", die wir im Abschnitt 6.1.3 als eine "logisch verwandte Ansammlung von Daten, die als physikalische Einheit behandelt wird", definiert hatten. In diesem Kapitel wollen wir sowohl den internen Aufbau von Dateien, also die Zusammenfassung kleinerer Informations-Einheiten zu Dateien, als auch die Verwaltung der Gesamtheit aller Dateien, also deren Zusammenfassung zu groesseren Informations-Einheiten, betrachten.

Die interne Organisation von Dateien erfolgt ueblicherweise auf zwei verschiedenen Ebenen:

- logisch: Informationseinheit ist der **Datensatz** ("record"):

    o eine Menge zusammenhaengender Datenelemente, die als Einheit behandelt werden,

    o dessen Laenge vom Programmierer anwendungsorientiert spezifiziert wird.

- physikalisch: Informationseinheit ist der Block:

    o die kleinste adressierbare Datenmenge, die ein E/A-Geraet in einer E/A-Operation uebertragen kann,

    o dessen Laenge von der Hardware fest vorgegeben ist.

Damit ergeben sich gewisse Grundstrukturen, je nachdem ob die logische Ebene der Organisation fuer eine bestimmte Datei

- gar nicht: "physikalische" Datei

- teilweise: "regionale/sequentielle" Datei

- vollstaendig: "indexsequentielle" Datei

realisiert ist. Dabei ergeben sich hinsichtlich der Anpassung an die hardware- und softwaremaessigen Gegebenheiten der einzelnen Rechnertypen Unterschiede in den Dateistrukturen und in der Auspraegung der Dateimerkmale, die die Grenzen zwischen den einzelnen Dateitypen verschwimmen lassen.

7.1.2 Physikalische Dateien

Bei physikalischen Dateien ist nur die hardwaremaessig vorge- gebene Unterteilung der Datei in Bloecke realisiert; eine Anpassung an programmseitig benoetigte logische Strukturen ist von jedem Anwendungsprogramm gesondert vorzunehmen. Physikalische Dateien sind durch folgende Eigenschaften zu charakterisieren:

- Zugriffseinheit ist der physikalische Block fester, vorgegebener Laenge.

- Zugriff auf die einzelnen Bloecke erfolgt ueber die Blockadresse:

  o als globale, physikalische Position des Blocks ("physikalische Blocknummer"), spezifiziert durch:

    + physikalische Geraeteadresse (oder auch Daten- traegerkennzeichen)
    + absolute Blockadresse: Zylinder-/Spur-/Segment- Nummer

  o als dateibezogene, physikalische Position des Blocks (IBM: "regionale Organisationsform"), spezifiziert durch:

    + Nummer des Speicherbereichs der Datei
    + Stapel-Nummer bei "Multi-Volume-Devices"
    + Zylinder-Nummer
    + Nummer des Magnetkopfes
    + Blocknummer innerhalb der ausgewaehlten Spur

  o als datei-relative Blocknummer ("virtuelle Block- nummer"), gezaehlt ab 0 oder 1

- Bei physikalischen Dateien ist oft ungepufferter Daten- transfer direkt in den / aus dem Adressraum des Benutzer- programms moeglich.

- Zugriffe auf physikalische Dateien stellen die schnellste Zugriffsmethode dar, da o Umkopieren der Puffer und

o Auftrennen von / Zusammenfuegen zu Datensaetzen

entfallen.

- Durch die starre Blockgroesse ergeben sich Einschraenkungen fuer die Anwendbarkeit physikalischer Dateien.

- Wenn die Seitengroesse virtuellen Speichers ein ganzzahliges Vielfaches der physikalischen Blocklaenge ist, stellen physikalische Dateien ein besonderes geeignetes Hintergrund-Medium fuer Paging dar.

Zur Realisierung des logischen, satzweisen Zugriffs auf Dateien mit Satzstruktur wird diese von einem Teil des Betriebssystems, dem Datei-System ("record management system", "file system") auf physikalische Dateien abgebildet.

==> : Eigentlich gibt es nur physikalische Dateien; alle anderen Organisationsformen sind nur des Komforts wegen als allgemein verwendbare Ueberbauten zur Verfuegung gestellt.

Beipiele: Physikalische Dateien stehen auf allen Rechnern und in allen Betriebssystemen zur Verfuegung; ihre Bezeichnung in den einzelnen Systemen ist jedoch sehr unterschiedlich:

- TR440 / BS3: PHYS-Dateien

- Siemens 7.xxx / BS2000: PAM-Dateien

- IBM/360/370 / OS: ISAM-Dateien (mit Einschraenkungen)

- VAX/VMS: User-I/O ueber $QIO-Makros

Der Zugriff auf die einzelnen physikalischen Bloecke eines Plattenspeichers wird im allgemeinen durch eine spezielle Anordnung der Information auf dem Speichermedium erleichtert [24]:

- Eine spezielle Stelle des Platten-Umfangs wird durch einen sogenannten Adress- oder Index-Marker als Anfang/ Ende aller Spuren des Mediums gekennzeichnet.

- Die Daten werden entlang der einzelnen Spuren als Folgen von in Datenbloecken gruppierten Bytes aufgezeichnet. Ein Datenblock besteht dabei aus jeweils drei durch Gaps getrennten "Subbloecken":

o dem Zaehler-Subblock ("count subblock"), der folgende Information enthaelt:

+ Steuer-Information (Flag-Bits)
+ Zylinder-Nummer
+ Kopf-Nummer
+ Block-Nummer

+ Schluessellaenge (= 0, falls kein Schluessel-
  Subblock vorhanden)
+ Datenlaenge (muss ‡ 0 sein)
+ Check-Bits fuer Fehler-Erkennung und -Korrektur

o dem Schluessel-Subblock, der zur Aufnahme eines Such-
  schluessels fuer hardware-unterstuetztes Retrieval
  verwendet werden kann;

o dem Daten-Subblock, der die eigentlichen Daten
  enthaelt.

- Bei Zugriff auf einen bestimmten Block werden entlang der
  Spur von der Hardware solange Zaehler-Subbloecke gelesen,
  bis der gewuenschte Datenblock gefunden ist; dessen
  Daten-Subblock wird gleich anschliessend (also noch
  waehrend derselben Umdrehung!) uebertragen. Diese
  schnelle Aufeinanderfolge von Suchen und Lesen wird durch
  die Gaps zwischen den einzelnen Subbloecken ermoeglicht,
  die zu einer hinreichenden Zeitdifferenz zwischen dem
  Zugriff auf den Zaehler- und auf den Daten-Subblock
  fuehren.

7.1.3 Dateien mit Satzstruktur

Zur besseren Anpassung an die Erfordernisse der Anwenderprogramme werden ueblicherweise auf die starren physikalischen
Dateistrukturen parametrisierbare logische Strukturen als Ueberbau
gesetzt, die folgendermassen zu charakterisieren sind:

- Zugriffseinheit ist der logische Satz ("record"), dessen
  Format (normalerweise in gewissen Grenzen) vom Benutzer
  gewaehlt werden kann.

- Die Abbildung des Zugriffs auf die physikalische Struktur
  des Hintergrunds erfolgt durch einen Teil des Betriebssystems, das sogenannte Datei-System; dabei sind
  speziell folgende Aufgaben durchzufuehren:

  o Umkopieren in/aus System-Puffern

  o Blocken/Entblocken der logischen Saetze

- Je nach der Art dieser Abbildung ergeben sich unterschiedliche logische Dateistrukturen; diese unterscheiden sich in den folgenden Aspekten:

  o Zugriffsform

  o Satzformat

o Satzaufbau

Die einzelnen Dimensionen der Strukturierung von Dateien
sollen im folgenden kurz charakterisiert werden:

Bei den **Zugriffsformen** unterscheidet man die folgenden Moeglichkeiten:

- sequentiell:

    o Zugriff ist nur auf den jeweils naechsten, eventuell
      auch auf den vorhergehenden Satz, Schreiben nur am
      Ende der Datei moeglich.

    o Eine spezielle Datei-Strukturierungs-Information ist
      hier nicht noetig; sie kann jedoch, etwa als Schutz
      vor voelliger Zerstoerung der Datei und zum
      Wiederaufsetzen bei Fehlern, hinzugefuegt sein.

    o Sequentielle Dateien bilden die Grundform der Daten-
      speicherung bei indexsequentiellem Zugriff.

- direkt (relativ):

    o Zugriff erfolgt ueber eine Satznummer mittels eines
      Positionierungs-Algorithmus, der aus dieser die
      zugehoerige Blocknummer direkt bestimmt.

    o Nur realisiert fuer:

        + Saetze fester Groesse
        + Saetze vorgegebener maximaler Groesse (mit Platz-
          Verschenken)

    o Bei Saetzen fester Groesse ist keine Struktur-
      Information in den / ueber die einzelnen Saetze
      noetig.

    o Diese Organisationsform fuehrt zur Platzverschwendung
      (bis 50 % fuer ueberlange Saetze, bis 100 % fuer
      kurze Saetze), falls Saetze nur bei einem Blockanfang
      beginnen duerfen und Satz- und Blocklaenge ein
      unguenstiges Verhaeltnis zueinander haben.

- indexsequentiell:

    o Der Zugriff erfolgt ueber einen sogenannten "Index"
      ("Stellvertretergebiet"), der ein Teil der
      betrachteten Datei oder auch eine eigene Datei ist
      und zu jedem Schluesselwert / jeder Satznummer die
      Position (z.B. Blocknummer und Anfangsadresse
      innerhalb des Blocks) des zugehoerigen Satzes
      enthaelt.

o Eine indexsequentielle Datei besteht aus zwei Teilen:

  + dem Index in der Organisation als:

    . Feld
    . lineare Liste
    . B-Baum

  + dem eigentlichen Datenbestand als sequentielle
    Datei.

o Der Index enthaelt ueblicherweise die folgende
  Information:

  + Satznummern beliebiger Art und/oder
  + Satzschluessel als Suchschluessel

o Oft koennen fuer denselben Datenbestand mehrere
  Index-Bereiche definiert werden. Man spricht dann
  von einer mehrfach indexierten Datei bzw. von
  Sekundaer-Indexierung.

o Auf indexsequentielle Dateien kann oft auf zwei
  verschiedene Arten zugegriffen werden:

  + direkt ueber den Index
  + sequentiell (in Zugangsfolge) ueber den Daten-
    bestand selbst

o Bei Inkonsistenzen zwischen Index und Datenbestand
  ist die Datei im allgemeinen zerstoert; aus diesem
  Grund sind indexsequentielle Dateien bei System-
  zusammenbruechen gefaehrdet, wenn gerade schreibend
  auf sie zugegriffen wurde.

o Aenderungen an indexsequentiellen Dateien werden
  verschieden abgewickelt, je nachdem welche
  Operationen auf die einzelnen Saetze anzuwenden sind:

  + Einfuegung neuer Saetze:

    . Die Daten werden am Ende des Datenbestandes
      eingetragen; dieser wird somit als gewoehn-
      liche sequentielle Datei bearbeitet.
    . Die Satznummern bzw. Suchschluessel werden an
      die geeignete Stelle im Index eingetragen;
      dies kann unter Umstaenden eine Reorga-
      nisation des Index erfordern.

  + Loeschen von Saetzen:

    . Satznummern bzw. Suchschluessel werden aus
      dem Index ausgetragen, was wieder eine
      Reorganisation des Index erfordern kann.

. Ein Loeschen der Daten im Datenbestand
erfolgt im allgemeinen nicht, so dass dieser
anschliessend "Satzleichen" enthaelt und von
Zeit zu Zeit reorganisiert werden muss, was
auch wieder eine Reorganisation des Index
nach sich zieht.

+ Aenderung existierender Saetze:

. Zum Teil werden Aenderungen als Folgen von
Loeschungen und Neueintragungen durchgefuehrt, wobei manchmal die Aenderung des
Index entfallen kann oder auf eine Aenderung
des Verweises auf den Datenbestand
beschraenkt bleiben kann.

. In manchen Faellen - wenn die Satzlaenge
konstant bleibt oder wenn der neue Satz
kuerzer ist als der alte und gleichzeitig die
Struktur des Datenbestandes Luecken zulaesst
- kann eine Aenderung auch durch direktes
Ueberschreiben eines Teiles des Datenbestandes erfolgen.

Die folgenden **Satzformate** sind ueblich:

F: feste Laenge: Meist ist in den Saetzen keine Struktur-Information enthalten.

V: variable Laenge: Die Laenge ist meist am Satzanfang
eingetragen. Kein Satz ist laenger als ein Block,
d.h. jeder Satz ist ganz in einem Block enthalten.

S: Spannsaetze variabler Laenge: Saetze dieses Typs
duerfen sich ueber mehrere Bloecke erstrecken; der
Zusammenhang der einzelnen Satzteile wird durch
geeignete Struktur-Information in den Satzteilen oder
durch Klammerungstechniken dargestellt.

U: unbestimmte (variable) Laenge: Saetze entsprechen
Bloecken variabler Laenge; dabei ist die Satzlaenge
nicht im Satz angegeben, sondern ergibt sich aus der
Blocklaenge. Saetze dieses Formats sind nur bei
geeigneten Hardware-Voraussetzungen realisierbar;
sie werden hauptsaechlich bei Magnetbaendern ange-
troffen.

Bei diesen Satzformaten entspricht jeweils ein Satz (bzw. bei
S-Format ein "Satz-Segment") einem Block. Durch Angabe eines
Blockungsfaktors n koennen bei den drei ersten Formaten auch
jeweils n Saetze zu einem Block zusammengefasst werden. Man hat
dann die "geblockten Formate **FB, VB** und **SB**.

Bei fest vorgegebener Blocklaenge und ungeeigneten Satz-
laengen resultiert beim F- und V-Format notwendigerweise, beim S-
Format unter der Voraussetzung, dass Saetze nur an einer Block-
grenze beginnen duerfen, Platzverschwendung ("Verschnitt"); dies
gilt - in geringerem Masse - auch bei Angabe eines Blockungsfaktors.

Direkter Zugriff ist nur bei den Satzformaten F und FB
moeglich; soll Direkt-Zugriff fuer Saetze variabler Laenge unterstuetzt werden, so muessen diese Saetze durch F- bzw. FB-Saetze
der maximalen Laenge realisiert werden, von denen nur ein Teil
belegt ist ==> Platzverschwendung.

Beim **Satzaufbau** unterscheidet man schliesslich die folgenden
Grundtypen:

- Satzweise strukturierter Text: Jeder Satz entspricht
  einer Textzeile. Das erste Zeichen jedes Satzes ist bei
  sogenannten Druck-Dateien ein Vorschub-Steuerzeichen;
  andere Dateien mit Satzstruktur enthalten Vorschub-
  Information und eventuell Zeilennummern an bestimmten,
  festgelegten Stellen der einzelnen Saetze.

- Fortlaufender Text: Hier besteht keine Assoziation
  zwischen Satzaufbau und Textstruktur. Die Textstruktur
  wird durch Steuerzeichen innerhalb der Saetze realisiert;
  die Satzstruktur ist hier eigentlich ueberfluessig oder
  sogar stoerend.

- Binaer-Information: Aufbau und Struktur der einzelnen
  Saetze werden von den die Datei bearbeitenden Programmen
  festgelegt.

7.1.4 Verwaltung des Speicher-Mediums

Waehrend sich bei Magnetbaendern hinsichtlich der Anordnung
des Speicherplatzes der einzelnen Dateien keine Wahlmoeglichkeiten
und damit auch keine Probleme ergeben, sind bei mehrdimensionalen
Speichermedien - also insbesondere Magnetplatten - die Probleme

- der Anordnung der einzelnen Teile (auch: Bloecke) einer
  Datei

- des Vergroesserns einer zu kleinen Datei

- der Reorganisation fragmentierten Speicherplatzes

zu loesen.

Dazu werden Dateien oft als eine feste (systemweit
vorgegebene oder ueber Voreinstellungen waehlbare) Anzahl von
Bloecken angelegt. Man bezeichnet diese Gruppen von Bloecken als
"Extents" oder auch "Partitions". Groessere Dateien koennen -
sofern nicht anders bei ihrer Erzeugung verlangt - aus einer Menge
voneinander unabhaengiger Extents aufgebaut sein. Datei-Vergroes-

serung geschieht durch Hinzunahme weiterer Extents zu der zu vergroessernden Datei. Eine so vergroesserte Datei ist im allgemeinen nicht mehr physikalisch zusammenhaengend; man bezeichnet sie als "non-contiguous". Bei dieser Form der Verwaltung des Speichermediums muss pro Datentraeger nur eine Liste der dort freien Extents gefuehrt werden, an die freiwerdender Platz zurueckgegeben wird.

Eine andere Form der Platzverwaltung legt eine Liste an, die fuer jeden Block des Speichermediums ein Bit enthaelt, das angibt, ob der zugehoerige Block belegt ist oder nicht. Man bezeichnet diese Liste als "Bit-Map" des Speichermediums. Diese Form der Verwaltung minimisiert die Fragmentierung des Speichermediums, die bei der ersten Form der Verwaltung bei grossen Extents recht erheblich sein kann, erfordert jedoch effiziente Bearbeitung der Bit-Map, wenn sie keinen zu grossen Overhead verursachen soll.

Die einzelnen Extents bzw. Bloecke einer Datei koennen durch Zeiger miteinander verknuepft sein; es ist aber auch moeglich, in die Datei-Beschreibung, die im Datei-Kopf oder im Katalog (s. Abschnitt 7.2.2) enthalten ist, eine Liste (eventuell nur der nicht konsekutiven) Extents bzw. Bloecke aufzunehmen. In jedem Falle ist es sinnvoll, Dateien, die in zu viele nicht konsekutive Extents bzw. Bloecke unterteilt sind, von Zeit zu Zeit auf groessere zusammenhaengende Bereiche umzuspeichern, um die Effizienz des Zugriffs zu erhoehen. Diese Reorganisation kann zum Beispiel bei einer Kopie des Speichermediums zu Datensicherungszwecken erfolgen, wobei mit dieser reorganisierten Kopie dann effizienter weitergearbeitet werden kann. Bei regionaler Organisationsform von Dateien kann eine solche Reorganisation jedoch schwierig bis unmoeglich werden.

7.2 DATEI-VERWALTUNG

7.2.1 Datei-Identifikation

Dateien sind von aussen nur Informationsbloecke, deren physikalische Adresse(n) und Verwaltungsinformation vom System abgespeichert und bei erneutem Ansprechen der Datei wiedergefunden werden muessen. Dazu muss die Datei durch ein eindeutiges, zweckmaessig hardware-unabhaegiges Kennzeichen, den Dateinamen, identifiziert werden.

Durch geeignete Struktur des Dateinamens kann dieser schon einen Suchweg fuer die Dateiverwaltungs-Information festlegen, was fuer einen schnellen Zugriff bei den oft sehr grossen Dateibestaenden wesentlich ist. Es sind zwei Formen der Datei-Identifikation gebraeuchlich:

-   Datentraeger-relative Position:

    o   ueblich fuer Magnetbaender

    o   Dateiname besteht aus:

+ Datentraeger-Kennzeichen

+ Dateifolgenummer

- logischer Dateiname ohne Bezug auf den Datentraeger:

    o ueblich bei Plattenspeichern (und Magnetbaendern!)

    o Darstellung des Dateinamens als Suchweg in einem Baum:

        + Es gibt oft nur eine einzige Wurzel fuer das gesamte Dateisystem als Startpunkt jeder Suche.

        + Oft wird auf dem Suchweg relativ frueh der Eigentuemer der Datei benannt und damit ein Teilbaum ausgewaehlt.

        + Die Endknoten des Baumes enthalten die Verweise auf die einzelnen Dateien.

    o Unterscheidung mehrerer Versionen einer Datei durch die Angabe von Generations-Versions-Nummern

Beispiele: Siemens 7.xxx, IBM, Pascal:

- Der Dateiname ist hier eine Konkatenation von Knotennamen in einem Baum:

    o Jeder Knoten wird durch die Konkatenation der Knotennamen bezeichnet, die einen Weg von der Wurzel bis zu dem betreffenden Knoten bilden.

    o Jeder Nicht-End-Knoten bezeichnet den ganzen daran haengenden Teilbaum.

    o Jeder Endknoten bezeichnet eine Datei.

    o Die Knoten der ersten Ebene bezeichnen die einzelnen Benutzer.

- Diese Struktur tendiert zu sehr langen, oft in weiten Teilen identischen oder zumindest aehnlichen Dateinamen. Waehrend diese Eigenschaft im Batch-Betrieb unerheblich ist, kann sie im interaktiven Betrieb wegen der durch sie verursachten Schreibarbeit sehr unpraktisch sein.

- Fuer jede Dateidefinition muss ein Weg von der Wurzel aus gesucht werden. Ohne besondere Vorkehrungen wird daher die Implementierung der Dateisuche aufwendig und eventuell langsam.

- Der Name des ersten Knotens des Suchweges kann oft weggelassen werden; als Voreinstellung wird dann meist die
eigene Benutzerkennung (oder auch eine Kennung fuer das
"System" als Eigentuemer) eingesetzt.

TR440 / BS3:

- Zu jeder Benutzerkennung gibt es bis zu 6 Gruppen lang-
fristiger Dateien. Auf eine davon kann ohne weitere
Angaben zugegriffen werden; fuer den Zugriff auf die
anderen ist jeweils das entsprechende "Benutzerkenn-
zeichen" (BKZ) anzugeben.

- In Bearbeitung befindliche Dateien koennen zu Gruppen
(Datenbasen) zusammengefasst werden, wobei jedoch nicht
leicht zu ueberschauende Wechselwirkungen mit den BKZs
auftreten koennen.

- Dateien auf externen Traegern wie Magnetband oder
privaten Plattenstapeln muessen durch zusaetzliche Angabe
des Datentraegerkennzeichens (EXDKZ) bezeichnet werden.

- Die Dateibezeichnung ist im Standardfall sehr einfach,
wird in Sonderfaellen jedoch schnell schwierig und
fehlerprovozierend, da dann verschiedene, schlecht
aufeinander abgestimmte Konzepte der Dateibenennung
zueinander in Wechselwirkung treten.

DEC, CP/M:

- Der Dateiname ist strukturiert aufgebaut; die einzelnen
Ebenen des Baumes bezeichnen dabei verschieden stark
spezifizierte Datenmengen.

- Die Syntax der einzelnen Komponenten des Dateinamens
erlaubt die Angabe von teilqualifizierten Namen unter
Verwendung von Voreinstellungen fuer die weggelassenen
Teile sowie durch sogenannte "wild card"-Konstruktionen
die Bezeichnung ganzer Teilbaeume, Ebenen im Baum oder
sogar von Mengen von Teilbaeumen.

- Die eigentlichen Dateinamen (d.h. die Namen der
Endknoten) bestehen aus zwei Teilen:

  o einem frei waehlbaren Namen

  o einer "Extension", die den Inhalt bzw. Verwendungs-
    zweck der Datei beschreibt (z.B. Quellprogramm in
    einer bestimmten Sprache, Lademodul, Daten, Text
    usw.).

Durch diese Aufteilung des Dateinamens koennen Programm-
Bibliotheken und Bibliotheken zusammengehoerender Datenmengen in einfacher Weise spezifiziert und realisiert
werden.

7.2.2 Datei-Kataloge

Um koordinierten Zugriff auf Dateien zu gewaehrleisten, ist fuer jede Datei eine bestimmte Menge von Verwaltungsinformation zu halten, die ihrerseits wieder Datenbestaende darstellt, also zweckmaessig in speziellen Dateien, den "Katalogen" ("directories"), zu halten ist. Folgende Informationen werden ueblicherweise zu den einzelnen Dateien gehalten:

- voller Dateiname

- Ortsbeschreibung:

    o physikalische Adresse des Anfangs
    o Laenge der Datei
    o eventuelle Aufteilung in Extents

- Organisation der Datei:

    o physikalisch
    o direkt
    o regional
    o sequentiell
    o indexsequentiell

- Satzformat und Blockung (F, V usw.)

- Satzaufbau:

    o Textdatei
    o Druckdatei
    o Binaerdatei

- Zugriffsrechte

- Zugriffsbeschraenkungen

- Eigentuemer

- Bearbeitungszustand (zur Koordination von Parallel-zugriffen):

    o geschlossen
    o eroeffnet zum Lesen und/oder Schreiben

Die interne Organisation der Katalog-Datei(en) ist bestimmend fuer:

- die Geschwindigkeit des Auffindens einer Datei bei erst-maligem Zugriff;

- die Moeglichkeit der Beeinflussung/Veraenderung von Datei-Parametern;

- die Wartbarkeit des Datenbestandes:

  o Reorganisierbarkeit
  o Moeglichkeit/Geschwindigkeit der Herstellung von Sicherheitskopien ("Back-ups")
  o Wiederherstellbarkeit zerstoerter Datenbestaende
  o Einfuehrung und Ueberwachung von Speicherquoten

Die wichtigste und effizienteste Methode zur Verwaltung grosser Dateibestaende ist die Verwendung von Katalog-Hierarchien:

- Der Hauptkatalog ("master file directory", MFD) enthaelt:

  o Beschreibungen der den einzelnen Benutzern zuge-wiesenen Speicherbereiche

  o fuer jede(n) Benutzer(gruppe) einen Verweis auf den zugehoerigen Benutzerkatalog

  Der Hauptkatalog kann dabei global oder geraetebezogen sein.

- Die einzelnen Benutzerkataloge ("user file directories", UFDs) enthalten:

  o Eintraege fuer die einzelnen Dateien des betreffenden Benutzers

  o eventuell Verweise auf Unterkataloge

- Die Unterkataloge ("sub file directories", SFDs) schliesslich enthalten:

  o Eintraege fuer Dateien des Benutzers, die nach irgendeinem Gesichtspunkt als zusammengehoerig betrachtet werden sollen

  o eventuell weitere Verweise auf weitere Unterkataloge einer noch niedrigeren Ebene der Katalog-Hierarchie

Die Verwendung von Unterkatalogen ist nur in wenigen Systemen realisiert; sie gestattet jedoch - bei einfacher Implementierung - den Aufbau sehr effizienter Zugriffspfade und gut strukturierten Zugriffsschutz, so dass nicht einzusehen ist, warum so oft auf ihre Realisierung verzichtet wird [34].

7.2.3 Zugriffsschutz

Um zu verhindern, dass Dateien von fremden Benutzern unbe-rechtigt gelesen, veraendert oder gar geloescht werden, ist es bei Multi-Programmierung, besonders in Timesharing-Systemen, erfor-derlich, den Benutzern die Moeglichkeit zu geben, ihre Dateien gegen unberechtigten Zugriff zu schuetzen. Hier stehen in den einzelnen Systemen verschiedene Mittel zur Verfuegung, die an dieser Stelle nur kurz aufgezaehlt werden. Eine vollstaendigere Beschreibung der Datenschutz-Aspekte von Betriebssystemen wird im naechsten Kapitel gegeben.

Man unterscheidet im wesentlichen zwei Verfahren zum Schutz von Dateien:

- Passwortschutz:

    o Das Passwort kann:

        + Bestandteil der Dateibeschreibung sein;
        + generell den Zugriff auf den Rechner schuetzen als Bestandteil der Benutzerbeschreibung (ueblich bei Timesharing-Systemen).

    o In einigen Systemen werden bei dateigebundenen Passwoertern fuer verschiedene Zugriffsarten (Lesen, Schreiben, Ausfuehren) verschiedene Passwoerter vergeben.

- Berechtigungsprofile:

    o Die Gesamtmenge der Benutzer wird hier in geeignet strukturierte Teilmengen unterteilt, zum Beispiel:

        + Datei-Eigentuemer ("owner")
        + Projektgruppe ("group"), d.h. weitere Benutzer, denen definierte Zugriffsrechte gegeben werden sollen
        + alle anderen Benutzer ("world")
        + Systemverwalter ("system")

    o Fuer jede dieser Teilmengen der Benutzer koennen bestimmte Zugriffsarten erlaubt bzw. verboten werden:

        + Existenz der Datei wahrnehmen
        + ausfuehren
        + kopieren
        + lesen
        + erweitern ("append")
        + veraendern ("update")
        + schreiben
        + reservieren (Dateigroesse aendern)
        + loeschen
        + aendern des Berechtigungsprofils

    o Die Berechtigungsprofile sind zweckmaessig mit Schutz durch dateibezogene Passwoerter zu kombinieren, wenn die Benutzer-Identifikation nicht selbst geschuetzt ist.

7.3 DATENTRAEGER-VERWALTUNG

7.3.1 Datentraeger-Kennsaetze

Zur Vermeidung von Verwechslungen und Missbrauch muessen auswechselbare Speichermedien ("removable volumes", speziell: Platte, Band, z.T. auch Floppy-Disc) eindeutig gekennzeichnet sein. Ausserdem muessen die einzelnen Dateien auf einem Traeger (insbesondere einem Magnetband) eindeutig gekennzeichnet sein. Dazu stehen genormte Standard-Kennsaetze zur Verfuegung, und zwar:

- Datentraeger-Kennsaetze ("Spulenetiketten") zur Kennzeichnung des Datentraegers

- Datenmengen-Kennsaetze ("Datenmengenetiketten") zur Kennzeichnung der einzelnen Dateien auf dem Datentraeger

Zusaetzlich koennen benutzerspezifische, nicht standardisierte Kennsaetze verwendet werden. Insgesamt sind folgende Kennsatztypen definiert:

Kennsatztyp	Benennung	Name	genormt
Bandanfang	Bandanfangs-Kennsatz (volume header label)	VOL	VOL1..8
	Benutzer-Bandanfangs-Kennsatz (user volume header label)	UVL	UVL1..9
Dateianfang oder Dateiabschnittsanfang	Dateianfangs-Kennsatz (file header label)	HDR	HDR1..9
	Benutzer-Dateianfangs-Kennsatz (user file header label)	UHL	UHLx
Dateiabschnittsende	Bandende-Kennsatz (end of volume label)	EOV	EOV1..9
	Benutzer-Bandende-Kennsatz (user end of volume label)	UTL	UTLx
Dateiende	Dateiende-Kennsatz (end of file label)	EOF	EOF1..9
	Benutzer-Dateiende-Kennsatz (user trailer label)	UTL	UTLx

Fig. 7-1 Datentraeger-Kennsaetze

Alle Kennsaetze sind einheitlich 80 Bytes lang; verwendet werden muessen mindestens die Saetze VOL1, HDR1, EOF1 und EOV1. Die TR440 verwendet zusaetzlich HDR8 und EOF8; in den IBM- und ANSI-Normen fuer Magnetbaender wird stattdessen HDR2 und EOF2 verwendet. Die wichtigsten dieser Saetze sind folgendermassen aufgebaut [38]:

Fig. 7-2 Bandanfangs-Kennsatz VOL1

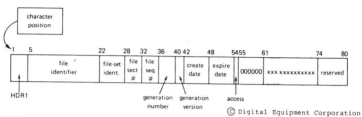

Fig. 7-3 Erster Dateianfangs-Kennsatz HDR1

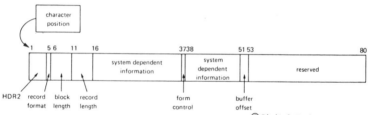

Fig. 7-4 Zweiter Dateianfangs-Kennsatz HDR2

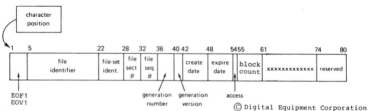

Fig. 7-5 Erster Dateiende-/Bandende-Kennsatz EOF1/EOV1

Die Kennsaetze sind von den Datenbloecken durch eine sogenannte Bandmarke ("tape mark") getrennt; das Bandende ist durch
zwei aufeinanderfolgende Bandmarken gekennzeichnet. Der Gesamt-
aufbau eines Magnetbandes mit mehreren Dateien ("multi file reel")
laesst sich folgendermassen darstellen, wobei Bandmarken als "*"
dargestellt sind:

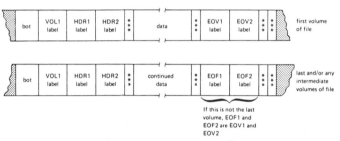

Fig. 7-6 Magnetband mit mehreren Dateien   © Digital Equipment Corporation

Eine auf mehrere Baender verteilte Datei ("multi reel file") wird dagegen durch EOV-Kennsaetze abgeschlossen:

Fig. 7-7 Datei auf mehreren Baendern   © Digital Equipment Corporation

7.3.2 Datensicherheit

Zur Vermeidung von Datenverlust muss ein Dateisystem ueber Hilfsprogramme fuer folgende Funktionen verfuegen:

- Erstellung von Sicherheitskopien ("back-up")

- Wiederherstellen nach Zusammenbruechen ("rebuild", "repair")

Dabei werden bei modernen Systemen die Back-up-Mechanismen automatisch angestossen; Back-ups auf der Ebene einzelner Benutzer-Dateien erfolgen in fast allen Faellen automatisch (z.B. im Editor). Da das vollstaendige Kopieren eines umfangreichen Datenbestandes keine unbetraechtliche Zeit kostet, wird ein System-Back-up ueblicherweise in zwei Stufen gefahren:

- In groesseren Zeitabstaenden (woechentlich oder monatlich) werden vollstaendige Dumps erzeugt.

- Inkrementelle Dumps werden wesentlich oefter erzeugt, im Extremfall bis zum automatischen Dumpen aller geaenderten Dateien.

Zur Wiederherstellung zerstoerter Datenbestaende ist es zweckmaessig, auch die im Katalog enthaltene Verwaltungsinformation noch einmal zusaetzlich in die Dateien selbst einzutragen, um notfalls in der Lage zu sein, auch Kataloge wiederherstellen zu koennen.

7.4 BEISPIELE VON DATEI-SYSTEMEN

7.4.1 Ein modulares Datei-System

Schon 1969 wurde ein Datei-System vorgestellt, das sich an den folgenden allgemeinen Entwurfszielen orientiert [28]:

- flexibles und anpassungsfaehiges Format

- Verbergen moeglichst grosser Teile der Implementierungs-Mechanismen vor dem Benutzer

- weitgehende Maschinen- und Geraete-Unabhaengigkeit

- dynamische und automatische Verwaltung des Hintergrundspeichers

Das System geht von dem Grundkonzept aus, dass jede Datei eine Menge von Bytes ist, von der beliebige Teilmengen mit dem Hauptspeicher ausgetauscht werden koennen, d.h. Dateien werden als Segmente des virtuellen Speichers betrachtet. Eventuelle Formatierungen dieser Byte-Mengen koennen vom Beutzerprogramm oder von der aeussersten Ebene des Datei-Systems vorgenommen werden. Ausser diesem Formatierungs-Mechanismus sind alle anderen Teile des Datei-Systems dem Benutzer voellig verborgen.

Das System ist als Hierarchie aus 6 Ebenen aufgebaut:

- access methods (AM)

- logical file system (LFS)

- basic file system (BFS)

- file organization strategy modules (FOSM)

- device strategy modules (DSM)

- input/output control system (IOCS)

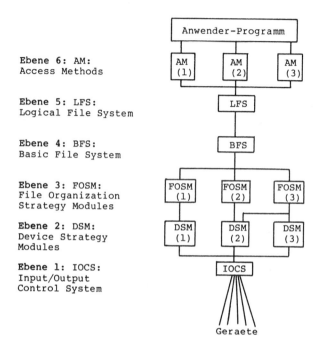

Ebene 6: AM:
Access Methods

Ebene 5: LFS:
Logical File System

Ebene 4: BFS:
Basic File System

Ebene 3: FOSM:
File Organization
Strategy Modules

Ebene 2: DSM:
Device Strategy
Modules

Ebene 1: IOCS:
Input/Output
Control System

Fig. 7-8 Hierarchisches Datei-System

Ebene 6, die "access methods" (AM), uebernimmt die Formatierung der Daten und die Anpassung an Benutzerprogramme.

Ebene 5, das "logical file system" (LFS), assoziiert die
logischen Dateinamen mit der zugehoerigen Verwaltungsinformation.
Diese Ebene enthaelt die Datei-Kataloge in Form einer beliebig
vernetzten Struktur. Die einzelnen Unterkataloge werden dabei als
gewoehnliche Dateien betrachtet; Zugriff erfolgt durch Spezifikation eines Startpunktes und eines Suchweges im Netz. Suchwege
koennen sich ueber beliebige aufgespannte (!) Geraete hinweg
erstrecken. Dateien koennen geloescht werden, auch wenn von einem
nicht aufgespannten Geraet Verweise darauf bestehen. Intern wird
die Kette der Verweise auf eine Datei durch einen zweiteiligen
Namen aus Geraetenummer und laufender Dateinummer auf dem Geraet
ersetzt.

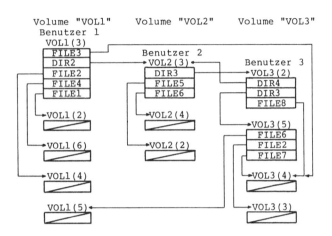

Fig. 7-9 Datei-Kataloge im LFS

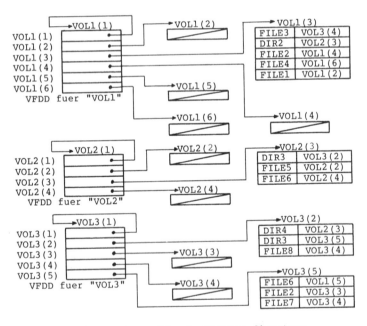

Fig. 7-10 Aufbau des volume file descriptor directory

Ebene 4, das "basic file system" (BFS), uebernimmt die Lokalisierung der Verwaltungsinformation sowie das Oeffnen und Schliessen von Dateien. Diese Ebene enthaelt die Datei-Verwaltungsinformation fuer jedes Geraet separat als lineare Struktur in einer speziellen (der ersten) Datei VFDD, dem sogenannten "volume file descriptor directory". Diese Datei wird von den unteren Ebenen wie jede andere Datei bearbeitet; sie enthaelt die einzelnen, immer gleich langen Verwaltungsbloecke jeder Datei auf diesem Geraet in der Reihenfolge der internen Dateinummern fuer dieses Geraet. Dabei hat die Datei VFDD selbst immer die Nummer 1.

Ebene 3, die "file organization strategy modules" (FOSM), uebernimmt die Pufferung und die Transformation auf physikalische E/A. Diese Ebene enthaelt die Indexstrukturen, die den Aufbau der einzelnen Dateien beschreiben, z.B. in folgender Form:

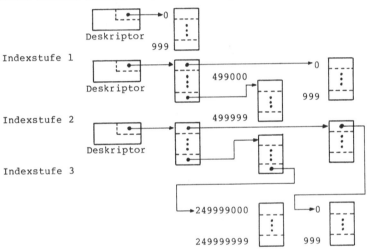

Fig. 7-11 Indexstrukturen der Datei-Struktur

Ebene 2, die "device strategy modules" (DSM), uebernimmt die physikalische Zugriffskoordination, die Verwaltung der Treiber-aufrufe und des Hintergrundspeichers. Sie uebersetzt die Aufrufe zum Lesen, Schreiben, Reservieren und Freigeben physikalischer Bloecke in die entsprechenden Treiberaufrufe, wobei die Belegung des Speichers ueber Bit-Maps, die sogenannten "volume allocation tables" (VAT) erfolgt.

Ebene 1 schliesslich, das "input/output control system" (IOCS), besteht aus den eigentlichen Geraete-Treibern.

Das hier beschriebene System wurde zwar nicht direkt in dieser Form implementiert, doch diente es als Entwurfschema moderner Datei-Systeme, von denen einige abschliessend beschrieben werden.

7.4.2 Das Datei-System von TENEX

Dieses System ist in [7] ausfuehrlicher beschrieben. Durch die Struktur der Dateinamen:

- Geraet

- Katalog

- Name

- Extension

- Version

ist das Datei-System als Baum mit maximal 5 Ebenen organisiert. Die einzelnen Dateien werden als Mengen von Bytes aufgefasst, wobei ein Byte eine frei vereinbarte Laenge von 1 bis 36 bit hat. Von und zu den Dateien koennen beliebige Mengen dieser Bytes oder auch Byte-Strings uebertragen werden.

Zugriff auf Dateien wird festgelegt fuer:

- Eigentuemer ("owner")

- Gruppe ("group")

- alle anderen Benutzer ("world")

Fuer jede dieser drei Benutzerklassen koennen fuenf Zugriffs-arten erlaubt werden:

- Ausgabe des Katalog-Eintrags ("directory listing")

- Lesen ("read")

- Schreiben ("write")

- Ausfuehren ("execute")

- Erweitern ("append")

Diese Zugriffsbrechtigungen sind fuer jede Datei in Form einer 3*5-bit-Matrix festgelegt.

Bei der Spezifikation von Dateinamen koennen einzelne Teile weggelassen werden; sie werden vom System durch Voreinstellungen ersetzt. Am Terminal eingegebene Dateinamen koennen durch Escape abgekuerzt werden; das System reflektiert dann von sich aus den Rest des Dateinamens auf das Terminal.

7.4.3 Das Datei-System von UNIX

In diesem System, das in [32] beschrieben ist, werden drei Typen von Dateien unterschieden:

- normale Dateien:

    o Diese Dateien sind aufgebaut aus Bytes oder Maschinenworten.

    o Die Datei-Struktur wird ausschliesslich von den bearbeitenden Programmen, nicht vom System bestimmt.

- Kataloge:

    o Diese sind realisiert als Dateien, die sich von den normalen lediglich durch besonderen Zugriffsschutz unterscheiden.

    o Der Zugriff auf Dateien wird spezifiziert ueber Startpunkt und Suchweg in einem speziell strukturierten Netz von Katalogen.

    o Dabei sind die Kataloge selbst als Baum-Struktur miteinander verknuepft.

    o Dateien dagegen koennen in beliebigen Katalogen gleichzeitig referiert werden.

- spezielle Dateien:

    o E/A-Geraete (behandelt wie Dateien und bearbeitet vom Datei-System)

    o auch der Hauptspeicher (als besonderes E/A-Geraet)

Zugriff auf die einzelnen Dateien wird ueber eine Bitliste von 7 Bits geregelt. Dabei erlauben 6 dieser Bits:

- Lesen

- Schreiben

- Ausfuehren

fuer

- den Eigentuemer der Datei

- alle anderen Benutzer

Das siebte Bit ermoeglicht es, beim Ausfuehren einer Datei als Programm fuer die Dauer dieses Programmlaufes dem aktuellen Benutzer alle Zugriffsrechte des Datei-Eigentuemers zu geben. Diese Eigenschaft ist wichtig fuer Accounting-Programme und

sonstige System-Jobs, die auf Dateien zugreifen muessen, auf die
der einzelne Benutzer sonst keinen Zugriff haben darf.

7.4.4 Das Datei-System von VAX/VMS

Das Datei-System von VAX/VMS, genannt "RMS" ("record
management system") [38] unterstuetzt drei verschiedene Dateistrukturen und Satzformate:

- sequentiell mit fester oder variabler Satzlaenge

- relativ (direkt) mit fester oder begrenzter Satzlaenge

- indexsequentiell mit fester oder variabler Satzlaenge

Bei sequentiellen und relativen Dateien ist es ausserdem moeglich,
ein Satzformat zu spezifizieren, bei dem jeder Satz aus einem Teil
fester und einem Teil variabler Laenge besteht.

Auf Dateien aller drei Organisationsformen kann sequentiell
und direkt zugegriffen werden, wobei direkter Zugriff natuerlich
nur bei Dateien auf Plattenspeichern moeglich ist. Bei relativen
und indexsequentiellen Dateien kann bei direktem Zugriff die Satz-
auswahl ueber Satzschluessel geschehen; bei allen Dateien ist
direkter Zugriff ueber die Adresse des Satzes moeglich.

Physikalische Dateien sind nicht direkt realisiert; sie
unterliegen als eine tiefere Schicht der Implementierung den hier
dargestellten Strukturen und koennen unter teilweiser Umgehung des
Datei-Systems direkt mit Aufrufen an die Treiber-Programme (durch
$QIO-Makros, s. Abschnitt 6.1.5) bedient werden.

Saetze koennen an definierten Stellen Vorschub-Steuerzeichen
enthalten, wobei diese Vorschub-Steuerung sowohl nach FORTRAN-
Konventionen erfolgen kann, also satzweise strukturierten Text
darstellen kann, als auch in der Form fortlaufenden Textes, der
Steuerzeichen innerhalb der Saetze enthaelt. Ebenso ist es
moeglich, Saetze ohne jede Vorschub-Information zu strukturieren.

Einstieg in die Struktur des Speichermediums erfolgt ueber
einen sogenannten "Index-File", der die Information zur Verwaltung
des Speicherplatzes und der einzelnen Dateien auf diesem Medium
enthaelt. Dabei erfolgt die Verwaltung des Speicherplatzes ueber
eine Bit-Map.

Der allgemeine Aufbau eines Dateinamens laesst sich in
folgender Weise darstellen:

rechner::geraet:[katalog]name.extension;version

Dabei kann "katalog" einen einzelnen Benutzer oder einen Teilbaum
in einer Hierarchie von Katalogen angeben: Man hat hier also noch
einmal eine Baumstruktur, nicht auf der Ebene einzelner Dateien,
sondern der Ebene von Katalogen. Dadurch kann (unter Verwendung
dynamischer Voreinstellungen) jeder Benutzer:

- fuer sich selbst eine seinem momentanen Problem ange-
passte Datenmenge selektieren, so dass die Bedienung im
interaktiven Betrieb einfach und flexibel ist;

- dem System als Startpunkt weiterer Suchen die Wurzel
eines geeigneten Teilbaums spezifizieren.

Durch ein System von "wild card"-Konstruktionen, die nicht
nur auf einzelne Elemente des Namens, sondern auch auf Wege im
Katalog-Baum wirken, lassen sich nahezu beliebige Dateimengen mit
einer einzigen Bezeichnung selektieren; so waehlt etwa

DB*:[-.HENRY...]A%C*.D*

so verschiedene Dateinamen aus wie:

DBA2:[HIGGINS.HENRY]ABC.DIR;1

DBB0:[HIGGINS.HENRY.PROG.BACKUP]ACCOUNT.DAT;17

wobei angenommen wird, dass die aktuelle Voreinstellung fuer den
auszuwaehlenden Katalog DMC3:[HIGGINS.TEST] ist.

Alle Dateien eines Mediums haengen an einem Baum von
Katalogen, dessen Wurzel ein spezieller Katalog [000000] ist, der
Verweise auf alle Kataloge der ersten Ebene (in unserem Beispiel
etwa [HIGGINS]) und einen Verweis auf sich selbst enthaelt. Die
Spezifikation eines Geraetes als Traeger dieser Katalog-Hierarchie
stellt keine Einschraenkung der Allgemeinheit dieses Datei-Systems
dar, da alle Geraete-Bezeichnungen nur sogenannte "logische Namen"
sind, die:

- bestimmte Geraete

- beliebige aus einer Menge gleichartiger Geraete

- eine Datei-Struktur, die sich ueber eine Menge von
Geraeten erstreckt, von der jedoch nur das erste Medium
immer physikalisch zugreifbar sein muss, waehrend die
anderen Medien dynamisch hinzugefuegt oder weggenommen
werden koennen ("volume set")

- beliebige Kataloge/Unterkataloge der Hierarchie

bezeichnen koennen. Die physikalische Struktur des Speichermediums, d.h. die Aufteilung der Datei-Struktur auf ein oder
mehrere physikalische Geraete, ist daher fuer den Benutzer voellig
transparent.

Alle Zugriffe auf Dateien und/oder Speichermedien werden
ueber sogenannte User Identification Codes (UICs) geregelt. Dabei
kann der Zugriffsschutz separat fuer folgende Operationen spezifiziert werden:

- R : Lesen (Read)

- W : Schreiben (Write)

- E : Ausfuehren (Execute)

- D : Loeschen (Delete)

Dabei ist die Existenz von Dateien auch dann feststellbar, wenn kein Zugriff auf sie erlaubt ist; diese Eigenschaft stellt eine Schwachstelle dieses Zugriffsschutzes dar, die jedoch durch die Verwendung von Unterkatalogen umgangen werden kann.

Der Zugriffsschutz kann jeweils separat fuer folgende Kategorien von Benutzern spezifiziert werden:

- W : World: alle Benutzer

- G : Group: die Benutzer aus der Gruppe des Eigentuemers

- O : Owner: die Benutzer mit dem UIC des Eigentuemers

- S : System: die Gruppe(n) des Systemverwalters

KAPITEL 8

DATENSCHUTZ

8.1 DER BENUTZER

8.1.1 Problemstellung

Bei Aufnahme des Kontaktes zwischen einem Benutzer eines Rechners und dem Betriebssystem, das die Aktivitaeten dieses Benutzers mit den anderen Vorgaengen im Rechner koordiniert, muessen verschiedene Operationen ablaufen, um diesen Kontakt in sicherer Weise aufzubauen und um gleichzeitig Massnahmen wirksam werden zu lassen, die die einzelnen Benutzer gegeneinander schuetzen. Dies ist insbesondere notwendig, damit nicht

- dazu unberechtigte Benutzer Zugriff auf vertrauliche Informationen (z.B. personenbezogene Daten) haben;

- Benutzer Informationen veraendern koennen, zu deren Veraenderung sie kein Recht haben (etwa das eigene Gehalt in einem Personal-Informationssystem, um sich auf diese Weise zu einer Gehaltserhoehung zu verhelfen);

- durch Programmfehler die im Rechner gespeicherten Daten oder Programme in unzulaessiger Weise veraendert oder gar zerstoert werden;

- durch Fehler in der Bedienung des Rechners selbst oder irgendwelcher Benutzerprogramme in analoger Weise Daten veraendert oder zerstoert werden;

- die Operationen, die ein Benutzer ausfuehrt, in unkontrollierter Weise die eines anderen Benutzers beein-flussen koennen.

Diese Aspekte des Datenschutzes beziehen sich ausschliesslich auf den Schutz des Betriebssystems gegen Fehler der Benutzer sowie den Schutz einzelner Benutzer gegeneinander. Der beim Datenschutz ebenfalls wichtige Aspekt, dass nicht nur verbotene Operationen verhindert werden muessen, sondern umgekehrt auch zulaessige Operationen tatsaechlich ausgefuehrt werden muessen, wird hier bewusst aus den Betrachtungen ausgeklammert, da er sich eher auf die Zuverlaessigkeit und Korrektheit der Betriebssystem-Implemen-tierung als auf die hier zu besprechenden Schutz-Mechanismen bezieht. Ebenso werden hier keine Massnahmen betrachtet, die es dem Benutzer ermoeglichen, einen in beiden Richtungen sicheren Datenaustausch mit dem Rechner durchzufuehren; solche Massnahmen

sind zwar fuer sichere Systeme unter Umstaenden erforderlich, doch
wuerde ihre Betrachtung den Rahmen dieses Buches sprengen.

Zum Aufbau eines wirksamen Datenschutzes muessen bei der
Aufnahme des Kontaktes zwischen einem Benutzer und dem Rechner vom
Betriebssystem drei Gruppen von Massnahmen durchgefuehrt werden:

- Die Identifikation des Benutzers: Es ist festzustellen,
  ob der Benutzer dem System bekannt ist und ob ihm ueberhaupt das Recht zur Kontaktaufnahme mit dem System
  zusteht. Diese Ueberpruefung muss so geschehen, dass das
  System die tatsaechliche Identitaet des Benutzers und
  nicht etwa eine nur vorgespiegelte Identitaet erfaehrt.
  Dies bedeutet, dass die Identifikation einen Authenti-
  sierungs-Mechanismus enthalten muss, der dem System eine
  Ueberpruefung der vom Benutzer angegebenen Identitaet
  ermoeglicht.

- Die Autorisierung des Benutzers: Die dem Benutzer zustehenden Rechte der System-Benutzung sind ihm zuzuweisen.
  Diese Rechte werden ihm im allgemeinen von einer hierfuer
  verantwortlichen Person, die als Systemverwalter
  bezeichnet wird, gegeben.

- Der Aufbau der dem Benutzer verfuegbaren Umgebung:
  Dieser Aufbau muss gemaess den Rechten des Benutzers
  geschehen; dem Benutzer sind die ihm zustehenden
  Funktionen auch tatsaechlich zur Verfuegung zu stellen.
  Zur Umgebung rechnet man:

  o die verfuegbaren Moeglichkeiten der Eingabesprache

  o Voreinstellungen fuer Kommando-Parameter und Datei-
    Zugriffspfade

  o die Beziehung zu anderen Benutzern, sowohl einzelnen
    als auch der Gemeinschaft aller Benutzer gegenueber,
    etwa in Form der Angabe einer Gruppenzugehoerigkeit

Waehrend der Kommunikation des Benutzers mit dem System muss
sichergestellt sein, dass diese Kommunikation gemaess den bei der
Kontaktaufnahme festgelegten Rechten geschieht. Dabei sollte
schon durch die Architektur des Systems erzwungen werden, dass
alle Benutzer nur im Rahmen ihrer Rechte arbeiten koennen. Es
darf waehrend des Betriebs des Systems nicht moeglich sein, das
Autorisierungssystem stillzulegen oder zu umgehen. Die hierzu
notwendigen Massnahmen muessen in den Aufbau des Betriebssystems
integriert werden; es hat wenig Sinn, solche Massnahmen im
Nachhinein auf ein existierendes unsicheres System aufzusetzen, da
bei der Komplexitaet der meisten grossen Betriebssysteme nur
geringe Chancen bestehen, vorhandene Luecken in der Sicherheit
nachtraeglich zuverlaessig zu schliessen.

Die zum Benutzer aufgebaute Kommunikation muss sicher
aufrecht erhalten werden. Dies bedeutet, dass gewaehrleistet sein
muss, dass waehrend der ganzen Zeit der Kommunikation die Identitaet der beiden Kommnuikationspartner gegenseitig bekannt bleibt

und nicht ein Partner durch eine andere Identitaet ersetzt werden kann, ohne dass dies der andere Partner erfaehrt. Dies kann bei Systemen, die sehr vertrauliche Information bearbeiten, sogar die Notwendigkeit in gewissen - am besten zufaelligen - Abstaenden wiederholter Authentisierung bedeuten.

Weiterhin muss sichergestellt sein, dass der Inhalt der gefuehrten Kommunikation nicht anderen Benutzern bekannt werden kann, die nicht an dieser Kommunikation beteiligt sind, und umgekehrt, dass diese anderen nicht auf diese Kommunikation von aussen einwirken - etwa ihren Inhalt verfaelschen - koennen.

Bei diesen waehrend der Kommunikation mit dem Benutzer wirkenden Massnahmen muss auch gewaehrleistet sein, dass sie bei Beendigung der Kommunikation wirksam bleiben, gleichgueltig ob die Kommunikation normal durch einen Endewunsch des Benutzers oder anormal durch einen Zusammenbruch beendet wurde. Es darf nicht moeglich sein, dass nach Ende einer Kommunikation Inhalte dieser Kommunikation ausserhalb der fuer diese Kommunikation gueltigen Autorisierung verfuegbar sein koennen.

8.1.2 Identifikation des Benutzers

Ein Benutzer identifiziert sich dem System gegenueber im Prinzip durch die Angabe eines "Benutzernamens", der z.B. eine frei waehlbare, aber innerhalb des Systems eindeutige Zeichenfolge sein kann. Ueber diesen Benutzernamen kann das System dann - neben der noch zu besprechenden Autorisierungs-Information - im allgemeinen weitere Informationen ueber diesen Benutzer auffinden, die bei Eintrag seiner Identifikation in die Liste berechtigter Benutzer mit abgespeichert wurde, etwa Name und Adresse zur Ermittlung der Person, die der Benutzer ist bzw. hinter dem Benutzer (etwa einem Projekt-Team) steht.

Durch die Identifikation wird ein Benutzer dem System gegenueber als logische Einheit kenntlich gemacht, die Traeger bestimmter Eigenschaften und Rechte ist. Diese Eigenschaften beziehen sich auf ein Objekt ausserhalb des betrachteten Systems, nicht jedoch auf die systeminterne Verwaltungsinformation, die zur Abwicklung der Auftraege dieses Benutzers benoetigt wird. Dies fuehrt notgedrungen zu einer gewissen Doppelbedeutung des Begriffes "Identifikation", die dann offenkundig wird, wenn der betreffende Benutzer gleichzeitig mehrere, parallel zu bearbeitende Auftraege an das System gegeben hat, also in mehreren "Inkarnationen" dem System gegenuebersteht. Hier ist zu beachten, dass die Benutzer-Identifikation die Rechte des Benutzers dem System gegenueber festlegt; sie ist in dieser Bedeutung fuer jede Inkarnation dieses Benutzers identisch, waehrend andererseits das System in der Lage sein muss, zwischen den einzelnen Inkarnationen des Benutzers zu unterscheiden, um nicht fuer eine Inkarnation bestimmte Informationen an eine andere weiterzuleiten.

8.1.3 Authentisierung

Der Zugang zum System muss so geschuetzt sein, dass es einer nicht berechtigten Person nicht moeglich ist, ueberhaupt irgendwelche Operationen durchzufuehren. Berechtigte Benutzer muessen dagegen auf die ihnen zugewiesenen Rechte zuverlaessig beschraenkt werden. Diese beiden Forderungen lassen sich nur dann erfuellen, wenn es dem System moeglich ist zu entscheiden, ob die von einem Benutzer angegebene Identitaet auch mit seiner tatsaechlichen Identitaet uebereinstimmt. Da man nicht davon ausgehen kann, dass die Benutzer-Identifikationen geheim sind und dass sich auch nicht durch gezieltes Probieren eine legale Identifikation auffinden laesst, muss die Identifikation durch ein Verfahren ergaenzt werden, das eine Ueberpruefung der angegebenen Identifikation auf Korrektheit ermoeglicht. Man bezeichnet dieses Verfahren als "Authentisierung". Im folgenden sollen die wichtigsten Authentisierungs-Verfahren beschrieben und auf ihre Wirksamkeit und ihre Schwachstellen untersucht werden.

Das am weitesten verbreitete Authentisierungs-Verfahren besteht darin, dass jeder Benutzer nach Angabe seiner Identifikation oder zusammen mit ihr ein Passwort eingeben muss, das vom Rechner auf Uebereinstimmung mit einem fuer diesen Benutzer abgespeicherten Passwort verglichen wird. Dieses Verfahren ist einfach zu realisieren und auch einfach zu bedienen; es bietet auch ausreichenden Schutz, falls bestimmte Regeln bei seiner Implementierung beachtet werden. So darf zum Beispiel ein Passwort auf keinen Fall bei seiner Eingabe auf einem Terminal protokolliert werden, da es sonst durch "Ueber-die-Schulter-Blicken" oder durch Inspektion alter Terminal-Printouts leicht gestohlen werden kann.

Ein Problem, das sich bei dem Passwort-Verfahren stellt, ist, dass das System die Passwoerter irgendwo abgespeichert haben muss, wobei Verweise von den Benutzer-Identifikationen auf die Passwoerter bestehen. Wer auf diese Information Zugriff hat, kann jederzeit die Authentisierung umgehen. Dies laesst sich dadurch verhindern, dass die Passwoerter im System nicht im Klartext abgespeichert werden, sondern dass sie vor ihrer Abspeicherung und vor dem Vergleich mit der abgespeicherten Information einer nicht umkehrbaren Verschluesselung unterzogen werden.

Das Hauptproblem bei der Verwendung von Passwoertern ist jedoch, dass der Diebstahl eines Passwortes nicht festgestellt werden kann, sofern der Dieb sich nicht selbst durch Manipulation von zugreifbarer Information zu erkennen gibt. Einziges Gegenmittel hiergegen ist haeufiger Wechsel des Passwortes, bis hin zur Verwendung von Einmal-Passwoertern. Falls diese automatisch beim Ende einer Terminal-Sitzung vom System vergeben werden - etwa als Zeichenfolgen, die ueber einen Random-Generator erzeugt werden -, so entsteht jedoch das Problem, dass sie meist nur schwer zu merken sind. Daher werden die Benutzer dazu neigen, sich diese vom Rechner vergebenen Passwoerter aufzuschreiben - so dass sie in schriftlicher Form vorliegen und gestohlen werden koennen.

Eine Variante des Passwort-Verfahrens sind Authentisierungs-Dialoge, in denen dem Benutzer vom Rechner eine Reihe von Fragen gestellt wird, die er zur Authentisierung seiner Identifikation beantworten muss. Diese Fragen koennen zufaellig aus einer Liste

vorgegebener Fragen ausgewaehlt werden. Funktional ist dieses
Verfahren aequivalent zur Verwendung mehrerer Passwoerter;
entsprechend gelten die fuer Passwoerter gemachten Anmerkungen
auch hier.

Eine andere Variante der Authentisierungs-Dialoge verwendet
einen benutzerspezifischen Transformations-Algorithmus als Mittel
zur Authentisierung des Benutzers. Das System gibt eine Zufallszahl aus, die der Benutzer im Kopf mit seinem Algorithmus trans-
formiert; der Benutzer gibt die transformierte Zahl ein, und das
System ueberprueft die Transformation auf Korrektheit. Dieses
Verfahren hat gegenueber Passwoertern den Vorteil, dass die
Eingabe nicht verdeckt erfolgen muss. Ein schwerwiegender Nachteil ist jedoch, dass der Algorithmus so einfach sein muss, dass
er ohne schriftliche Berechnungen erfolgen kann, da solche Notizen
in falsche Haende geraten koennen. Andererseits koennen einfache
Algorithmen relativ leicht erraten werden, besonders wenn mehrere
Transformationen mit Ein- und Ausgangswerten bekannt sind. Dieses
Verfahren ist zudem in der Benutzung umstaendlicher als ein reines
Passwort-Verfahren, so dass sein Einsatz fragwuerdig ist.

Eine Alternative oder Ergaenzung zu einem Passwort-System ist
die Verwendung von Terminals, die zu ihrer Inbetriebnahme das
Einstecken eines mechanischen Schluessels oder einer optisch oder
magnetisch lesbaren Ausweiskarte erfordern. Ein Vorteil solcher
Systeme ist, dass der Diebstahl eines Schluessels oder einer
Ausweiskarte feststellbar ist, waehrend der Diebstahl eines
Passwortes nicht bemerkt wird. Ein Nachteil solcher Systeme ist
dagegen, dass sie speziell ausgeruestete Terminals erfordern und
fuer Anschluesse ueber Waehlleitungen keine Sicherheit bieten.
Ausserdem ist das System durch Herstellung eines Duplikates der
Ausweiskarte bzw. des Schluessels zu brechen, wobei die Verwendung
eines solchen Duplikates unbemerkt geschehen kann.

Eine Erweiterung des Ausweiskarten-Verfahrens kann zu einem
sehr sicheren System fuehren. Dazu ist das Passwort des Benutzers
auf der Karte magnetisch zu codieren, und der Benutzer muss als
Authentisierung diese Karte in eine Lesestation am Terminal
stecken. Bei Beendung der Terminal-Sitzung wird dem Benutzer ein
neues, als Zufallszahl generiertes Passwort zugewiesen und auf die
Ausweiskarte geschrieben. Verlust der Ausweiskarte ist feststellbar und kann durch Vergabe einer neuen Karte mit einem neuen
Passwort unschaedlich gemacht werden. Ein Duplizieren der Karte
ist erkennbar, sobald das Duplikat einmal benutzt wurde, da das
Passwort auf dem Duplikat, nicht aber auf dem Original geaendert
wurde. Durch Vergabe einer neuen Karte mit einem neuen Passwort
kann das Duplikat wertlos gemacht werden.

Zur Ueberpruefung der Identitaet des Benutzers sind auch
Systeme denkbar, die unveraenderliche persoenliche Charakteristika
des Benutzers, wie Fingerabdruecke, physisches Aussehen oder
Frequenzspektrum der Stimme analysieren und mit abgespeicherten
Vorgaben vergleichen. Systeme dieser Art sind zur Zeit noch nicht
allgemein verfuegbar, wobei der Aufwand, der in ihnen getrieben
werden muss, ihren praktischen Einsatz verbietet. Es ist jedoch
zu erwarten, dass diese Systeme bei weiteren Fortschritten der
Halbleiter-Technologie praktikabel werden.

8.2 SCHUTZ VON DATEN-AGGREGATEN

8.2.1 Schutz von Dateien

Als Ergaenzung zu Abschnitt 7.2.3, in dem Verfahren zum Schutz des Zugriffs auf Dateien beschrieben wurden, wollen wir hier noch eine Moeglichkeit zu einer sehr differenzierten Kontrolle der Zugriffsrechte betrachten, die Entwurfsziel fuer ein sicheres Datei-System sein koennte [23, 46]. Die Steuerung des Zugriffs erfolgt dabei ueber sogenannte "Zugriffsrecht-Listen" ("access control lists"). Diese Listen geben fuer ein Datenobjekt bzw. eine Menge von Datenobjekten an, welchen Benutzern welche Zugriffe erlaubt werden. Diese Angabe erfolgt jeweils durch Auflistung von Zugriffsrecht-Elementen, wobei jedes dieser Elemente aus einer Spezifikation der erlaubten Zugriffsarten und der Menge von Benutzer-Identifikationen, denen diese Zugriffsarten erlaubt werden, besteht. Jede dieser Benutzerklassen kann definiert werden:

- entweder durch Angabe einer Benutzer-Identifikation

- oder durch Angabe einer Benutzergruppe

wobei in jedem Falle die Verwendung von Platzhaltern zur Spezifikation einer Menge gleichlautender Teilbezeichnungen ("wild cards") erlaubt ist.

Die folgenden Zugriffsarten werden zweckmaessigerweise unterschieden [46]:

- **read:** Kopieren des Datenobjektes in den eigenen Adressraum zur privaten Verarbeitung, z.B. Ausgabe auf den Bildschirm

- **execute:** Ausfuehrung des Datenobjektes als Programm oder Prozedur

- **change:** Veraendern/ueberschreiben des Datenobjektes mit neuem Inhalt

- **delete:** Loeschen des Datenobjektes und Freigabe der von ihm belegten Betriebsmittel

- **extend:** Erweitern des Datenobjektes um neue Information

- **move:** Transport des Datenobjektes aus seiner Umgebung in eine andere Umgebung

- **existence verification:** Feststellung, ob ein bestimmtes Datenobjekt existiert oder nicht

Dabei ist wesentlich, dass diese Zugriffsarten als disjunkt aufzufassen sind, d.h. die Gewaehrung einer Zugriffsart erlaubt nur die durch sie spezifizierten Operationen, nicht jedoch mit ihnen verwandte Operationen, die von einer anderen Zugriffsart erlaubt werden. So ist zum Beispiel durch **execute** oder **move** kein lesender Zugriff auf ein Datenobjekt ermoeglicht. Generell sind diese Rechte so zu interpretieren, dass zur Erlaubnis einer

Zugriffsart ein entprechendes Recht vorhanden sein muss; Fehlen der Spezifikation eines Rechtes muss bedeuten, dass die entsprechende Zugriffsart nicht erlaubt ist.

Es ist zweckmaessig, diese Zugriffsrecht-Listen selbst als Datenobjekte zu verwalten, die dem Zugriffsschutz unterliegen, da sonst eine unkontrollierte Veraenderung der gegebenen Zugriffsrechte moeglich waere. Dieser Ansatz erlaubt es, zur Spezifikation der Zugriffsrechte auf ein bestimmtes Datenobjekt in dieses Datenobjekt lediglich einen Verweis auf die entsprechende Zugriffsrecht-Liste einzutragen, so dass auch bei Verwendung sehr detaillierter und damit sehr umfangreicher Listen keine Aufblaehung der geschuetzten Datenobjekte selbst erfolgt; gleichzeitig kann dadurch eine redundante Abspeicherung identischer Zugriffsprofile verschiedener Datenobjekte entfallen.

Ein Problem, das sich an dieser Stelle ergibt, ist die Tatsache, dass Zugriffsrechte auch ueber die Lebensdauer der geschuetzten Information hinaus Gueltigkeit haben muessen. Es darf nicht sein, dass nach dem Loeschen von Dateien durch Neubelegung des von ihnen eingenommenen physikalischen Speicherplatzes auf die in ihnen enthaltene Information zugegriffen werden kann. Dies kann bedeuten, dass beim logischen Loeschen einer Datei der von ihr belegte Speicherplatz mit bedeutungsloser Information ueberschrieben werden muss. Da dies jedoch sehr aufwendig sein kann, wird im allgemeinen auf Betriebssystem-Ebene hierauf verzichtet und die Verantwortung fuer das physikalische Loeschen einer Datei auf die Ebene der Anwenderprogramme abgewaelzt, oder es werden Sperren im Datei-System eingebaut, die das Lesen eines Blockes erst dann erlauben, wenn der betreffende Block vorher als Block dieser Datei geschrieben wurde.

8.2.2 Schutz von Speicherbereichen

8.2.2.1 Speicherschutz im Hauptspeicher – Der Schutz des Hauptspeichers vor unzulaessigen oder falschen Zugriffen wird von dem Teil des Betriebssystems realisiert, der sowieso alle auf den Hauptspeicher bezogenen Verwaltungsaufgaben uebernimmt, naemlich der Speicherverwaltung. Dieser Aspekt der Speicherverwaltung soll hier, in Ergaenzung zu den Ausfuehrungen im Kapitel 5, noch etwas ausfuehrlicher behandelt werden.

Bei einer realen Speicherverwaltung erfolgt die Ueberpruefung der Korrektheit eines Zugriffs im allgemeinen dadurch, dass die Startadresse des Speicherbereiches, auf dem gerade gearbeitet wird, in ein sogenanntes "Basis-Register" und seine Laenge in ein sogenanntes "Laengen-Register" des Prozessors geschrieben wird. Beim Zugriff auf eine Speicherzelle wird die angegebene Adresse mit diesem Laengen-Register verglichen; ist sie groesser als der Inhalt dieses Registers, so liegt eine Fehladressierung vor, die vom Prozessor dann in geeigneter Weise, etwa durch Programm-Abbruch, abgewiesen werden kann. Dasselbe Verfahren kann bei virtueller Speicherverwaltung mit Segmentierung fuer die einzelnen Segmente angewandt werden (s. Abschnitt 5.2.3).

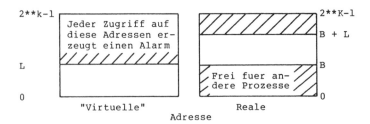

Fig. 8-1 Verwendung von Basis- und Laengen-Register

Bei Paging-Systemen dagegen kann ein Ueberschreiten der Seitengrenzen nicht auf diese Weise ueberprueft werden, da die naechste Adresse jenseits einer Seite einfach die erste Adresse innerhalb der naechsten Seite des virtuellen Adressraums ist. Hier muss stattdessen ueber die Seiten-Tabelle festgestellt werden, ob die angegebene virtuelle Adresse zu einer Seite gehoert, die tatsaechlich im virtuellen Adressraum liegt. Bei sehr grossen virtuellen Adressraeumen koennte die Angabe einer falschen virtuellen Adresse zu einer Ueberschreitung der Seiten-Tabelle fuehren und auf diese Weise eine Fehladressierung verursachen. Dies kann wieder, wie bei einer realen Speicherverwaltung, ueber ein Laengen-Register verhindert werden, das jetzt jedoch nicht die Laenge eines realen Speicherbereiches, sondern die des virtuellen Adressraumes bzw. eines Teiles davon beschreibt (siehe auch Abschnitt 5.5.1).

Moderne Speicherverwaltungen erlauben noch weitergehende Kontrollen des Zugriffs auf den Hauptspeicher, etwa unterschieden nach

- der gewuenschten Zugriffsart:

  o Lesen
  o Schreiben

- dem Modus, aus dem der Zugriff erfolgt:

  o System
  o User

Auf diese Art lassen sich Fehler wie Ueberschreiben von Konstanten oder Befehlen oder Veraenderung des Betriebssystems durch Benutzerprogramme ausschliessen.

8.2.2.2 Beispiel eines Speicherschutzes - Als Beispiel fuer die Hardware-Unterstuetzung, die eine Rechner-Architektur fuer das Problem des Speicherschutzes im Hauptspeicher bieten kann, wollen wir die Zugriffskontrolle auf Hauptspeicher-Seiten in der VAX-11 eingehender betrachten.

Software wird auf der VAX in einem von vier sogenannten Zugriffsmodi ausgefuehrt. Es sind dies in Reihenfolge abnehmender Prioritaet:

0	KERNEL:	System-Kern und System-Dienste
1	EXECUTIVE:	Datei-Verwaltung
2	SUPERVISOR:	Kommandosprachen-Interpreter
3	USER:	Anwendungs-Programme, Utilities

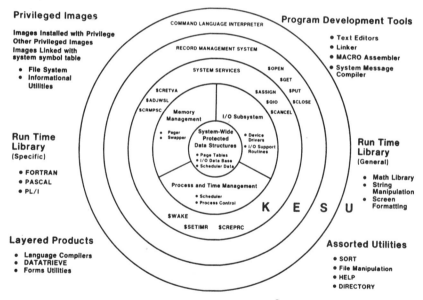

Fig. 8-2 Schichtenaufbau von VAX/VMS

© Digital Equipment Corporation

Zugriff auf die einzelnen Seiten des virtuellen Speichers unterliegt einem auf den jeweiligen Prozessor-Modus bezogenen Hardware-Schutz; die erlaubten Zugriffsarten sind fuer jede einzelne Seite des virtuellen Speichers in dem zugehoerigen Eintrag in der entsprechenden Seiten-Tabelle vermerkt (s.

Abschnitt 5.5.1). Bei einem Seitenfehler wird zuerst ueberprueft, ob fuer die betreffende Seite ein Zugriffsrecht besteht, ehe irgendeine weitere Behandlung des Seitenfehlers erfolgt; daher ist es nicht moeglich, durch Seitenfehler Seiten in den Hauptspeicher zu bringen, auf die kein Zugriffsrecht besteht. Eine Ueberschreitung des virtuellen Adressraumes (und damit der Seiten-Tabellen) wird durch Laengen-Register abgefangen (s. Abschnitt 5.5.1).

Durch eine geeignete Codierung der Schutzbits in den Seiten-Tabellen wird erzwungen, dass gilt:

- Jeder Modus kann Schreib-, Lese- oder keinen Zugriff haben.

- Zugriff in einem Modus impliziert das Recht auf denselben Zugriff von allen privilegierteren Modi aus.

- Schreibzugriffsrecht impliziert das Recht auf Lesezugriff.

- Seiten koennen gegen jeden Zugriff gesperrt werden.

CODE DECIMAL	BINARY	MNEMONIC	K	E	S	U	COMMENT
0	0000	NA	-	-	-	-	NO ACCESS
1	0001		UNPREDICTABLE				RESERVED
2	0010	KW	RW	-	-	-	
3	0011	KR	R	-	-	-	
4	0100	UW	RW	RW	RW	RW	ALL ACCESS
5	0101	EW	RW	RW	-	-	
6	0110	ERKW	RW	R	-	-	
7	0111	ER	R	R	-	-	
8	1000	SW	RW	RW	RW	-	
9	1001	SREW	RW	RW	R	-	
10	1010	SRKW	RW	R	R	-	
11	1011	SR	R	R	R	-	
12	1100	URSW	RW	RW	RW	R	
13	1101	UREW	RW	RW	R	R	
14	1110	URKW	RW	R	R	R	
15	1111	UR	R	R	R	R	

- = no access   K = Kernel
R = read only   E = Executive
RW = read/write   S = Supervisor
U = User

Fig. 8-3 Speicherschutz-Codes

Damit ist es moeglich, Code und Daten privilegierter Systemteile gegen Zugriffe unprivilegierter Teile zu schuetzen; ausserdem kann Code gegen Modifikation (und damit Korruption) geschuetzt werden. Durch Schutz systeminterner Datenstrukturen gegen Lesezugriffe unprivilegierter Programme kann insbesondere verhindert werden, dass diese Programme an ihnen nicht zustehende Information herankommen.

Es stehen zwei Maschinen-Instruktionen zur Verfuegung, mit denen festgestellt werden kann, ob aus einem bestimmten Zugriffsmodus auf einen bestimmten Adressbereich zugegriffen werden kann. Damit ist es moeglich, bei Eintritt in den Systemkern zu ueberpruefen, ob irgendwelche dem System spezifizierten Parameter korrekt angegeben wurden. Die Ueberpruefung kann nur fuer den eigenen und alle weniger privilegierten Zugriffsmodi durchgefuehrt werden. Damit ist es zwar fuer den System-Kern moeglich, Zugriffsberechtigungen unprivilegierter Software zu ueberwachen, nicht jedoch umgekehrt.

Durch die Speicher-Verwaltung werden alle in MaschinenInstruktionen angegebenen Adressen als virtuell interpretiert; es ist (ohne ein bestimmtes Privileg, s. Abschnitt 8.3.3) ueberhaupt nicht moeglich, reale Adressen zu spezifizieren und damit die Schutzfunktionen der Speicher-Verwaltung zu umgehen. Speziell kann man daher nicht aus einem Prozess auf den Adressraum eines anderen Prozesses zugreifen (ausser im Falle, dass Seiten auf **gemeinsamen** Wunsch gemeinsam benutzt werden). Weiterhin ist Zugriff auf den System-Adressraum nur soweit zulaessig als es Zugriffsmodus und Zugriffs-Berechtigung erlauben. Selbst Code, der im Kernel-Modus arbeitet, ist an diese Restriktion gebunden. Ferner ist aus dem Systemkern ueberhaupt nicht auf Adressen eines Prozess-Adressraums zuzugreifen, weil dem Systemkern hierfuer keine Seiten-Tabelle zur Verfuegung steht.

Es ist moeglich, fuer eine Seite des virtuellen Speichers jeden Zugriff fuer alle Zugriffsmodi zu untersagen, so dass jeder Zugriff auf eine solche Seite zu einem "Speicherschutz-Alarm" ("access violation") fuehrt. Seiten dieses Typs werden zur Begrenzung von Datenstrukturen verwendet, da sie jede Ueberschreitung der Grenzen einer so geschuetzten Struktur auf einen hardwaremaessig entdeckten Fehler zurueckfuehren.

Die VAX-11 verwendet Stacks fuer temporaere Speicherung, Unterprogramm-Anbindung und Interrupt-Bearbeitung. Dabei wird ueber das Prozessor-Status-Langwort unterschieden, welcher von 5 vorhandenen Stacks zu benutzen ist:

- der Interrupt-Stack, wenn der Prozessor Teile des SystemKerns bearbeitet, also sich nicht im Kontext eines Prozesses befindet; dieser Stack ist nur einmal vorhanden;

- ein zugriffsmodus-gebundener Stack, wenn der Prozessor einen Prozess bearbeitet; die Auswahl dieses Stacks geschieht nach dem gerade aktuellen Zugriffsmodus:

    o Kernel-Stack
    o Executive-Stack
    o Supervisor-Stack
    o User-Stack

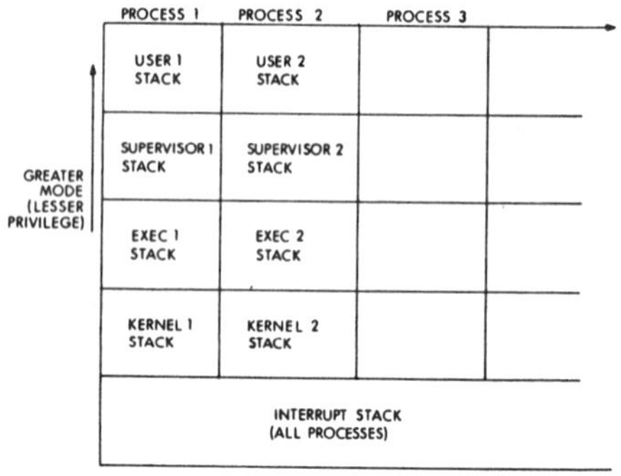

PROCESS 1	PROCESS 2	PROCESS 3
USER 1 STACK	USER 2 STACK	
SUPERVISOR 1 STACK	SUPERVISOR 2 STACK	
EXEC 1 STACK	EXEC 2 STACK	
KERNEL 1 STACK	KERNEL 2 STACK	
INTERRUPT STACK (ALL PROCESSES)		

GREATER MODE (LESSER PRIVILEGE)

© Digital Equipment Corporation

Fig. 8-4 Stacks der einzelnen Zugriffsmodi

Jeder dieser vier Stacks ist fuer jeden Prozess einmal vorhanden und wird bei Prozess-Wechsel mit ausgetauscht. Bei einem Modus-Wechsel innerhalb eines Prozesses erfolgt ein entsprechender Wechsel des aktiven Stacks.

Die Verwendung mehrerer Stacks statt einem einzigen hat folgende Konsequenzen:

- Der User-Stack aendert sich nicht, wenn privilegierter Code in einem anderen Zugriffsmodus Stack-Speicher benoetigt. Damit kann eine Veraenderung des Stacks privilegierteren Codes nicht zu unvorhersehbarem Verhalten unprivilegierten Codes fuehren.

- Unprivilegierter Code kann nicht den Stack privilegierten Codes verbrauchen und auf diese Art Systemfehler verursachen.

- Unprivilegierter Code kann nicht den Stack-Pointer privilegierten Codes zerstoeren und auf diese Art Systemfehler verursachen.

- Die weniger privilegierten Stacks (User, Supervisor und Executive) koennen im virtuellen Speicher als auslagerbare Daten gehalten werden. Insbesondere der User-Stack kann daher automatisch erweitert werden.

8.2.2.3 Speicherschutz auf Peripherie-Speichern – Zum Schutz der Daten auf Peripherie-Speichern vor Zerstoerung und unberechtigter bzw. unbeabsichtigter Veraenderung stehen eine Reihe von Massnahmen zur Verfuegung, die zum Teil auf der Ebene der Hardware der Peripherie-Speicher-Geraete, zum Teil auch auf der Ebene des Betriebssystems angreifen.

Fuer magnetische Speichermedien gibt es als physikalischen Schreibschutz in den meisten Faellen Moeglichkeiten, das Speichermedium selbst so zu veraendern, dass das Speicher-Geraet hardwaremaessig erkennt, dass dieses Medium nicht beschrieben werden darf. So kann zum Beispiel ueblicherweise nur dann auf Magnetbaender geschrieben werden, wenn in die Bandspule ein sogenannter Schreibring eingelegt ist, dessen Vorhandensein vom Bandgeraet ueberprueft wird. Magnetkassetten koennen durch Herausbrechen einer Plastikzunge gegen Ueberschreiben geschuetzt werden, und Floppy-Discs werden in aehnlicher Weise durch Heraustrennen einer bestimmten Stelle ihrer Umhuellung geschuetzt.

Auf einer anderen Ebene des Schutzes liegt die Ueberpruefung der Identitaet des Speichermediums, die normalerweise beim Aufspannen des Mediums erfolgt. Bei magnetischen Speichermedien wird hier einfach ein Vergleich zwischen der beim Aufspannen angegebenen Identitaet und dem auf dem Medium selbst gespeicherten Datentraegerkennzeichen (genauer: dem Kennsatz VOL1, s. Abschnitt 7.3.1) durchgefuehrt. Ein gewisses Problem stellen dabei Fremdmedien dar, also Datentraeger, die von einem anderen Rechner uebernommen wurden, der diese Traeger in anderer Weise gekennzeichnet haben kann; fuer solche Datentraeger besteht im allgemeinen nur wenig oder gar kein Schutz.

Die naechste Ebene des Schutzes von Sekundaerspeichern ist die Kontrolle des Zugriffes auf die einzelnen Bloecke dieser Speicher. Diese Kontrolle wird ueblicherweise von der Verwaltung des Speichermediums durch das Datei-System vorgenommen, die die Zugriffe auf bestimmte Bloecke einer Datei in physikalische Zugriffe auf bestimmte Positionen auf dem Speichermedium uebersetzt. Gleichzeitig wird durch den Zugriff ueber das Datei-System erzwungen, dass die fuer die einzelnen Dateien geltenden Zugriffsrechte beachtet werden.

Analog zu den fuer Dateien geltenden Zugriffsrechten kann man auch fuer ganze Datentraeger Zugriffsrechte festlegen, die dann zusaetzlich zu den Zugriffsrechten der einzelnen Dateien auf diesem Datentraeger gelten. Allerdings gilt auch hier, dass ein solcher auf das ganze Medium bezogener Zugriffsschutz meist daran gebunden ist, dass das Medium auf einem System des gleichen Typs erstellt wurde.

8.3 BENUTZERPROFILE

8.3.1 Benutzer-Umgebungen

Bei der Autorisierung eines Benutzers wird festgelegt, welche Funktionen er ausfuehren darf, auf welche Objekte im Rechner er in welcher Weise zugreifen darf und in welchem Masse er die ihm verfuegbaren Betriebsmittel benutzen und belasten darf. Die Festlegung dieser Rechte wird von einem besonderen Benutzer, dem "Systemverwalter" (der im Prinzip auch eine Gruppe von Personen sein kann) fuer alle Benutzer des Rechners durchgefuehrt. Da dieser Vorgang von entscheidender Bedeutung fuer die Sicherheit des Gesamtsystems ist, muss fuer die Festlegung der Benutzer-Rechte ein organisatorischer Rahmen bestimmt werden, der einen Missbrauch an dieser Stelle verhindert.

Der Funktions-Umfang der Benutzer-Umgebung wird im wesentlichen bestimmt durch die einem Benutzer gebotenen Sprach-Mittel. Dabei ist "Sprache" hier im weitesten Sinne zu verstehen; alle einem Benutzer moeglichen Eingaben, etwa auch das Druecken einer Break-Taste, um einen Interrupt zu erzeugen, stellen hier Sprach-Moeglichkeiten dar und sind vom Sicherheits-Aspekt her zu betrachten.

Ein Benutzer, der ueber ein Eingabe-Geraet Kontakt mit einem Rechner aufnimmt, hat diesen Kontakt zunaechst mit dem Betriebssystem, das seine Eingaben einliest und dann eventuell weiterleitet, z.B. an ein Informationssystem. In jedem Fall ist der erste Kommunikations-Partner des Benutzers ein Programm, das seine Eingaben liest, interpretiert (und dabei auf Zulaessigkeit ueberprueft) und an die entsprechenden Verarbeitungs-Instanzen in geeigneter Form weiterleitet. Dieses Programm wird als "Kommandosprachen-Interpreter" bezeichnet.

Der erste Schritt beim Aufbau der Benutzer-Umgebung ist daher die Bestimmung des fuer diesen Benutzer vorgesehenen Kommandosprachen-Interpreters, da man im allgemeinen Falle davon ausgehen muss, dass hier eine Auswahl aus mehreren Moeglichkeiten zu treffen ist. Durch diese Auswahl wird schon eine gewisse Einschraenkung der dem Benutzer verfuegbaren Moeglichkeiten vorgenommen, sofern die ausgewaehlte Kommandosprache kein Umschalten auf eine andere Kommandosprache vorsieht. Mit der Auswahl der Kommandosprache werden festgelegt:

- das Vokabular, d.h. die Liste der spezifizierbaren Taetigkeiten

- die fuer jede Taetigkeit geltende Syntax

- die zu dieser Syntax gehoerende Semantik, d.h. die Bedingungen, unter denen die einzelnen Taetigkeiten durchgefuehrt werden

- die Default-Werte fuer nicht spezifizierte syntaktische Einheiten

8.3.2 Schutzprofile

Alle Zugriffe auf Objekte wie:

- Dateien
- Datentraeger
- Geraete (auch Terminals!)
- Mailboxes
- Event Flags
- gemeinsam zugreifbare Hauptspeicher-Bereiche
- logische Namen
- andere Prozesse

muessen in geeigneter Weise einer Kontrolle ihrer Berechtigung unterworfen werden. Dabei koennen die Schutzprofile fuer die uebrigen Objekte im Prinzip in aehnlicher Weise wie die fuer

Dateien aufgebaut und verwaltet werden, so dass hier auf eine detailliertere Betrachtung der Schutzprofile verzichtet werden kann; lediglich einige Besonderheiten des Zugriffs auf Terminals und fremde Prozesse verdienen Erwaehnung.

Auch fuer Terminals kann es zweckmaessig sein, Zugriffsschutz fuer einzelne Benutzer-Kategorien zu spezifizieren. Terminals, die gegen Zugriffe eines Benutzers geschuetzt sind, koennen von diesem Benutzer nicht als Geraete allokiert werden, sondern nur als Eingabe-Geraete fuer Timesharing-Prozesse benuetzt werden. Damit laesst sich verhindern, dass solche Benutzer Programme zur Ausfuehrung bringen, mit denen sie anderen Benutzern an diesen Terminals Funktionen des Betriebs- oder Informationssystems vorspiegeln, um auf diese Weise sensitive Informationen, wie etwa Passwoerter oder einzugebende Daten, abfangen zu koennen.

Weiterhin sollte der moegliche Einfluss auf andere Prozesse ebenfalls einem Zugriffsschutz unterliegen. Benutzer ohne besondere Privilegien (s. Abschnitt 8.3.3) sollten nur auf den Ablauf solcher Prozesse Einfluss nehmen koennen, die sie selbst als Subprozesse oder als eigenstaendige Prozesse erzeugt haben. Der Einfluss auf andere Prozesse beinhaltet das Recht, diese Prozesse

- zu erzeugen
- zu vernichten
- anzuhalten
- freizugeben
- auf eine andere Prioritaet zu setzen
- auf ihren Zustand zu ueberpruefen

Weitere Einflussnahme kann ueber Interprozess-Kommunikation geschehen, die denselben Einschraenkungen und noch zusaetzlich den Einschraenkungen des Zugriffsschutzes auf das Kommunikations-mittel, z.B. Mailboxes, unterliegt.

8.3.3 Berechtigungs-Profile

Der Funktionsumfang der Benutzerumgebung laesst sich zusaetzlich durch die Vergabe sogenannter "Privilegien" erweitern oder einschraenken [37,44]. Man versteht darunter formale Rechte, bestimmte Operationen ausfuehren zu duerfen. Diese Rechte koennen in einer Bitliste festgehalten werden, in der jedes Bit das Vorhandensein bzw. Nicht-Vorhandensein eines bestimmten Privilegs bezeichnet. Diese Bitliste wird fuer jeden Benutzer vom System-verwalter mit geeigneten Werten belegt und von den System-Aufrufen, die zu ihrer Ausfuehrung ein oder mehrere Privilegien benoetigen, vor der Ausfuehrung des Aufrufs abgefragt. Jeder Versuch, eine Operation auszufuehren, zu der ein benoetigtes Privileg nicht vorhanden ist, resultiert in einem Abbruch dieser Operation mit entsprechendem Fehlerstatus. Beispiele fuer solche Privilegien sind etwa die Rechte:

- Datentraeger aufzuspannen

- auf Rechnernetze zuzugreifen

- die eigene Prozess-Prioritaet hochzusetzen

- fremde Prozesse zu beeinflussen

- Operateur-Funktionen auszuueben

- permanent Betriebsmittel zu belegen ("allokieren")

- festgesetzte Verbrauchsgrenzen zu ueberschreiten

- aus dem User- in den System-Modus zu wechseln

- auf physikalische Plattenpositionen unter Umgehung des Datei-Systems zuzugreifen

Waehrend solche Rechte mit Sicherheit nicht jedem Benutzer oder Programm gegeben werden duerfen, da dann ein sicherer Betrieb des Rechners voellig unmoeglich waere, kann es fuer bestimmte Anwendungen sinnvoll oder sogar notwendig sein, die normalen Schutzfunktionen und Einschraenkungen des Betriebssystems durch die Gewaehrung von Privilegien ausser Kraft zu setzen. Beispiele hierfuer sind etwa:

- ein Programm zur Datensicherung, das physikalische Plattenkopien erstellt

- Kontrolle/Ueberwachung des Systemverhaltens oder der Benutzer

- Durchfuehrung wichtiger Terminarbeiten, die mit hoher Prioritaet laufen muessen

- Installation systemnaher Software, etwa eines Datenbank-Systems

Es ist zweckmaessig, fuer jeden Benutzer nicht nur eine, sondern mehrere Privileg-Masken vorzusehen, um auf diese Weise zwischen den Privilegien eines Benutzers und denen der von ihm benutzten Programme unterscheiden zu koennen. Dadurch ist es moeglich, "vertrauenswuerdige Programme" zu installieren, die ueber groessere Privilegien verfuegen als die Benutzer, die sie zur Ausfuehrung bringen. Dabei ist gewaehrleistet, dass keine Privilegien eines solchen Programms auf einen seiner Benutzer uebergehen koennen, wenn nur sichergestellt ist, dass

1. privilegierte Programme bei einer Unterbrechung durch ein Break-Signal beeendet werden, also nicht mehr nach einer Unterbrechung fortsetzbar sind, und

2. bei Ende eines Programms die Liste der aktuellen Privilegien bedingungslos durch die Liste der fuer den Benutzer geltenden Privilegien ueberschrieben wird.

Bei der Zuteilung von Privilegien an einzelne Benutzer sind die folgenden Kriterien zu beruecksichtigen:

- Bestimmte Privilegien gefaehrden die Sicherheit des gesamten Systems; sie sollten an keinen Benutzer vergeben werden.

- Es sollten keine Privilegien an einen Benutzer vergeben werden, sofern dieser Benutzer die betreffenden Privilegien nicht zur Durchfuehrung der ihm uebertragenen Aufgaben benoetigt.

- Es sollten keine weitreichenden Privilegien an Benutzer vergeben werden, die eine potentielle Gefaehrdung des Systems darstellen; dagegen koennen solche Privilegien, mit denen ein Benutzer auch im schlimmsten Fall nur die Resultate seiner eigenen Arbeit zerstoeren kann, auch an nicht ueberpruefte Benutzer vergeben werden.

Generell sollten Privilegien nur mit groesster Vorsicht vergeben werden; wenn moeglich, sollten den Benutzern lieber vertrauenswuerdige, privilegierte Programme verfuegbar gemacht werden, als dass ihnen die Privilegien direkt gegeben werden.

Zugriff auf Betriebsmittel, die nur in beschraenktem Masse vorhanden sind, kann ein System durch uebermaessigen Verbrauch dieser Mittel lahmlegen. Daher muss der Verbrauch solcher Betriebsmittel durch "Verbrauchs-Quoten" und/oder -Grenzen geregelt werden, deren Einhaltung von Betriebssystem ueberwacht werden muss. Unter solche Quoten fallen Betriebsmittel wie etwa:

- Prozessorzeit

- Anzahl erlaubter E/A-Vorgaenge

- Maximalzahl paralleler E/A-Vorgaenge

- Maximalzahl gleichzeitig eroeffneter Dateien

- Verbrauch an Plattenspeicher

- virtuelle/reale Programmgroesse

- Maximalgroesse des Working Set

- Maximal erlaubte Prozess-Prioritaet

- Anzahl erzeugbarer Subprozesse

8.4 WECHSEL DER SCHUTZ-STUFE

8.4.1 Bedeutung der Schutz-Stufe

Wesentlich fuer die Sicherheit, die ein Betriebssystem gegen unberechtigte Zugriffe auf Daten, Betriebsmittel und auf die Programme des Betriebssystems selbst bieten kann, ist die schon mehrfach angesprochene Unterteilung in einen privilegierten System-Modus und einen unprivilegierten User-Modus. Damit eine solche Unterteilung als Schutz-Mechanismus wirksam sein kann, muessen zwei Voraussetzungen erfuellt sein:

- Der privilegierte Modus muss eine Kontrolle aller Opera-tionen, die im unprivilegierten Modus ablaufen, ermoeg-lichen.

- Es darf keinen unkontrollierten Uebergang vom unprivi-legierten in den privilegierten Modus geben.

Der Implementierung verschieden privilegierter Modi sowie der Verfahren, durch die ein kontrollierter Uebergang und eine kon-trollierte Kommunikation zwischen diesen Modi moeglich ist, kommt daher fuer die Sicherheit eines Betriebssystems eine besondere Bedeutung zu. Aus diesem Grund wollen wir abschliessend die wichtigsten Verfahren zur Realisierung solcher Modi betrachten. Dabei unterscheidet man im wesentlichen zwei Vorgehensweisen:

- eine daten-orientierte Unterteilung, die verschiedenen Speicherbereichen verschiedene Modi zuordnet

- eine taetigkeits-orientierte Unterteilung, die die verschiedenen Modi durch verschiedene Zustaende des Prozessors unterscheidet

Diese beiden Vorgehensweisen werden im allgemeinen zusammen und einander ergaenzend angewandt; auch ist die Anzahl der Modi bei moderneren Systemen durchaus nicht auf zwei beschraenkt, sondern erlaubt durch eine groessere Anzahl verschieden privile-gierter Modi einen hierarchischen Schutz mehrerer Software-Ebenen gegeneinander, wodurch eine modulare Programmierung nicht uner-heblich unterstuetzt wird.

8.4.2 Speicher-orientierter Schutz

Ein relativ alter Ansatz zur Realisierung geschuetzter Speicherbreiche im Hauptspeicher verwendet sogenannte "Speicher-schutz-Schluessel" ("access keys") zum Schutz einzelner Seiten des virtuellen Speichers gegen unberechtigten Zugriff [33]. Nur solche Prozesse, deren interne Identifikation mit dem Schluessel eines Speicherbereiches uebereinstimmt, koennen auf diesen Speicherbereich - eventuell auch nur in einer durch den Schluessel bestimmten Weise - zugreifen. Ein spezieller Schluessel (ueblicherweise 0) ist fuer privilegierte Programme des Betriebs-systems vorgesehen; Programme, die ueber diesen Schluessel verfuegen, koennen die Zugriffsbeschraenkungen des Speicherschutz-

Schluessels umgehen und haben unbegrenzten Zugriff auf den gesamten Hauptspeicher. Man erhaelt auf diese Weise eine einfache Unterscheidung zwischen privilegierter und unprivilegierter Software.

Ein modernerer Ansatz zur Realisierung speicher-orientierter Schutz-Stufen geht vom Konzept des absrakten Datentyps aus [18]. Dabei wird jedem Prozess gemaess den Rechten, die er erhalten soll, eine Menge von "Capabilities" zur Verfuegung gestellt. Man versteht darunter Datenelemente, die jeweils ein dem Prozess verfuegbares Betriebsmittel sowie die auf diesem Betriebsmittel erlaubten Operationen beschreiben.

Wenn man durch die System-Architektur erzwingen kann, dass ein Prozess nur ueber die in einer Capability definierten Operationen auf das zugehoerige Betriebsmittel zugreifen kann und dass keine Zugriffe unter Umgehung des Capability-Mechanismus moeglich sind, so kann auf diese Weise eine sehr fein abgestufte Kontrolle der Rechte eines Prozesses (und damit auch des Benutzers, der fuer diesen Prozess verantwortlich ist) realisiert werden.

Aus diesen Gruenden wird zur Zeit der Capability-Mechanismus, zusammen mit der hierarchischen Aufteilung von Betriebssystemen in Funktionsebenen, die durch abstrakte Datentypen realisiert sind, in verschiedenen Studien und experimentellen Betriebssystemen untersucht [18,25]. Man versucht auf diese Weise, die praktische Verwendbarkeit und die Moeglichkeiten, die Capabilities fuer die Realisierung sicherer Betriebssysteme bieten, zu erforschen, doch werden bis zur allgemeinen Verfuegbarkeit solcher Betriebssysteme wohl noch einige Jahre vergehen.

8.4.3 Prozessor-orientierter Schutz

Um zwischen unprivilegierten Benutzerprogrammen und privile- gierten Teilen des Betriebssystems unterscheiden und den letzteren eine Kontrolle der ersteren und gleichzeitig einen Schutz vor diesen zu ermoeglichen, unterscheidet man bei vielen Rechnern zwei oder mehrere Zustaende des Prozessors. Man hat im einfachsten Fall die Unterscheidung zwischen

- dem unprivilegierten User-Modus und

- dem privilegierten System-Modus.

In vielen moderneren Rechner-Architekturen sieht man, wie schon angemerkt, mehrere Modi vor, doch laesst sich die zugrundeliegende Problematik schon am Beispiel zweier Modi darstellen.

Dabei sind ueblicherweise die Zugriffsrechte auf den Haupt- speicher im ersten dieser beiden Modi eingeschraenkt, waehrend sie im zweiten Modus groesser oder sogar ohne jede Einschraenkung sind.

Weiterhin sind im User-Modus meist bestimmte Maschinen- Instruktionen verboten, d.h. sie fuehren auf einen Fehler, waehrend diese Instruktionen im System-Modus ausfuehrbar sind.

Instruktionen dieser Art sind etwa Befehle zum Laden bestimmter
Hardware-Register (etwa von Kanaelen zum Anstoss einer E/A-
Operation) oder zum Prozesswechsel, die bei unkontrollierter
Verwendung in Benutzerprogrammen zur Zerstoerung des gesamten
Betriebssystems fuehren koennten.

Da jedoch die Benutzerprogramme ueber eine Moeglichkeit zum
Aufruf privilegierten Codes verfuegen muessen, um die Leistungen
des Betriebssystems, wie etwa die Ausfuehrung von E/A-Operationen,
in Anspruch nehmen zu koennen, muss es einen Weg aus unprivi-
legiertem Code in den privilegierten Modus geben. Fuer die
Sicherheit des Betriebssystems ist es dabei von entscheidender
Bedeutung, dass dieser Weg in den privilegierten Modus so abge-
sichert ist, dass kein Programm diesen Uebergang in unkontrollierter Weise ausfuehren kann. Dies wird normalerweise dadurch
erreicht, dass zum Wechsel in den privilegierten Modus eine
spezielle "Trap-Instruktion" vorgesehen ist, die zwar den Modus
wechselt, dabei aber gleichzeitig an eine bestimmte, dafuer vorge-
sehene Stelle des Betriebssystems verzweigt, wo dann alle erfor-
derlichen Sicherheits-Ueberpruefungen vorgenommen werden koennen.

8.4.4 Beispiel eines Modus-Wechsels

Der Mechanismus, der zum Modus-Wechsel verwendet wird, ist in
hohem Masse von der Architektur der Hardware des Rechners
abhaengig, ebenso wie die Auswirkungen der einzelnen Modi. Daher
soll hier nur zum Abschluss das Verfahren zum Wechsel der
Zugriffsmodi in der VAX-11 als Beispiel fuer die Architektur eines
prozessor-orientierten Schutzes besprochen werden [42,43].

Eine Reihe von Instruktionen, die zum System-Kern gehoeren,
koennen nur im Kernel-Modus ausgefuehrt werden. Versuche, sie von
einem weniger privilegierten Modus auszufuehren, ergeben einen
"reserved instruction fault".

Bei der Beschreibung des in der VAX-Architektur verwendeten
Speicherschutzes des Hauptspeichers im Abschnitt 8.2.2.2 wurden
schon die verschiedenen Zugriffsmodi des Prozessors und ihre
Auswirkung auf die Zugreifbarkeit des Hauptspeichers beschrieben.
Es genuegt daher an dieser Stelle, die Verfahren zum Wechsel des
Zugriffsmodus anzugeben.

Der aktuelle Zugriffsmodus sowie der Modus, aus dem der
aktuelle Zugriffsmodus aufgerufen wurde, sind im Prozessor-Status-
Langwort PSL eingetragen (s. Abschnitt 2.2.1). Wesentlich fuer
die Sicherheit dieser Architektur ist nun, dass es keine direkte
Moeglichkeit zur Veraenderung dieser Felder des PSL gibt. Stattdessen stehen spezielle Instruktionen zur Verfuegung, die einen
kontrollierten Wechsel des Zugriffsmodus erlauben.

Dabei wird der Zugriffsmodus auf verschiedene Art gewechselt,
je nachdem, ob die Zugriffsrechte erhoeht oder erniedrigt werden
sollen. Durch diese Auftrennung kann hardwaremaessig erzwungen
werden, dass kein unprivilegierter Prozess sich unkontrolliert
einen privilegierten Zugriffsmodus aneignen kann.

Die einzige Moeglichkeit zum Uebergang in einen privilegierteren Zugriffsmodus sind die CHMx-Instruktionen. Diese Instruktionen fuehren zu einer Verzweigung in spezielle System-Teile, sogenannte Dispatcher, die die Berechtigung und Korrektheit des CHMx-Aufrufs ueberpruefen. Da die CHMx-Instruktionen nur einen einzigen numerischen Parameter haben, der im wesentlichen einen Index in eine von einem solchen Dispatcher verwaltete Liste darstellt, kann die Ueberpruefung an dieser Stelle sehr strikt und sicher gemacht werden.

Die einzige Moeglichkeit zur Rueckkehr in einen unprivilegierteren Zugriffsmodus ist die Instruktion REI. Diese Instruktion ist im Prinzip ein Ruecksprung aus einem Unterprogramm, bei dem jedoch zusaetzlich das Prozessor-Status-Langwort des aufrufenden Programms restauriert wird. Dabei wird durch die Instruktion sichergestellt, dass der neue Zugriffsmodus nicht privilegierter ist als der alte, so dass diese Instruktion nicht zur Umgehung der CHMx-Dispatcher verwendet werden kann.

Damit ergibt sich insgesamt das folgende Bild fuer den Uebergang in einen der privilegierteren Modi und die Rueckkehr in den User-Modus:

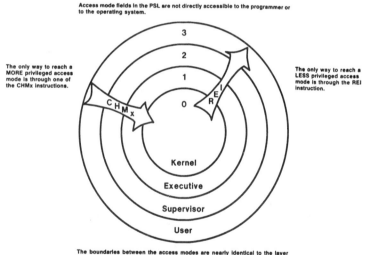

Access mode fields in the PSL are not directly accessible to the programmer or to the operating system.

The only way to reach a MORE privileged access mode is through one of the CHMx instructions.

The only way to reach a LESS privileged access mode is through the REI instruction.

The boundaries between the access modes are nearly identical to the layer boundaries pictured in Figure 8–2.
- Nearly all of the system services execute in kernel mode.
- RMS and some system services execute in executive mode.
- Command Language Interpreters normally execute in supervisor mode.
- Utilities, application programs, Run-Time Library procedures, and so on normally execute in user mode. Privileged utilities sometimes execute in kernel or executive mode.

© Digital Equipment Corporation

Fig. 8-5 Methoden zum Wechsel des Zugriffsmodus

Wird ein Prozess als Folge eines Systemdienst-Aufrufs in den Wartezustand versetzt, so wartet er in seinem urspruenglichen Zugriffsmodus und nicht in dem Modus, in dem sich der Systemdienst gerade befindet. Erhoehung des Privilegs ist somit nicht durch Unterbrechung eines im Systemmodus wartenden Programms moeglich.

Die folgenden Vorgaenge spielen sich im Betriebssystem VAX/VMS beim Aufruf privilegierten Codes ab, der im Executive- oder Kernel-Modus ablaeuft:

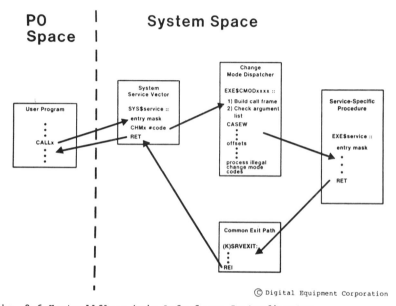

© Digital Equipment Corporation

Fig. 8-6 Kontrollfluss beim Aufruf von Systemdiensten

1. Das Benutzerprogramm ruft einen Systemdienst ueber eine gewoehnliche Unterprogramm-Schnittstelle auf und uebergibt dabei eine Argument-Liste. Die Kontrolle geht dabei an eine Stelle im System-Adressraum, den soge- nannten "Change Mode Vector", ueber. Dieser enthaelt eine CHME- bzw. CHMK-Instruktion, die ihrerseits die Kontrolle an den "Change Mode Dispatcher" uebergibt.

2. Dieser ueberprueft Zugreifbarkeit und Korrektheit der uebergebenen Argument-Liste und verzweigt, wenn alles in Ordnung war, ueber eine CASE-Instruktion in den Code, der den eigentlichen Systemdienst ausfuehrt.

3. Dieser ueberprueft Zugreifbarkeit und Korrektheit der Argumente selbst, fuehrt die verlangte Funktion aus, legt einen Status-Code im Register R0 ab und gibt die Kontrolle mit einer RET-Instruktion, die einen Rueck-

sprung aus einem Unterprogramm bewirkt, an die Exit-Routine des Change Mode Dispatchers zurueck.

4. Diese kehrt - nach einigen Fehler- und Konsistenz-Pruefungen - ueber eine REI-Instruktion in den Zugriffs-modus des aufrufenden Programms, also normalerweise den User-Modus, zurueck.

Wesentlich fuer die Sicherheit dieses Verfahrens sind die folgenden Vorgaenge:

- Ueberpruefung der Zugreifbarkeit der Argument-Liste durch den Dispatcher; dabei wird fuer die Zugreifbarkeit der Zugriffsmodus des aufrufenden Programms zugrundegelegt, wobei dieser nicht privilegierter als der Systemdienst selbst sein kann

- Uebergang in den privilegierten Modus ueber eine CHMx-Instruktion, die ein Durchlaufen des Dispatchers erzwingt

- Ueberpruefung der Zugreifbarkeit der uebergebenen Argumente durch den Systemdienst selbst

- Rueckkehr in den unprivilegierten Modus ueber eine REI-Instruktion, die eine Verringerung der Zugriffs-privilegien erzwingt

Der Schutz des Uebergangs in einen privilegierten Modus haengt somit von der Verfuegbarkeit und Sicherheit einiger weniger Maschinen-Instruktionen ab, die <u>auf</u> <u>Hardware-Ebene</u> die eigentlichen Sicherheitspruefungen uebernehmen:

CHME, CHMK: Change Mode

PROBER, PROBEW: Test Accessibility

REI: Return from Exception or Interrupt

Die korrekte Anwendung dieser Instruktionen ist durch die leicht zu verifizierende Struktur des Change Mode Dispatchers sicherge-stellt.

INDEX

Leitfäden und Monographien der Informatik

Brauer: **Automatentheorie**
493 Seiten. Geb. DM 54,—

Messerschmidt: **Linguistische Datenverarbeitung mit Comskee**
207 Seiten. Kart. DM 34,—

Richter: **Betriebssysteme**
2., neubearbeitete und erweiterte Auflage
303 Seiten. Kart. DM 34,—

Wirth: **Algorithmen und Datenstrukturen**
3., überarbeitete Auflage
320 Seiten. Kart. DM 36,—

Preisänderungen vorbehalten

 B. G. Teubner Stuttgart